LA PENSÉE ANTIPARLEMENTAIRE ET LA FORMATION DU DROIT PUBLIC EN EUROPE

Logiques Juridiques

Fondée par Gérard Marcou

Dirigée par Jean-Claude Némery et Thomas Perroud

Le droit n'est pas seulement un savoir, il est d'abord un ensemble de rapports et pratiques que l'on rencontre dans presque toutes les formes de sociétés. C'est pourquoi il a toujours donné lieu à la fois à une littérature de juristes professionnels, produisant le savoir juridique, et à une littérature sur le droit, produite par des philosophes, des sociologues ou des économistes notamment.

Parce que le domaine du droit s'étend sans cesse et rend de plus en plus souvent nécessaire le recours au savoir juridique spécialisé, même dans des matières où il n'avait jadis qu'une importance secondaire, les ouvrages juridiques à caractère professionnel ou pédagogique dominent l'édition, et ils tendent à réduire la recherche en droit à sa seule dimension positive. À l'inverse de cette tendance, la collection « Logiques juridiques » des éditions L'Harmattan est ouverte à toutes les approches du droit. Tout en publiant aussi des ouvrages à vocation professionnelle ou pédagogique, elle se fixe avant tout pour but de contribuer à la publication et à la diffusion des recherches en droit, ainsi qu'au dialogue scientifique sur le droit. Comme son nom l'indique, elle se veut plurielle.

Dernières parutions

Boubacar EL IDE, *Influence du droit international des droits de l'homme sur le droit des investissements. L'économique au détriment du social ?* 2025.

Adolphe KUMBA SHINDANO, *Introduction au droit congolais de la santé*, 2025.

Marcelle BONGRAIN, *Grands-parents, quels droits ?*, 2025.

Patrick MBOYO BAKAMBO, *La représentation des collectivités territoriales*, 2025.

Jean-Louis SABLON, *Violences et autres infractions sexuelles. Le droit de A à Z pour les connaître et les combattre*, 2025.

Vincent BENELBAZ, *Les doctrines du corporatisme : Vichy et les Républiques*, 2025.

José Esteve Pardo

LA PENSÉE ANTIPARLEMENTAIRE ET LA FORMATION DU DROIT PUBLIC EN EUROPE

Avant-propos par Jean-Bernard Auby

L'Harmattan

5-7, rue de l'École-Polytechnique – 75005 Paris
www.editions-harmattan.fr
ISBN : 978-2-336-52048-3
EAN : 9782336520483

NOTE À L'ÉDITION FRANÇAISE

Je tiens à remercier particulièrement les professeurs Jean-Bernard Auby et Thomas Perroud pour l'intérêt qu'ils ont porté à l'édition française de cet ouvrage ainsi que pour leurs commentaires et suggestions qui m'ont été d'une grande utilité. Je veux bien sûr également exprimer mes remerciements à une maison d'édition aussi prestigieuse que L'Harmattan.

Durant la période historique considérée, centrée sur l'entre-deux-guerres, la position de la France nous est apparue stable si on la compare à celle des autres pays étudiés qui ont sombré dans des dictatures et des guerres civiles : le national-socialisme en Allemagne, le fascisme en Italie, une guerre civile et une dictature en Espagne, une dictature au Portugal. La France paraissait fermement attachée au régime républicain et parlementaire de la IIIe République, puis de la IVe République qui en fut la continuation, à quelques nuances près.

Cependant, peut-être en raison de la pérennité et de la durée de son régime parlementaire, il semble que ce soit en France que les critiques les plus aiguës aient surgi. Il ne s'agit pas seulement de la formation de forces politiques ouvertement antiparlementaires comme les ligues qui prenaient alors de l'ampleur (Action française ou Ligue des patriotes) mais également, et surtout, c'est ce qui nous a le plus intéressé, de réflexions critiques et alternatives qui furent à l'époque proposées par certains des plus éminents publicistes, tels Maurice Hauriou et Léon Duguit, entre autres. Bien entendu, ils n'étaient pas antiparlementaires au sens le plus négatif du terme, mais dénonçaient certains excès du culte de la loi en élaborant des doctrines pour le contrebalancer. C'est le cas de la Théorie de l'institution de Maurice Hauriou que Carl Schmitt utilisera habilement pour penser une limitation de l'action du législateur parlementaire, ou encore de la doctrine du service public de Léon Duguit, dont la légitimité diffère de celle attribuée par le Parlement.

Dans cette édition française, j'ai accordé une plus grande attention à ce qui s'est produit et a été discuté en France en ajoutant des références bibliographiques en conséquence. Je tiens également à exprimer ma gratitude à la traductrice, Virginie Lanceron, pour le travail minutieux réalisé dont j'ai bénéficié grâce à sa meilleure connaissance de la langue française et de ses expressions.

José Esteve Pardo. Barcelona, Printemps 2025.

Avant-propos

Dialogue entre José Esteve Pardo et Jean-Bernard Auby, professeur de droit public émérite de Sciences Po Paris

Jean-Bernard Auby

Il me semble que ton livre peut être résumé de la manière suivante.

Il s'appuie sur l'enchaînement de deux idées.

La première est que nous vivons, en gros depuis la fin de la Deuxième Guerre mondiale, la deuxième phase décisive de la formation du droit public moderne - après celle installée au XVIIIe siècle, sous l'effet notamment des révolutions américaine et française -. Et que cette deuxième phase se caractérise par cinq éléments nouveaux :

- l'avènement d'un contrôle juridictionnel des lois,
- l'assujettissement du législateur au respect des droits fondamentaux,
- un nouveau positionnement des constitutions, dont la primauté se trouve maintenant garantie,
- la consécration de la notion de service public,
- la reconnaissance d'un domaine préservé de l'intervention du législateur (d'une « réserve d'administration » : en d'autres termes d'un pouvoir règlementaire protégé).

La seconde est que le passage à ce modèle contemporain du droit public a été intellectuellement préparé par une production doctrinale déployée dans toute l'Europe pendant la première moitié du siècle dernier, qui a eu en commun une critique des excès du parlementarisme - du « parlementarisme absolu », pour emprunter à Carré de Malberg - et qui était en somme communément animée par une forme plus ou moins agressive d'antiparlementarisme.

En France, en Allemagne, en Italie, en Espagne, au Portugal, différents auteurs de cette époque furent alors convaincus de contempler une crise du parlementarisme libéral, qu'ils imputaient à des facteurs variables et à laquelle ils vont proposer des remèdes variables, mais conjointement orientés vers des modalités de réduction des pouvoirs des parlements. Il s'agit, sur un éventail assez large de convictions politiques et religieuses par ailleurs, de Duguit et Hauriou en France, de Carl Schmitt en Allemagne, de Gaetano Mosca en Italie, d'Adolfo Posada en Espagne, etc…

Ils étaient souvent convaincus que l'avènement des sociétés de masse avait transformé la nature même des institutions parlementaires, devenues des arènes au sein desquelles ce sont des groupes d'intérêt qui sont représentés et non des bonnes volontés à la recherche de l'intérêt général.

Moyennant quoi ils vont souhaiter que des garde-fous soient placés face aux dérives des législateurs. Hautement symbolique de cette démarche sera l'ouvrage *Enquête sur les droits du droit et sa majesté la loi* qui, en 1927, réunira, entre autres, les plumes de Duguit, Hauriou, Barthelemy, Gény… autour du souhait de voir mettre en place des mécanismes de contrôle juridictionnel de la constitutionnalité des lois.

Ils mettront également - et peut-être surtout - en avant des idées qui leur paraitront être d'efficaces concepts limitateurs des appétits législatifs de pouvoir : l'institution chez Hauriou, le service public chez Duguit…

José, est-ce que ce résumé te convient ?

José Esteve Pardo

Je crois que ton analyse est très juste, Jean-Bernard, surtout parce qu'en tant que lecteur très qualifié, tu parviens à mettre en évidence une conclusion dont je me suis rapproché tout au long de mon étude : que la méfiance à l'égard du législateur parlementaire, qui aurait pu devenir absolutiste, explique en grande partie la reconstruction du droit public, avec les nouveaux concepts et institutions que tu relèves, durant le XXe siècle.

Il y a alors eu un fait marquant qui peut-être ne l'est pas tant pour un lecteur français ; il s'agit de la chute des monarchies en Europe. En France, elle s'est produite à une date déjà très lointaine, au milieu du XIXe siècle, mais dans le reste des États de l'Europe continentale étudiés dans le livre, cela arrive en même temps que de fortes crises propres au XXe siècle : en 1912 au Portugal, en 1919 en Allemagne, en 1931 en Espagne, dans les années 1940 en Italie où la monarchie était très récente (elle n'a pu faire valoir une légitimité historique) et dura très peu. En Europe continentale, peut-être à l'exception de la France qui vivait depuis des décennies sous un régime républicain, la disparition des monarchies alerta de nombreux professeurs qui, au regard de la perte de ce contrepoids institutionnel, entrevoyaient le risque d'un nouvel absolutisme : l'absolutisme parlementaire. À cela s'ajouta l'irruption de la société de masse avec ses partis politiques et leur discipline rigide. Nombre d'intellectuels et de professeurs qui avaient participé au système parlementaire du XIXe siècle, un parlementarisme libéral de notables et non de partis, l'ont ainsi abandonné lorsqu'au XXe siècle plusieurs transformations se sont produites empêchant qu'un professeur universitaire puisse être au Parlement, comme a pu l'affirmer Heinrich Triepel en 1926 à l'occasion de son discours de prise de fonction en tant que recteur de l'Université de Berlin.

Dans une très large mesure, les nouveaux concepts et institutions qui ont été conçus dans le cadre de la nouvelle configuration du droit public ont permis que les professeurs retrouvent le rôle qu'ils perdirent dans les parlements ; un rôle qu'ils ont ensuite gagné dans les tribunaux constitutionnels dans lesquels ils ont fini par avoir une présence majoritaire, mais également dans la construction de la dogmatique des droits fondamentaux à laquelle est désormais lié le législateur, ou encore dans l'élaboration, surtout en France, d'un code non-écrit des services publics et de leurs principes qui s'imposent aussi au législateur.

Dans son étude sur la bourse, Max Weber (qui participa de manière décisive à la rédaction de la Constitution de Weimar) affirmait que cette institution, si importante pour l'activité économique et financière, devait rester entre les mains de professionnels et non se trouver à la disposition du grand public. La même idée semble s'être étendue à la politique ; une matière considérée comme trop sensible pour se retrouver entre les mains du peuple qui s'exprimait désormais à travers les parlements au sein desquels dominaient les nouveaux partis de masse. Cela explique les efforts entrepris par les « mandarins universitaires » en vue de contrôler l'interprétation des lois et même pour déterminer des domaines interdits au législateur parlementaire, comme le fit Carl Schmitt en utilisant la théorie de l'institution de Maurice Hauriou. Le débat qui avait alors lieu sur le tribunal constitutionnel portait aussi, entre autres éléments, cette approche. Contrôler le législateur parlementaire à partir de la science du droit.

Jean-Bernard Auby

Dans la note de lecture sur ton livre que j'ai publiée dans le Blog « Chemins Publics » (« L'antiparlementarisme doctrinal de la première moitié du XXe siècle et sa contribution à l'élaboration du droit public contemporain, à propos de l'ouvrage de José Esteve Pardo, El pensamiento antiparlementario y la formación del Derecho publico en Europa » (chemins-publics.org)), je me suis posé quelques questions, sur lesquelles je serais heureux de recueillir ta réaction.

Premièrement, comment s'accommoder du fait que la « deuxième phase du droit public moderne » soit née de pensées qui, sur divers autres points majeurs, se sont révélées si différentes ? N'est-ce pas gênant de placer à l'origine de conquêtes essentielles des États de droit des penseurs qui iront carrément vers le fascisme comme Carl Schmitt et d'autres - la plupart des autres - qui, de leur critique du parlementarisme, tireront une leçon démocratique ? Les auteurs que tu mentionnes ne sont-ils pas tous situés à un tournant décisif de la pensée politique que l'antiparlementarisme ne résume pas, et qui les conduira, dans la durée, vers des chemins très différents.

José Esteve Pardo

Durant une bonne partie du XIXe siècle, la pensée critique à l'égard des Lumières, de la révolution et du libéralisme était fondamentalement réactionnaire. Elle n'avait aucune proposition propre et aspirait essentiellement à restaurer les principes de l'Ancien Régime. Cependant, dans le dernier quart du XIXe siècle, il se produisit un renouveau intellectuel et scientifique. Le système universitaire se renforça (en France, à partir de la crise de 1870, la figure du professeur chercheur s'est développée, des revues académiques de haut niveau ont été fondées, Sciences Po a été créé…) et de nouvelles disciplines sont apparues ; non seulement le droit constitutionnel et la science politique mais également la sociologie et les sciences de l'esprit (fondamentalement la psychologie et la psychiatrie). La communauté académique et intellectuelle s'est alors sentie suffisamment forte non seulement pour critiquer la pensée des Lumières mais aussi se tourner vers l'avenir. Les auteurs mentionnés dans le livre ont en commun de ne pas être réactionnaires et donc de ne pas aspirer à la restauration du vieux régime, déjà très éloigné. Ils regardaient tous vers le futur ; ce qui les distingue réside dans les chemins différents qu'ils prirent. Certains, comme Carl Schmitt, considérèrent que la démocratie libérale était finie et pensèrent à de nouvelles modalités de démocratie, comme la démocratie par acclamation que Carl Schmitt constata lors de la marche sur Rome en 1922 menée par Mussolini et dans son concept, non réactionnaire, de *uomo nuovo* ; une approche qui conduisit plusieurs auteurs dans les eaux troubles du fascisme et du nazisme. Toutefois, la grande majorité d'entre eux s'est orientée vers une réforme en profondeur du système libéral héritier de la pensée des Lumières.

Jean-Bernard Auby

Deuxièmement, je pense que tu seras d'accord pour admettre que les grandes évolutions contemporaines du droit public évoquées dans ton livre ne trouvent pas leurs seules racines dans les développements doctrinaux des professeurs de droit public. Les plus importantes d'entre elles sont aussi issues de réactions politiques aux malheurs humains provoqués par la régression des droits fondamentaux qu'ont généré les guerres et les totalitarismes. Au fond, n'est-ce pas véritablement à une crise de civilisation juridique - au-delà des équilibres et déséquilibres des régimes politiques - que les auteurs que tu analyses ont le sentiment d'être confrontés ?

José Esteve Pardo

Bien sûr, la crise qui a caractérisé le premier tiers du XXe siècle est allée bien au-delà des débats et des positions critiques de professeurs. Il s'agit, comme tu le dis, d'une crise de la civilisation juridique et, plus encore, d'une crise de la civilisation occidentale. L'importance de la communauté universitaire résidait alors dans le fait qu'elle disposait de nouveaux instruments d'analyse (qui n'étaient pas seulement apportés par les juristes, mais également par la sociologie, la philosophie, la psychologie...) et était donc capable de concevoir des réformes d'envergure de l'ordre politique et institutionnel. Certaines échouèrent tragiquement mais d'autres ont perduré jusqu'à aujourd'hui.

Jean-Bernard Auby

Troisièmement, mais cette question a sans doute un lien avec la précédente, je pense que tu seras d'accord pour admettre que le succès de la théorie de l'institution - d'Hauriou à Schmitt - comme celui de la notion de service public - chez Duguit, bien sûr - n'est pas essentiellement dû à l'antiparlementarisme qui anime leurs défenseurs. Il se nourrit d'une critique de l'individualisme libéral qui va bien au-delà. La question que je me pose et que je te livre, est de savoir comment s'articulent les deux mouvements de pensée. Doit-on considérer que les dérives du parlementarisme et les impasses sociales et politiques auxquelles conduit l'individualisme extrême hérité du XIXe siècle sont des phénomènes liés d'une manière quelconque dans la pensée des auteurs que tu évoques ?

José Esteve Pardo

Il est notamment très significatif que dans la théorie de l'institution, telle que Maurice Hauriou l'a formulée et développée, convergent des contributions d'autres sciences qui ont mis en question le rôle absolu de l'individu affirmé par les penseurs des Lumières, particulièrement par Rousseau. La sociologie - mise en exergue par Maurice Hauriou lui-même -

affirme que l'individu, considéré de manière isolée, est une pure fiction et que celui-ci n'a de sens et de vie que dans le corps social. Les sciences de l'esprit, surtout à partir de Freud, ont interrogé la libre capacité d'autodétermination de l'individu. En lisant la théorie de l'institution, il semblerait qu'à certains moments nous soyons en présence d'un traité de psychologie, en particulier lorsqu'est mentionné le subconscient collectif dans lequel l'institution trouve ses racines.

Néanmoins, cette théorie, qui prétendait effectivement dépasser l'individualisme libéral, a été habilement utilisée par Carl Schmitt pour configurer une nouvelle technique et catégorie constitutionnelle, celle des garanties institutionnelles, qui suppose la délimitation de domaines dans lesquels ne peut agir le législateur. Ainsi, par exemple, Carl Schmitt considérait la bureaucratie professionnelle (qui se forma durant la monarchie autour d'une oligarchie) comme une institution garantie qui ne pouvait être réformée par le nouveau législateur républicain issu de la Constitution de Weimar.

Jean-Bernard Auby

Je te propose maintenant d'examiner un certain nombre de questions qui sont en rapport avec la situation actuelle de nos droits publics, plus précisément à la place qu'y occupent les mécanismes et les principes caractéristiques de la « deuxième phase du droit public moderne ».

Commençons par poser l'interrogation suivante : où est l'antiparlementarisme aujourd'hui, dans la mesure où il existe ? Si je raisonne sur la situation française, je crois pouvoir répondre de la manière suivante. Sur l'échiquier politique, il n'y a guère qu'à l'extrême gauche que l'on trouve un antiparlementarisme proclamé et encore dans des proportions limitées : en outre, il s'associe plutôt à des mouvements sociaux qu'à des organisations proprement politiques et il est porteur d'une revendication de démocratie directe qui ne se préoccupe pas trop d'inscription dans le droit. Il existe aussi une sorte d'antiparlementarisme médiatique, qui est en fait plutôt anti-élites de manière générale et qui se manifeste dans certains grands médias connaissant une évolution que l'on peut qualifier de « berlusconienne » : il ne se soucie pas davantage de traductions dans le droit. En tous les cas, l'antiparlementarisme n'est pas très présent dans les vues de la doctrine universitaire de droit public actuelle : plutôt au contraire, comme on le verra.

Dans le cas français, le fait que l'antiparlementarisme s'exprime si marginalement est d'ailleurs surprenant, d'une certaine manière, tant le Parlement national semble actuellement peu efficace, enfermé dans des jeux confus et peu capable de porter de grands choix politiques.

Comment perçois-tu cette question depuis là où se situe ton regard (espagnol et comparatif) ?

José Esteve Pardo

Je crois que l'expérience historique, encore récente et traumatique, des régimes autoritaires, voire criminels, qui se sont développés le siècle passé laisse aujourd'hui une faible marge de manœuvre à la pensée antiparlementaire étant donné qu'un courant de celle-ci est associé à ces désastres. Un autre courant critique, modéré et démocratique, a réussi à mettre en place des institutions et des réformes qui ont pu éviter l'absolutisme parlementaire. Effectivement, comme tu le notes, il existe une revendication primaire de démocratie directe qui est fondamentalement un mouvement contre les élites. Plus grave est une certaine déférence du parlement à l'égard de l'exécutif que traduit l'attribution, en pratique, aux gouvernements, du pouvoir législatif à travers les décrets-lois ou la législation d'urgence. Il semble que les parlements ont voulu compenser cette perte de pouvoir sur le front législatif en réaffirmant leur fonction en tant qu'instance de contrôle politique de l'action gouvernementale. Tout cela s'accompagne cependant d'une perte manifeste de pouvoir d'orientation des parlements.

La pensée antiparlementaire de la période de l'entre-deux-guerres a été générée dans un contexte de crise constitutionnelle en raison d'un déséquilibre entre les hautes institutions de l'État (chute des monarchies, peur de l'absolutisme parlementaire, apparition des partis de masse), cependant la situation actuelle paraît être marquée par des transformations sociales dont le diagnostic commun est la perte du caractère général de la société articulée autour de quelques principes basiques unitaires. La sociologie nous parle de société pluricentrique, de société des singularités dans laquelle le général, qui est le domaine propre du droit, serait en crise. Par ailleurs, une reconnaissance d'identités et de minorités est revendiquée, ce qui encourage de nouvelles déclarations de droits à différents niveaux et dans diverses juridictions. La perte de la dimension générale et communautaire de la société actuelle ne favorise pas, comme tu le dis bien, « une grande confiance dans la loi pour assurer des relations sociales harmonieuses ». Ainsi s'explique l'expansion du contrat et des dispositifs conventionnels, également pour la production de normes et la résolution des conflits, mais aussi le recul corrélatif de l'empire de la loi auquel je prête attention dans mon dernier livre dont tu as fait un compte-rendu précis.

Jean-Bernard Auby

En effet, dans ton dernier livre, *El camino de la desigualdad. Del imperio de la ley a la expansión del contrato* (« Le triomphe du contrat sur la loi ? À propos d'un livre de José Esteve Pardo » (chemins-publics.org)) tu démontres que l'époque contemporaine voit le contrat triompher de la loi. Le XXe siècle a été le siècle de la loi, le XXIe est celui du contrat. Au risque d'en voir pâtir l'égalité et l'État de droit.

Y a-t-il un lien entre cette sorte de « fuite devant la loi » et la dénonciation des dérives du parlementarisme par les auteurs que tu as analysés dans le présent livre ? Est-ce que c'est plus ou moins le même manque de confiance dans la loi qui s'exprime dans les deux cas? Ou alors doit-on considérer que les deux prises de distance par rapport à la loi, qui sont situées dans des périodes différentes, obéissent à des préoccupations différentes ? Par exemple, peut-on dire qu'alors que les grands auteurs du début du XXe siècle croyaient, au fond, dans la loi, simplement ils n'étaient pas contents de ce qu'elle était devenue, alors que les forces économiques qui préfèrent le contrat aujourd'hui n'ont pas une grande confiance dans la loi pour assurer des relations sociales harmonieuses ?

José Esteve Pardo

Je crois que ce que tu soulignes est une tendance très répandue à l'heure actuelle. Il existe une affirmation généralisée d'autonomie qui vise à se renforcer avec la reconnaissance de nouveaux droits ; cela est lié à cette société des singularités. La généralité, la rationalité et l'égalité se montrent ainsi en crise. Ici s'explique la revendication d'un renforcement des références législatives auxquelles on reconnaît, en principe, les attributs de l'égalité, de l'abstraction et de la rationalité. Mais pour ce faire, il serait nécessaire de retrouver le parlementarisme libéral originel, orienté vers la recherche de la raison, dans lequel une minorité, en parlementant, en raisonnant, pouvait convaincre une majorité. Ce parlementarisme a été perdu avec l'avènement de la société et des partis de masse. Désormais, au sein du parlement, on ne recherche pas la raison mais la majorité. De plus, cela fait longtemps que l'égalité souffre avec l'adoption de lois particulières.

La récupération de l'empire de la loi est certainement judicieuse mais auparavant il est nécessaire de retrouver les attributs propres à celle-ci. La négligence dont elle a été l'objet a peut-être favorisé l'expansion de procédés conventionnels, contractuels, pour régir les relations sociales tandis que la société elle-même est sujette à des forces centrifuges.

Jean-Bernard Auby

J'en viens maintenant à une interrogation sur laquelle je suis très désireux de connaitre ton analyse.

Le « deuxième âge du droit public moderne » a semblé, jusqu'à une période récente, voler de succès en succès. La forme d'État de droit qu'il fondait apparaissait, jusqu'à il y a peu, comme garante essentielle de l'accomplissement démocratique : les textes protecteurs des droits fondamentaux se multipliaient, leur application était de plus en plus efficacement surveillée par des juges de nature diverse, etc…

Or, même si l'on reste dans notre Europe, qui est pleinement immergée dans le « modèle contemporain de droit public », on voit bien quelques signes d'ébranlements. Des gouvernements de l'est de l'Union se sentent peu à l'aise avec leurs cours constitutionnelles, comme avec certains rappels aux droits fondamentaux. Le Royaume-Uni du Brexit entend retrouver la maîtrise de son rapport à ces derniers, etc…

Dans la doctrine française, se manifestent aujourd'hui des réticences à l'égard de ce que certains considèrent comme l'expansion sans limites de la reconnaissance des droits individuels et de leur protection par des juges de plus en plus puissants. On rencontre aujourd'hui un discours hostile à ce qui est considéré comme le pouvoir excessif des juges et l'inflation des règles de protection des droits fondamentaux venues de normes internationales et européennes et des plaidoyers pour une réhabilitation des pouvoirs du législateur. Certains collègues universitaires vont dans cette direction (par exemple : Bertrand Mathieu, *Le droit contre la démocratie ?*, LGDJ, 2017), qui a été aussi empruntée dans un livre retentissant, publié par un Conseiller d'État, ancien secrétaire général du Conseil Constitutionnel, Jean-Éric Schoettl (*La démocratie au péril des prétoires*, Gallimard, 2022 ; « La démocratie au péril des prétoires » (chemins-publics.org)). Ces thèses trouvent un soutien chez certains non-juristes, comme par exemple Marcel Gauchet (*L'avènement de la démocratie. IV. Le nouveau monde, Gallimard*, 2017 ; « Promenade inquiète entre libertés individuelles, changement climatique et droit » (chemins-publics.org)).

Est-ce que la même évolution se constate en Espagne et dans les autres pays européens que tu as pu observer.

Je me pose finalement la question suivante. À supposer que ces critiques du « gouvernement des juges » et de l'invasion des droits fondamentaux, ceux notamment qui sont reconnus dans des sources externes, soient fondées, quel serait le modèle alternatif ? À quelle étape du développement d'un droit public moderne faudrait-il remonter ? Personnellement, je crois qu'une régression de l'État de droit dans nos sociétés ne rendrait pas l'État plus puissant. Au contraire, elle l'affaiblirait, car, chez nous, l'État contemporain, dont nous avons bien besoin pour affronter les multiples crises que nous avons devant nous, tire une bonne partie de sa force du fait qu'il est un État de droit et qu'il fonctionne réellement comme tel. Ceux qui critiquent le gouvernement des juges et de l'efflorescence des droits fondamentaux sont sans doute des apprentis sorciers.

Qu'en penses-tu ?

José Esteve Pardo

L'affirmation de l'autonomie n'envisage pas seulement les individus et les groupes, elle souhaite également s'étendre sur le plan de l'action publique. Cette revendication d'autonomie politique a notamment conduit au slogan lancé en Espagne par certains milieux : « la politique doit être déjudiciarisée ». La conséquence en serait que la politique se développe en marge des lois, de l'État de droit en définitive. Or, comme tu le dis bien, c'est l'État de droit qui nous renforce et, bien sûr, qui consolide et légitime l'action politique.

INTRODUCTION

Ce livre n'est pas un exposé de doctrines et de pensées, ni une recension des biographies de leurs auteurs. Il aspire à s'ordonner autour d'une trame qui se tisse en entrecroisant et en mettant en relation des transformations sociales et politiques, des réorientations de la pensée européenne, une ouverture vers des horizons nouveaux, l'émergence de sciences et de critiques, des propositions de professeurs et, bien sûr également, les trajectoires personnelles qui les sous-tendent.

Cette trame se concentre sur ce que, de manière quelque peu conventionnelle, j'appelle la pensée antiparlementaire, qui n'est pas nécessairement une pensée d'orientation autoritaire, dictatoriale, antidémocratique ou une pensée fasciste. Certes, une partie de ce courant a fini par se précipiter dans les eaux troubles du national-socialisme, du fascisme, ou d'autres mouvements qui dérivèrent dans plusieurs cas en régimes autoritaires et criminels ; ce qui est en réalité ici traité est la pensée issue de la critique du libéralisme qui, dominant en Europe, s'est nourrie de l'idéologie des Lumières. Cette critique a développé plusieurs angles d'attaque qui coïncident, d'une certaine manière, avec le questionnement du système parlementaire libéral, surtout lorsqu'ont surgi en son sein les partis de masse. Cette pensée se révélera très vigoureuse — ce n'est pas en vain qu'y participèrent les meilleures têtes pensantes du droit public durant ce qui fut probablement son moment le plus créatif — en promouvant des théories et des dispositifs qui ont marqué la seconde et décisive phase de formation du droit public dans laquelle nous nous trouvons encore aujourd'hui. Quelle a donc été la première ? C'est ce qu'il convient de se demander afin de déterminer un point de repère initial.

Tout indique que le premier moment formateur du droit public en Europe est celui qui débuta avec la Révolution française et dont l'inspiration se situe en grande partie dans la pensée des Lumières. S'y trouvent déjà : la séparation des pouvoirs ; la souveraineté populaire ; les droits fondamentaux ; l'idée encore diffuse de Constitution ; la loi en tant qu'expression de la volonté générale et son élaboration à travers une assemblée de représentants ; la suprématie de la loi, pleinement souveraine, et son intangibilité ; le principe de légalité ; la singulière position de l'administration à l'égard des tribunaux de justice ; la création, enfin, d'un système propre pour exercer le contrôle de légalité.

Ces notions et l'idéologie qui les soutenait s'adaptèrent opportunément à la société bourgeoise et à l'économie capitaliste — comme le montre la mise en œuvre généralisée du système censitaire en fonction des revenus afin de filtrer la représentation parlementaire — et s'orientèrent vers un régime libéral. Ceux qui dans un premier temps s'opposaient à lui ne l'ont pas questionné en s'appuyant sur une rigueur critique ; encore moins proposaient-ils des alternatives en l'absence de nouvelles idées sur lesquelles les fonder. Leurs revendications étaient essentiellement et nécessairement réactionnaires, restauratrices du régime antérieur, monarchique et aristocratique. Ces tensions ont été réglées avec une solution d'équilibre : la monarchie parlementaire ; un « match nul » historique entre le principe monarchique et l'improprement dénommé principe démocratique qui rassemblait les nouvelles idées héritées de la pensée des Lumières. Tel est le régime qui a pris racine en Europe occidentale tout au long du XIXe siècle.

Cependant, quand ce siècle prit fin, de grandes transformations se produisirent ; essentiellement deux. L'une fut le résultat de la révolution industrielle et affecta profondément la structure de la société : l'irruption des masses en tant que nouveau sujet de l'histoire sur la scène sociale et politique, avec des conséquences d'envergure sur le parlementarisme libéral, censitaire et élitiste, alors dominant. « Il y a un fait qui, pour le meilleur ou pour le pire, est le plus important de la vie publique européenne à l'heure actuelle. Ce fait est l'avènement des masses au plein pouvoir social ». Ainsi commence le fameux essai de José Ortega y Gasset, *La révolte des masses*, qui constitue non seulement un diagnostic juste et intéressant de ce phénomène mais également une expression illustrative de l'attitude de forte méfiance à son égard, si ce n'est de mépris manifeste, d'une grande partie de l'intelligentsia européenne à laquelle nous devrons prêter une attention particulière. Ce qui nous intéresse ici n'est pas seulement de suivre le cours des événements historiques mais également, et surtout, de relever son influence parmi les têtes pensantes, de manière significative chez les publicistes, mais aussi chez les philosophes et scientifiques qui, à travers leurs contributions, ont élargi le savoir à partir duquel est conçue la réflexion politique.

C'est précisément dans le champ de la philosophie et de la science que s'est produite la seconde et remarquable transformation à laquelle je me référais. À partir de Nietzsche, la philosophie a commencé à questionner ouvertement les idées des Lumières ; une critique qui s'est intensifiée durant le XXe siècle et dont les principaux représentants sont, entre autres, Henri Bergson (à notre avis d'un intérêt particulier) et la philosophie existentialiste. Toutefois, l'impact de deux sciences émergentes qui gagnaient alors une reconnaissance et le statut propre de disciplines scientifique a possiblement été plus fort : la sociologie et les sciences de l'esprit.

La sociologie s'est totalement impliquée dans l'analyse des institutions juridiques et la formation des systèmes politiques. Une tendance qui se remarquait déjà chez celui qui est considéré comme le fondateur de cette science, Auguste Comte — pour ne pas rechercher des précédents encore plus explicites chez Montesquieu ou Tocqueville, qui passent pour être ses précurseurs —, puis a été réaffirmée avec des auteurs aussi remarquables qu'Émile Durkheim et Max Weber, qui arrivèrent à une pleine fusion avec les publicistes d'alors. Preuve en est, de célèbres professeurs de droit public sont également considérés comme les initiateurs de la sociologie du droit tels que, entre autres, Maurice Hauriou et Léon Duguit en France, Gaetano Mosca en Italie, ou Gumersindo Azcárate et Adolfo Posada en Espagne. Il a même été attribué à ce dernier le titre de fondateur de la sociologie espagnole. L'apport de cette science émergente à la critique du système libéral et de l'idéologie des Lumières a été considérable, surtout parce qu'elle a questionné avec rigueur, jusqu'à pratiquement envisager son anéantissement, l'individualisme libéral et l'idée même d'individu considérée comme une pure fiction, une de plus, de la pensée des Lumières, étant donné que celui-ci n'existe et ne se comprend qu'au sein d'une société. Elle heurtait ainsi l'un des présupposés du parlementarisme libéral bâti sur l'idée de représentation d'individus égaux et autodéterminés.

Sur cela se projettera la lumière d'une autre science nouvelle et dynamique, la psychologie, qui a mis en évidence que les décisions et les conduites des individus répondent à des déterminants et des impulsions susceptibles d'être très complexes et étrangers à leur capacité d'auto-détermination. Si la sociologie nie l'individu quant à sa dimension extérieure, la psychologie le questionne intégralement en son for intérieur. Cependant, les sciences de l'esprit, leurs penseurs les plus perspicaces, prêtèrent aussi une attention particulière aux sujets collectifs, aux masses, qui sont alors devenus visibles et ont pris de l'importance. Gustave Le Bon et Sigmund Freud étudièrent les comportements des masses et des individus en leur sein en constatant déjà leur prédisposition à être gouvernés par des leaders charismatiques et autoritaires. Les sciences de l'esprit ont ainsi ouvert de nouveaux horizons et espaces de réflexion, également pour les publicistes. La théorie de l'institution de Maurice Hauriou, appelée à exercer une grande influence sur la pensée antiparlementaire, n'aurait pu être développée sans le soutien de la notion de subconscient — le subconscient collectif dans lequel l'institution prend racine — ainsi que des apports de la sociologie et de la philosophie d'Henri Bergson. Pour sa part, Léon Duguit affirma tout naturellement que le droit est une création psychologique de la société et Carl Schmitt se basa aussi sur des études de psychologie pour critiquer la situation contradictoire du parlementarisme durant la République de Weimar.

Les profondes transformations sociales, la formation de partis et de syndicats de masse, le renforcement du mouvement ouvrier, la crise consécutive du libéralisme et l'injection dans le corps social de nouvelles idées et connaissances se manifesteront de manière explosive sur le plan politique et institutionnel durant la période de l'entre-deux-guerres, après ce tournant décisif que fut le désastre de la Première Guerre mondiale. Dans tous les pays auxquels nous prêtons ici attention, de fortes crises se sont produites en influant sur leurs régimes politiques, qui ont connu des revirements et des changements substantiels.

L'Espagne disposait, depuis le dernier quart du XIXe siècle, d'un régime parlementaire stable, bipartisan et d'alternance politique qui faisait l'admiration de l'Europe comme le certifia Max Weber lui-même, bien qu'avec le temps il reverra son appréciation. Toutefois, vu de près par les nationaux eux-mêmes, au XXe siècle, les circuits d'un parlementarisme corrompu et éloigné de la population paraissaient complètement obturés. Personne ne le défendit lorsqu'en 1923 eut lieu le coup d'État du général Primo de Rivera qui instaura une dictature. Il fut alors envisagé la formation d'une institutionnalité alternative à l'institutionnalité parlementaire — « *Pour quoi,* questionnait Primo de Rivera, *allons-nous ressusciter "ce gadget" qu'ils appellent parlement, les peuples qui le subissent encore ne sachant pas quoi faire pour se débarrasser de lui ?* » — qui se concrétisa dans un premier temps à l'Assemblée Nationale avec une structure corporatiste. De célèbres socialistes comme Largo Caballero, Fernando de los Ríos, ou encore Álvarez Buylla, participèrent aussi à ce projet alternatif. Ceci est une illustration de la transversalité de la critique du parlementarisme libéral qui, en Espagne, avait été réduit à la représentation d'une minuscule oligarchie. Après la chute de la dictature et de la monarchie qui la soutenait, la Constitution de 1931 dota le Parlement d'un pouvoir pratiquement illimité, sans contrepoids similaire à celui que pouvait opposer le président de la République allemand conformément aux dispositions de la Constitution de Weimar de 1919. Par ailleurs, la législation électorale encourageait la formation de blocs, en favorisant la surreprésentation (sans arriver aux extrêmes de la loi italienne votée sous l'impulsion de Mussolini) des forces victorieuses, même pour un faible nombre de voix. Dans un tel environnement politique caractérisé par une tension grandissante, les perdants des élections, disposant d'une représentation parlementaire qu'ils jugeaient marginale, considéraient qu'il ne leur restait que le recours à la violence pour s'exprimer.

En Italie, l'implantation du régime parlementaire est très liée à son processus d'unification nationale dont le Parlement était la principale expression institutionnelle. Toutefois, ce mouvement d'unification, et le système parlementaire qui en grande partie le véhiculait, étaient vus avec beaucoup de méfiance, si ce n'est avec une hostilité manifeste, par une grande partie de la population qui y voyait la marque de l'intérêt dominant de la bourgeoisie du Nord. En effet, la critique du parlementarisme provenait surtout du Sud et il est à cet égard particulièrement significatif que trois professeurs de très haut niveau, qui se sont distingués avec leur critique du parlementarisme, étaient Siciliens : Vittorio Emanuele Orlando, Gaetano Mosca et Santi Romano. Les trois venaient de la même ville : Palerme. Nous pourrions ajouter d'autres penseurs siciliens influents et critiques à l'égard du système libéral tels Luigi Sturzo et Giorgio Arcoleo. Par ailleurs, un système censitaire rigide cantonnait la participation aux processus électoraux à un pourcentage très réduit d'Italiens : initialement 2% puis, bien que ce pourcentage augmentât ensuite, il dépassa à peine plus de 8% au début du XXe siècle. La grande majorité de la population se sentait ainsi totalement étrangère à une institution qui s'adonnait à tous types de pactes et de combines ; une pratique communément qualifiée de « transformisme parlementaire » qui se convertit en un objet de prédilection pour ses opposants, également dans de nombreux romans qui finirent par former un genre littéraire que les spécialistes identifient comme étant celui de la critique du parlementarisme. Cette désaffection envers le Parlement a notamment été mise en évidence lorsqu'a été décidée, sans la participation de ce dernier, entre manifestations et intrigues de palais, la participation de l'Italie à la Première Guerre mondiale. Les conséquences et effets désastreux qui en dérivèrent contribuèrent à créer, avec d'autres facteurs connexes, un environnement défaitiste et incertain dans lequel émergera le fascisme. Après la marche des chemises noires sur Rome en 1922, le roi appela Mussolini pour former un gouvernement qui ne tardera pas, l'année suivante, à faire voter une loi électorale accordant au parti obtenant le plus de voix deux tiers des sièges. L'élément représentatif du Parlement se retrouvait ainsi entièrement dénaturé et l'institution pratiquement désactivée alors qu'elle était dominée par le parti fasciste, qui se limitait à enregistrer les lois et autres normes approuvées par les instances du régime : le Conseil National, le Grand Conseil, le Directoire et le *Duce*.

On a pu légitimement penser que la France républicaine se trouvait à l'abri des turbulences qui désactivèrent les parlements des pays latins d'Europe durant la période de l'entre-deux-guerres et que la pensée antiparlementaire n'avait aucune chance d'y pénétrer. La réalité fut différente. Certes, en France, le Parlement occupa tôt une position pleinement centrale lorsque disparut le contrepoids de la monarchie avec l'instauration de la République au milieu du XIXe siècle et la reconnaissance du suffrage universel masculin. Cependant, précisément pour cela, le parlementarisme bourgeois et libéral se caractérisa rapidement comme étant un système fictif et fermé à la majorité de la population, surtout aux yeux des penseurs d'orientation socialiste. La France a ainsi été pionnière en matière de critique du parlementarisme libéral, initialement lancée par la philosophie politique — particulièrement chez Comte et Saint Simon — avant d'avoir été accueillie et développée, au XXe siècle, par d'éminents professeurs de droit public tel Léon Duguit, qui a été le plus combatif à cet égard. L'histoire a par ailleurs mis en évidence que le républicanisme français n'était, de fait, pas si répandu : lors des premières élections qui eurent lieu après la Révolution de 1848, les forces partisanes d'une restauration monarchique ont largement triomphé — elles étaient très enracinées dans la France des provinces comme la dénommera et décrira Honoré de Balzac, en opposition à la France de Paris — mais elles ne les ont pas remportées en raison de fortes dissensions entre leurs deux branches, la bourbonienne et l'orléaniste. Cet épisode se répéta, avec des résultats électoraux similaires, après la défaite traumatisante face à la Prusse et la chute de Napoléon III quelques années plus tard. Précisément, ce régime césariste était pour Léon Duguit une preuve de l'inconsistance d'un parlementarisme facilement défait par le coup d'État de Napoléon III qui pouvait compter sur le soutien massif, pratiquement unanime, de la population ; à peine quatre mois avant le désastre de Sedan, il récolta de nouveau de bons résultats : huit millions de voix en sa faveur contre un demi-million de votes opposés. La Troisième République, qui s'implanta par la suite, avait un caractère bourgeois prononcé qui devint évident lorsqu'elle n'entreprit aucune réforme sociale tout en essayant de s'attirer la sympathie de la gauche au moyen d'un abondant recours à une législation anticléricale, qui sera notamment critiquée par Léon Duguit. Dès lors, à mesure que le XXe siècle avançait, le parlementarisme a été l'objet de critiques qui dépassèrent le milieu universitaire pour pleinement s'exprimer sur le plan politique : depuis les socialistes et le dynamique mouvement ouvrier jusqu'aux forces plus traditionnelles. Après les pertes et l'usure provoquées par la Première Guerre mondiale, ces tendances se manifesteront dans les ligues antiparlementaires et des mouvements comme celui s'articulant autour de la revue *Action Française* qui rassemblait un certain nombre d'intellectuels, publicistes et journalistes sous la direction de Charles Maurras.

L'Allemagne offre une chronologie tout à fait différente étant donné que l'implantation d'une république y a été tardive en comparaison des autres pays analysés qui ont connu des expériences républicaines antérieures. En outre, cela est fondamental et caractéristique du pays, la République de Weimar surgit en 1919 sans qu'aucun parti politique allemand ne l'ait revendiquée. Dès lors, dépourvue de tradition ainsi que de forts soutiens parmi les partis et la population, la République était vue par une grande partie des Allemands comme ayant été imposée par un complot international après la défaite de leur pays lors de la Première Guerre mondiale. L'exigence de démission du *kaiser*, suggérée sur un ton énergique par le président des États-Unis, Woodrow Wilson, en était pour eux un indice clair. Un autre grand changement fut offert par la Constitution de Weimar qui comprenait d'importantes innovations et des concepts la distinguant des textes constitutionnels du XIXe siècle, ce qui l'a positionnée à l'avant-garde d'une orientation constitutionnelle encore vivante. Il s'agit d'une Constitution consciente du pouvoir extraordinaire qu'elle octroyait au Parlement (également de l'élargissement considérable des compétences de la Fédération face aux *Länder*) en faisant du président de la République un contrepoids, notamment en le dotant de la même légitimité démocratique à travers une élection au suffrage universel et en lui attribuant des pouvoirs exorbitants tel celui prévu par le fameux article 48 qui l'autorisait à déclarer l'état d'exception et à se passer alors complètement du Parlement. Malgré ces balises constitutionnelles, l'histoire est bien connue, la décennie 1920 a vécu avec vertige une crise économique due à une inflation galopante, une crise politique en raison de l'instabilité parlementaire mais aussi une éclosion artistique sans précédents. La décennie 1930, qui débuta après une autre crise économique sévère, a été marquée par l'ascension du nazisme, la désactivation complète du Parlement et le début d'une politique d'expansion qui conduira au désastre de la Seconde Guerre mondiale.

Cependant, l'Allemagne occupe dans la trame de ce livre une place de choix, qu'elle gagne moins au regard de sa trajectoire historique et constitutionnelle que parce que ce qui nous intéresse ici prioritairement est la perception et la réaction suscitées par ces événements parmi les élites pensantes. Celles-ci ont fait preuve, surtout les auteurs de la doctrine du droit public, d'une force considérable sur la tribune qu'offraient les dynamiques universités allemandes. Cela nous oblige à porter notre attention sur le corps enseignant universitaire allemand de l'époque et son processus de formation, initié avec l'importante réforme du système universitaire entreprise par le ministre Wilhelm von Humboldt au début du XIXe siècle. Durant ce siècle, une aristocratie singulière se forma dans les universités allemandes, tout à fait insolite jusqu'alors en Europe, qui ne devait sa position privilégiée ni à sa lignée, ni à sa richesse, ni à ses relations personnelles, ni à ses exploits militaires, ni à une gracieuse concession royale, sinon à des mérites gagnés dans le cadre d'une carrière universitaire débutant par un rigoureux système de sélection au niveau de l'éducation basique afin de pouvoir accéder au *Gymnasium*, ou école d'enseignement secondaire de premier rang, et de culminer avec l'obtention d'une chaire universitaire. Ces professeurs universitaires bénéficiaient non seulement d'un prestige social élevé mais occupaient également des postes importants de pouvoir dans la structure de l'État. Le célèbre portrait que fera Max Weber de la puissante et cultivée institution du mandarinat chinois encouragea certainement la qualification des membres de cette caste universitaire allemande de « mandarins », parmi lesquels figurait bien sûr Weber lui-même. Les mandarins allemands, tous formés dans le cadre d'un système éducatif et universitaire qui privilégiait les enseignements humanistes, avec d'amples connaissances en langues classiques, constatèrent avec mécontentement, si ce n'est avec un dédain manifeste, le développement de la technique et de l'industrialisation ainsi que l'émergence des masses qui en dérivait.

Tout cela conduisit à l'intronisation, au sein de la République de Weimar, de ce qu'ils voyaient comme un nouvel absolutisme : « l'absolutisme parlementaire ». L'irruption sur la scène politique des partis de masse les expulsera matériellement des chambres parlementaires au sein desquelles ils avaient acquis une présence de premier plan durant le XIXe siècle, lorsque le parlementarisme tournait autour du débat et de la discussion entre notables caractérisés par leur formation universitaire et leurs connaissances. Plus qu'une expulsion, les mandarins préférèrent un retrait dédaigneux comme a pu le relater avec justesse l'un d'entre eux, Heinrich Triepel, en relevant la domination des partis de masse et leur discipline qui « ont généré dans les Parlements un environnement dans lequel un professeur peut difficilement s'intégrer ».

Ainsi placés à la marge des instances politiques et administratives, les

mandarins se sont confrontés d'une manière très critique à la soudaine implantation ou imposition d'un régime parlementaire républicain. Cette position critique se dinstingua en raison du cadre universitaire de haut niveau dans lequel elle s'est produite. En Allemagne, il s'était déjà formé deux générations d'authentiques professeurs universitaires de droit public disposant de revues ainsi que d'une production éditoriale de qualité et, par conséquent, d'une capacité à générer du débat qui à l'époque de la République de Weimar trouva un nouveau forum bénéficiant d'un grand rayonnement dans l'Association des professeurs allemands de droit public, nouvellement créée à l'initiative d'Heinrich Triepel. La critique du parlementarisme libéral avait déjà été lancée dans d'autres pays d'Europe continentale, cependant la communauté universitaire allemande lui imprima une grande rigueur et une forte impulsion après le choc que constitua pour elle la soudaine implantation — qui était davantage vue comme une imposition étrangère, on l'a vu — d'un régime parlementaire républicain pleinement ouvert aux partis de masse qui se formaient à cette époque.

La critique se déversa alors sur les bastions conceptuels du libéralisme et l'idéologie des Lumières : la notion d'individu et l'individualisme qui en dérive, la souveraineté populaire, la représentation politique ; le parlementarisme libéral en somme. Une caractéristique très remarquable de cette critique est qu'elle appliquait rigoureusement à la pensée des Lumières sa propre médecine. Cette dernière avait fait preuve d'une inhabituelle arrogance intellectuelle qui la conduisit à qualifier de fictice, métaphysique, voire d'obscurantiste, une grande partie de la culture et de la philosophie qui la précédèrent. Or, le mouvement critique impulsé et alimenté par la pensée antiparlementaire qualifia de pures fantaisies sans base scientifique, de sophismes, de fictions, ou encore de constructions métaphysiques, les notions issues de la pensée des Lumières. Ainsi, Carl Schmitt qualifia les concepts politiques de concepts théologiques sécularisés : on les croit ou non mais ils ne peuvent reposer sur des fondements empiriques et rationnels. La pensée antiparlementaire de la fin du XIXe siècle et du début du XXe siècle s'identifie notamment par le fait de lancer ses principales piques contre Rousseau, à qui il a été imputé une conception pauvre de la démocratie, une approche individualiste des droits ainsi qu'une dérive métaphysique quant à l'appréhension des notions de souveraineté et de représentation populaire. Seul Maurice Hauriou tentera de le sauver en précisant que ses idées ont constitué des contributions au débat sur la philosophie politique et que l'erreur est venue de ceux qui élaborèrent directement à partir de celles-ci le système juridique et constitutionnel de droit public durant la première étape de sa formation. Par ailleurs, une observation de Maurice Hauriou paraît confirmer l'un des constats de ce livre : la pensée antiparlementaire, critique à l'égard de nombreuses idées des Lumières, a été développée par une génération de professeurs universitaires de droit public dont les contenus d'étude étaient bien définis et consolidés. Ces professeurs, disposant d'une réelle formation académique et insérés dans une structure universitaire solide, n'existaient pas au début du XIXe siècle ; ainsi, la pensée des Lumières n'a pu à cette époque faire l'objet d'une critique ayant une véritable texture juridique et constitutionnelle. Il faudra attendre le XXe siècle pour que cette critique apparaisse avec toute la rigueur que lui a donnée une nouvelle génération de professeurs universitaires de droit public. Mentionnons, entre autres, la critique de la souveraineté populaire de Léon Duguit, celle de l'individualisme d'Adolfo Posada, celle de la représentation parlementaire de Santi Romano, ou encore celle du système de partis de Max Weber. Ces critiques se déverseront effectivement sur plusieurs notions, toutes liées au parlementarisme.

Cependant, ce qui conféra à la pensée antiparlementaire de la période de l'entre-deux-guerres sa véritable grandeur n'est pas seulement son caractère critique, sinon et surtout, sa capacité à articuler des propositions et des contributions à travers lesquelles elle a pu exercer une influence durant la seconde phase de formation du droit public en Europe. Il convient de relever que cette pensée n'a pas toujours été manifestement critique ou agressive à l'égard de la figure du Parlement. En effet, cette critique s'est retrouvée, de nombreuses fois, enfouie parmi une série de théories ou de propositions qui n'attaquaient pas directement l'institution parlementaire mais avaient pour effet de réduire son pouvoir et son rôle. La pensée critique à l'égard du pouvoir du Parlement la plus fine n'aspirait pas à le supprimer mais à le dominer. Il s'agit d'une pensée qui a conçu une série de théories et d'institutions à travers lesquelles il était prétendu modérer ou rationaliser le pouvoir et l'action des parlements. Cette conception a fini par marquer d'une forte empreinte l'ordre juridique et constitutionnel dans lequel nous sommes toujours installés. Les propositions et revendications qui étaient alors exposées ne regardaient pas le passé et prétendaient encore moins à la restauration d'un régime antérieur comme cela avait été commun dans les milieux réactionnaires à divers moments du XIXe siècle. Nous sommes face à une génération de professeurs disposant d'importantes connaissances et d'une grande intelligence leur permettant de se rendre compte qu'un retour en arrière n'était pas possible, que leurs idées et propositions devaient nécessairement s'insérer dans un nouvel ordre et contribuer à le configurer. De plus, les mouvements politiques d'alors — le fascisme en Italie, l'*Estado novo* au Portugal, le nazisme en Allemagne — se présentaient comme quelque chose de nouveau qui pouvait paraître séduisant pour des populations démoralisées, touchées d'abord par la guerre puis par de graves crises économiques.

Il importe de noter, sur le plan académique et doctrinal, une tendance qui tenta de recomposer, en l'adaptant au nouveau contexte, le dualisme entre Parlement et Administration ; un dualisme qui est le reflet de celui qui différencie le principe démocratique et le principe monarchique. On peut ainsi recenser durant la période de l'entre-deux-guerres un courant de pensée qui visait soit à conserver un domaine placé sous régulation administrative — en dehors, par conséquent, de l'intervention du législateur parlementaire — sous couvert de théories comme celle des relations spéciales de sujétion ou de réserve de l'administration ; soit à justifier un pouvoir normatif propre à l'Exécutif, comme la pratique des décrets-lois qui se développa durant cette période, surtout en France, notamment au motif de résoudre la crise économique.

D'autres contributions ont visé à imposer des contraintes au législateur parlementaire afin de le priver d'un pouvoir de disposition illimité. Avec plusieurs variantes, on peut à cet égard relever une argumentation récurrente parmi les publicistes les plus illustres. Ainsi, Vittorio Emanuele Orlando considérait qu'il existe dans toute société un droit primitif, qui naît d'un accord constant et réitéré des personnes et des groupes. Il revient alors au législateur de découvrir et d'énoncer, non de suppléer, cette régulation vivante au sein de l'organisme social. Mais ce sera Maurice Hauriou, deux décennies plus tard, qui donnera une consistance à cette ligne de pensée en la concentrant dans une catégorie opérationnelle, celle qu'il précisera dans sa théorie de l'institution ; une théorie qu'il n'a été possible d'élaborer qu'à la suite des connaissances fournies par les sciences de l'esprit sur le subconscient collectif et avec le soutien de la philosophie vitaliste, de l'idée d'élan vital. La théorie de l'institution fournira à son tour un fondement à la catégorie des garanties institutionnelles — sur lesquelles le législateur ne peut disposer, à tout le moins s'agissant de leur noyau essentiel — et ouvrira une dimension institutionnelle, objective, des droits fondamentaux en les concevant comme des valeurs qui lient le législateur. Il sera aussi imposé à ce dernier une sujétion active, surtout en matière de droits sociaux, avec la reconnaissance du procédé de mandat au législateur. En conséquence, les critiques et les propositions visant à dépasser le parlementarisme libéral tendaient à préconiser une recomposition en profondeur de la relation entre les différentes instances étatiques et la mise en place d'autres entités comme une juridiction constitutionnelle exerçant un contrôle judiciaire des lois sachant que l'idée même de Constitution se transformait ; elle était désormais conçue comme une norme assujettissant le législateur qui ne pouvait donc l'outrepasser. Il en est résulté une redéfinition de la loi elle-même, qui n'occupait désormais plus une position suprême et intangible dans l'ordre juridique.

Si l'on prend un peu de recul, en se concentrant sur la formation et l'état d'esprit de ceux qui les ont conçues et proposées, les contributions à la pensée antiparlementaire semblent également trouver une explication dans la prétention de ces experts, d'un establishment de professeurs installés et sûrs d'eux-mêmes, de dominer les concepts et les institutions clés du droit public ainsi que l'interprétation et l'application de ce dernier. Ils étaient - ou se sentaient comme tels - des professionnels qualifiés, des « seigneurs » ou « prêtres » du droit appelés à lui donner son véritable sens en l'adaptant aux circonstances. Le droit était considéré comme une matière vitale et hautement sensible, comme cela a pu se vérifier durant cette époque d'agitation politique, qui ne pouvait être entièrement laissée au bon vouloir d'un Parlement ouvert aux partis de masse et aux jeux d'intérêts. Il s'agit d'une position que l'un de ces professeurs, Max Weber, a très explicitement exposée s'agissant d'une institution économique également sensible, la Bourse, qui, selon cet auteur, devait rester entre les mains de professionnels, sans accès direct du grand public. Pour les mêmes raisons, il était considéré que l'entrée des masses sur la scène politique et institutionnelle, particulièrement au sein du Parlement, devait être modérée et contrebalancée à travers des mécanismes dont l'application devait être réservée à des professionnels du droit public. Tel est le cas des procédés qui impliquent une sujétion du législateur, comme le sont la compréhension des droits fondamentaux en tant que valeurs ou les garanties institutionnelles ; la pensée institutionnaliste en somme qui requiert une définition et une interprétation évolutives de ses contenus, réservées à des juristes experts et qualifiés. Une autre voie s'est ouverte avec la reconnaissance du contrôle judiciaire des lois réalisé par un tribunal constitutionnel, au service duquel ont été appelés des juristes techniques, généralement professeurs, à l'exception de certains moments, comme nous le verrons, durant lesquels ils ont été obligés « d'expier leurs fautes » à travers leur exclusion de cette institution. On ne peut ainsi méconnaître que lorsque les professeurs de droit public avaient recours à une conception institutionnaliste, objective, des droits fondamentaux ou des garanties institutionnelles, ils se revendiquaient comme étant les mieux habilités pour révéler leur sens, leur noyau essentiel ; de la même manière que lorsqu'ils réclamaient l'instauration d'un tribunal constitutionnel, ils pensaient en la présence exclusive en son sein de juristes réputés, en se plaçant eux-mêmes en première ligne, afin de rediriger le cas échéant le législateur parlementaire qui fait erreur vers l'orthodoxie. Il s'est ainsi produit une migration très significative de l'establishment universitaire : au XIXe siècle, les professeurs universitaires bénéficiaient d'une présence large et reconnue en tant que députés dans des parlements ou diètes, étatiques et régionaux, au sein desquels leurs connaissances et raisonnements étaient écoutés pour l'élaboration des lois. Ils s'en retirèrent lorsque ces organes se retrouvèrent sous la domination des partis de masse et de leur discipline, ainsi qu'a pu le relater Heinrich Triepel. Ils finirent par être recalés au poste de magistrat dans les tribunaux constitutionnels créés après la Seconde Guerre mondiale. Leur autorité sur le droit, en tant que gardiens de la loi, fut ainsi restaurée à une autre position stratégique qu'ils avaient eux-mêmes contribué à bâtir.

Il s'agit là d'une preuve évidente que la pensée antiparlementaire n'a pas seulement généré des critiques et des propositions ; elle a également très directement inspiré des réalisations qui perdurent. Celles-ci se sont matérialisées en Europe après la Seconde Guerre mondiale, tout au long de la seconde moitié du XXe siècle. Il n'est pas possible dans ce livre — et cela n'est pas son objet — d'exposer et d'analyser cette réalité constitutionnelle, juridique et institutionnelle qui a pu être influencée par des conceptions et des idées ayant une certaine matrice antiparlementaire. Ce qui peut être plus intéressant est de déceler, dans la mesure du possible, les voies à travers lesquelles cette pensée antiparlementaire, si vivante durant la période de l'entre-deux-guerres mais en partie délaissée dans les régimes autoritaires et pendant la guerre à laquelle ces derniers ont conduit, a resurgi au milieu du XXe siècle en marquant d'une forte empreinte les premières expressions constitutionnelles. Ainsi, de manière discrète mais effective, elle a connu une continuité et un développement avec une nouvelle génération de publicistes qui publièrent leurs premières œuvres importantes à la fin des années 1950 et au début des années 1960.

De nouveau, les circonstances octroyèrent ici un rôle essentiel à l'Allemagne, après sa défaite à la guerre et le régime criminel qui précéda cette dernière. Les puissances victorieuses imposèrent une démocratie autour d'une nouvelle Constitution, la Loi fondamentale de Bonn de 1949, une date encore proche de la période de Weimar et, bien que l'on ait voulu méconnaître ce débat politique et académique — on relève une exclusion notable, non explicite mais réelle, des professeurs de la rédaction du nouveau texte constitutionnel et du premier Tribunal constitutionnel appelé à l'interpréter —, ce qui est certain est que la pensée de Weimar était encore pleinement présente durant la nouvelle période qui s'ouvrait. Cette proximité chronologique a permis la formation d'une génération intermédiaire, qui opéra comme une charnière entre Weimar et Bonn, réunissant des professeurs très actifs durant ces deux périodes ; certains agissant dans de dynamiques mais discrets circuits para-universitaires en raison de leur ancien lien avec le nazisme. Il s'agit d'un groupe réduit mais qui regroupait des professeurs de haut niveau avec des trajectoires distinctes : Schmitt, Fortshoff, Smend, Leibholz, Thoma, auxquels se serait ajouté, sans aucun doute au plus grand profit de tous, Hermann Heller s'il n'était pas décédé en 1933, durant son exil en tant qu'enseignant à Madrid, à seulement quarante-deux ans. La pensée antiparlementaire de Weimar impacta de telle manière la Loi fondamentale de Bonn qu'elle en fit la première Constitution qui manifesta clairement sa préoccupation — déjà perceptible lors de son rapide processus d'élaboration — de limiter le législateur jusqu'alors tout-puissant, de le lier, de le contrôler, voire de lui imposer des mandats. Diverses études publiées alors qu'il s'était à peine écoulé dix ans depuis son approbation fournirent une couverture dogmatique et des techniques opérationnelles pour donner effectivité à ces objectifs et dispositions constitutionnels. Certains de ces travaux sont connus, comme la monographie de Peter Häberle sur le contenu essentiel des droits fondamentaux et les garanties institutionnelles qui s'est pleinement nourrie de la pensée et de la bibliographie de l'entre-deux-guerres, notamment du débat doctrinal qui s'est tenu sous le régime de Weimar et des analyses de Maurice Hauriou. D'autres études ne dépassèrent pas l'orbite de l'espace linguistique allemand mais se révéleront très influentes, comme celle du professeur Peter Lerche sur l'abus du législateur, qui depuis lors a donné le ton en matière de contrôle de constitutionnalité des lois, particulièrement s'agissant de l'application du principe de proportionnalité si important aujourd'hui dans le cadre européen. Ces études, d'autres contributions doctrinales, la Loi fondamentale elle-même ainsi que la première jurisprudence constitutionnelle n'ont toutefois suscité, dans un premier temps, aucune attention particulière au-delà d'une Allemagne qui en aucun cas était considérée comme une référence étant donné qu'elle était encore vue comme le principal auteur des pages les plus dévastatrices de l'histoire occidentale et comme un pays au futur incertain. Ce ne sera pas avant les années 1970 que cette perception changera, avec ledit « miracle allemand » et la consolidation démocratique du pays ; cela se notera dans son droit public et sa doctrine.

Dans d'autres pays européens a eu lieu une solution de continuité qui s'est prolongée entre la période de l'entre-deux-guerres et la pleine récupération constitutionnelle et démocratique. C'est le cas de l'Espagne et du Portugal dont les Constitutions, après une longue dictature, datent de la fin des années 1970. Cela empêcha la transmission et la continuité de la pensée des publicistes de l'époque de Weimar qui, pour beaucoup exilés, n'avaient pas non plus de disciples au moment de la transition vers la démocratie. C'est aujourd'hui que cette doctrine est récupérée par plusieurs auteurs européens, notamment à travers des recherches en histoire du droit comme celles qui ont été réalisées par le professeur Sebastián Martí sur le droit politique de la Seconde République. En tout état de cause, lorsque s'est produite la transition vers la démocratie et est né un nouvel ordre constitutionnel, les principales références provenaient, à la fin des années 1970, de la Constitution allemande et de sa doctrine qui récupéraient alors le prestige dont elle avait pu bénéficier sous le régime de Weimar. C'est ainsi que le professeur Rubio Llorente a pu affirmer que « les idées, qui, déjà après la Seconde Guerre mondiale, conduiront à une transformation en profondeur du système, ont été produites dans l'Allemagne de Weimar, nous continuons à être tributaires de sa doctrine constitutionnelle ».

Pour sa part, l'Italie a connu une période longue semblable à partir de l'accès au pouvoir de Mussolini, en 1922, jusqu'à la Constitution de 1947. Les points de contact entre la génération du début du XXe siècle et celle qui a surgi après la Seconde Guerre mondiale ont ainsi été bloqués ; il n'a été donné aucune continuité ni adaptation à la pensée antiparlementaire. La France, enfin, ne s'est dotée d'une nouvelle Constitution qu'en 1958 ; ainsi, sa mise en œuvre et son interprétation perdirent également tout lien direct avec la pensée de l'entre-deux-guerres dont les principaux représentants, Maurice Hauriou et Léon Duguit, avaient disparu depuis longtemps étant décédés à la fin des années 1920. La différence, l'exception, est donc venue de l'Allemagne en raison de la proximité temporelle et du lien doctrinal entre les régimes de Weimar et de Bonn.

Cependant, tous les États d'Europe continentale se rejoignent sur le fait d'avoir accueilli, chacun à un moment différent, une série d'importantes innovations tout au long de la seconde moitié du XXe siècle pouvant être perçues comme constituant la seconde étape de formation du droit public qui s'est fondée, entre autres sources d'inspiration, sur une pensée que nous avons qualifiée d'antiparlementaire. Cette pensée généra une série de propositions auxquelles se rattachent plusieurs transformations. Parmi les plus remarquables, relevons : la généralisation dans tous les États d'un contrôle judiciaire des lois ; la sujétion du législateur aux droits fondamentaux et à toute une série de valeurs matérielles ; la nouvelle place accordée à la Constitution et corrélativement à la loi elle-même ; la légitimité importante reconnue à une large activité de l'Administration publique à travers la notion de service public ; la reconnaissance de domaines fermés à l'intervention du législateur ; la consécration de garanties institutionnelles qui s'appliquent, par exemple, dans le champ de l'autonomie locale ; la reconnaissance d'une réserve de l'Administration, surtout s'agissant de ses facultés organisationnelles. Bien entendu, ces innovations, et d'autres encore, ne s'inspirèrent pas uniquement de la pensée antiparlementaire. La création de la juridiction constitutionnelle, pour prendre un exemple parmi d'autres, répond à diverses motivations. Toutefois, on ne peut méconnaître que parmi leurs inspirations figurent la pensée antiparlementaire et une attitude préventive à l'égard d'un pouvoir législatif dominé par les partis dans le cadre d'une démocratie de masse. Aucune attitude de ce type n'avait été suscitée par l'ancien parlementarisme de notables. Pour nombre d'entre eux, il s'agissait de professeurs universitaires qui, à aucun moment, revendiquèrent un contrôle judiciaire des lois ; ils le feront plus tard, lorsqu'ils échangeront leurs sièges dans les parlements pour des postes de juges au sein des tribunaux constitutionnels.

Néanmoins, d'autres propositions de la pensée antiparlementaire n'ont pas abouti en réalités durables, bien qu'à l'époque certaines d'entre-elles reçurent une large acceptation. Il s'agit de celles qui proposaient une complète mutation du système représentatif propre au parlementarisme ou son élimination pure et simple. Ces revendications allaient des régimes dictatoriaux aux systèmes de démocratie directe, en passant par des reformulations de la représentativité de type corporatiste. Il est cependant notoire, bien que certaines de ces propositions se soient réalisées, — ce fut le cas surtout dans les dictatures qui finirent par s'effondrer, certaines de manière dramatique — que le système parlementaire a perduré ; effectivement considérablement modéré avec la mise en place de limites, de sujétions et de contrôles du législateur ainsi qu'une nouvelle relation de ce dernier à l'égard des autres institutions publiques. Il reste cependant une certaine marge de doute quant à la possible effectivité de certaines alternatives, comme la démocratie directe ou la représentation corporatiste, sachant qu'elles ont été associées à des régimes politiques qui ont fini par s'effondrer. C'est le cas de l'expérience fugace et manquée du gouvernement par conseils, prenant le modèle des *soviets*, en Allemagne, juste après la Première Guerre mondiale. Plus important encore, on peut mentionner les propositions de reformulation de nature corporatiste de la représentation et de l'organisation politique qui ont surtout été exposées dans les États du Sud de l'Europe en comptant avec le soutien de divers groupes politiques, y compris les socialistes et krausistes en Espagne. Ces derniers ne partageaient en aucun cas la conception rousseauiste qui finit par façonner le libéralisme individualiste selon lequel il n'existe que les individus et la volonté générale, l'individu et l'État. Le corporatisme se présenta alors comme une alternative au libéralisme, cependant il n'a pas réussi à se démarquer du courant autoritaire qui l'avait promu. Ainsi, il est finalement resté associé aux gouvernements dictatoriaux qui l'ont intégré en Espagne, en Italie et au Portugal, avant de s'effondrer avec ces régimes. On ainsi été nuancées ses potentialités et ses réalisations, notamment sur le plan administratif, surtout en matière de conception et de régulation du régime local au sujet duquel ledit Statut de Calvo Sotelo de 1924 est particulièrement remarquable (« une excellente œuvre législative » selon l'opinion qualifiée de l'historien Raymond Carr). Ce texte posa les bases du régime local espagnol actuellement en vigueur dont la genèse est à rechercher dans le projet de loi avorté d'Antonio Maura datant de 1907 qui était caractérisé par une forte présence de l'idéologie corporatiste d'inspiration krausiste.

CHAPITRE I

LA CRISE DU PARLEMENTARISME LIBÉRAL DURANT LA PÉRIODE DE L'ENTRE-DEUX GUERRES EN EUROPE CONTINENTALE. UNE APPROCHE DES HISTOIRES NATIONALES

1. L'ALLEMAGNE. LE PARLEMENTARISME CONTROVERSÉ DE LA RÉPUBLIQUE QUE PERSONNE N'AVAIT REVENDIQUÉE : SA CONQUÊTE ET DESTRUCTION PAR LA DICTATURE NATIONAL-SOCIALISTE

À la fin de la Première Guerre mondiale, il a été instauré en Allemagne une République pour laquelle personne n'avait lutté. Aucune force politique ne l'avait revendiquée, ni ne l'avait mentionnée dans ses programmes politiques au début du XXe siècle.

Les milieux les plus conservateurs ne proposaient pas de réformes profondes du IIe Empire Allemand (IIe *Deutsches Reich*) qui avait été proclamé au Château de Versailles en 1871, après l'indiscutable victoire de la machinerie militaire prussienne sur la France de Napoléon III.

Les libéraux aspiraient à une réforme limitée du IIe Reich afin d'y introduire, dans toute sa plénitude, le modèle de monarchie parlementaire avec un gouvernement pleinement responsable devant le Parlement et non devant le monarque. Ils prétendaient ainsi dépasser le principe monarchique tel qu'il avait été théorisé par le professeur reconnu de l'Université de Berlin Julius Stahl. Suivant cette tradition, le *kaiser* ou empereur nommait et destituait librement le chancelier ou premier ministre qui ne répondait donc de ses actes que devant lui et non devant le Parlement. Au début du XXe siècle, la principale revendication des libéraux à l'égard d'une possible réforme constitutionnelle prétendait modifier cette relation, en plaçant le chancelier et le gouvernement du Reich sous le contrôle du Parlement, dans la plus pure orthodoxie de la monarchie parlementaire. Cependant, en aucune manière ils prétendaient instaurer une République.

Pour leur part, les partis les plus liés au mouvement ouvrier — la plupart des socialistes jusqu'aux communistes et spartakistes —, avaient bien sûr des projets plus radicaux qui passaient par la suppression de la monarchie. Toutefois, si à un moment donné ils avaient aspiré à une République pour la remplacer, ils tenaient alors pour dépassée — surtout après le triomphe de la révolution en Russie — l'éventuelle étape républicaine et parlementaire qu'ils associaient à la domination de la bourgeoisie. Le modèle de démocratie directe qu'ils avaient remarqué dans les *soviets* est celui qui a alors été introduit en Allemagne, avec quelques variations. Il s'agissait d'un système de conseils (*Rätesystem*) composés de membres directement élus, qui se constituaient parmi les travailleurs des zones industrielles et les marins de la flotte militaire mouillant dans les ports de Lübeck, Hambourg, Brême et Kiel.

Dépourvue de tradition, de réels soutiens parmi les partis et la population, la République était vue par une grande partie des Allemands comme ayant été imposée par un complot international. Effectivement, le président des États-Unis, Woodrow Wilson, exigea l'abdication du *kaiser*, comme le sollicitèrent aussi les marins de l'armada au cri de « le *kaiser* à la rue » (*Weg mit der Kaiser*).

Sans opposer de résistance à ces pressions, comme ont pu le critiquer ses nombreux partisans, Guillaume II, le dernier *kaiser* allemand, s'enfuit à la station thermale de Spa, dans le massif belge des Ardennes. La République fut alors proclamée le 7 novembre à Munich et deux jours après à Berlin, depuis un balcon du Parlement, par le dirigeant socialiste Philipp Scheidemann. Il fut alors formé un gouvernement provisoire qui décida de respecter et d'assurer la continuité de l'ordre constitutionnel encore en vigueur afin de le transformer au moyen d'un processus constituant. Cette continuité a été mise en scène lorsque le prince Max von Baden, dernier chancelier nommé par le *kaiser*, transféra ses pouvoirs au dirigeant socialiste Friedrich Ebert qui se convertit ainsi en premier chancelier de la République. Ce dernier s'était montré résolument opposé à un quelconque type de révolution, cependant cette position n'a pas empêché que le jour même de sa nomination, la *Räterepublik* (la République des conseils) ait été proclamée et placée sous la conduite du dirigeant communiste Karl Liebknecht.

Tous les mouvements et tentatives révolutionnaires ont toutefois, dans un premier temps, été neutralisés par le gouvernement qui, outre les forces de police, disposait du soutien indirect des *Freikorps*, groupements paramilitaires composés d'anciens combattants, officiers et soldats de la Première Guerre mondiale. L'action violente menée contre les révolutionnaires, surtout les communistes et les spartakistes, a connu ses épisodes les plus dramatiques avec les assassinats de leurs dirigeants les plus importants : Rosa Luxemburg et Karl Liebknecht à Berlin ; Kurt Eisner à Munich.

Dans ce climat instable et souvent violent, des élections ont néanmoins pu être organisées, en janvier 1919, en vue de la formation d'une Assemblée générale constituante. Trois partis modérés, non-révolutionnaires, obtinrent la grande majorité des sièges. Afin d'échapper à cette atmosphère agitée et incertaine de Berlin, l'Assemblée déménagea dans la paisible ville de Weimar, à jamais associée à une période dorée de la culture allemande, avec Goethe et Schiller comme personnalités de premier plan. La rédaction d'un projet de Constitution a été confiée à Hugo Preuss, un professeur de droit public de tendance libérale. Fils d'un commerçant juif, Hugo Preuss n'avait alors pas encore obtenu la reconnaissance que lui conférera plus tard ses ouvrages et occupait une place de second rang dans le panorama universitaire allemand, au sein de la *Handelshochschule* (École supérieure de commerce) de Berlin. Le processus d'élaboration du texte constitutionnel a été très rapide — les constituants étaient logés dans des conditions précaires dans une petite ville loin de leur résidence et de leurs occupations habituelles — et le 11 août 1919 la Constitution de Weimar a été approuvée. Il s'agit d'une Constitution, comme cela est bien connu, très novatrice à plusieurs égards. Trois innovations nous intéressent particulièrement.

La première est l'affirmation radicale du régime républicain qui parut évidente et confirmée avec l'abdication de Guillaume II. Cependant, l'Empire du IIe Reich comprenait quatre monarchies (Prusse, Bavière, Saxe et Wurtemberg), six grands duchés, sept principautés et trois villes libres ou villes-États. Parmi tous ces territoires (*Länder*), seules trois villes — Berlin, Hambourg et Brême — disposaient d'une structure organisationnellement et institutionnellement compatible avec les principes républicains. Dans les autres États étaient implantées différentes dynasties qui seront ensuite délogées du pouvoir. La transformation ne se produisit qu'au sommet avec un changement de la dénomination des institutions politiques, des évolutions parmi les organes présidentiels mais aussi un renforcement des pouvoirs et des compétences des assemblées législatives. Aucune modification des institutions bureaucratiques n'eut lieu, ni militaires ni judiciaires, alors occupées par trois collectifs très puissants — fonctionnaires, militaires et magistrats — qui s'étaient formés autour de la monarchie et ne faisaient montre, en règle générale, d'aucun penchant républicain. Ils admettaient la République seulement parce qu'ils la voyaient comme le système le plus acceptable pour se défendre contre les mouvements révolutionnaires. Un important ensemble de réalisations en Allemagne, de la fin du XIXe siècle jusqu'à la moitié du XXe siècle, s'explique en grande partie par sa position géopolitique proche du front révolutionnaire qui finit par triompher en Russie en 1917. Leur programme allait de la politique sociale de Bismarck (la *soziale Frage*), avec d'importantes avancées en matière de couverture et d'assurance des travailleurs, au modèle d'État social dont la première ébauche constitutionnelle a été offerte par la République de Weimar. Le régime républicain suivait la même logique et pouvait, ce faisant, bénéficier d'un ensemble de soutiens politiques beaucoup plus large que celui qui soutenait la monarchie, comme cela a pu se vérifier à l'occasion des premières élections de 1919 avec l'adhésion de forces politiques qui allaient des conservateurs modérés aux socialistes. Toutefois, ce soutien était apporté, en règle générale, en raison de pures considérations tactiques et non sur le fondement de convictions républicaines.

Le deuxième mouvement impulsé par la Constitution de Weimar, et sur lequel il est intéressant de s'arrêter, concerne la répartition territoriale du pouvoir avec une tendance marquée à sa concentration dans les organes de la Fédération. La répartition des pouvoirs et des compétences sous le IIe Reich a pu être comparée, dans une certaine mesure, à ce qui est aujourd'hui propre à l'Union européenne[1]. Les fonctions exécutives et administratives revenaient exclusivement aux États (aux territoires, aux *Länder*), le Reich exerçant une fonction d'harmonisation et de supervision qui a été très bien étudiée par Heinrich Triepel dans son œuvre *Der Reichsaufsicht* (La surveillance par le Reich). Les pouvoirs attribués au Reich étaient rigoureusement restreints et se réduisaient, pour l'essentiel, à deux domaines : armée et politique extérieure. Ces deux pouvoirs ont été complètement exercés, de la manière la plus habile et efficace qu'il soit, par le chancelier Otto von Bismarck pour faire du IIe Reich allemand une puissance militaire qu'il mit au service d'une politique extérieure expansionniste.

Le Parlement du Reich, le *Reichstag*, jouait un rôle très limité ; une autre similarité avec le Parlement de l'Union européenne est son faible lien avec les intérêts de la population qui se manifestaient alors à travers des particularismes culturels propres aux différents *Länder*, de la Prusse à la Bavière. Le *Reichstag*, constitué à partir d'élections basées sur le suffrage universel masculin caractérisé par une très faible participation, avait dans la pratique comme principale mission celle d'approuver le budget de la Fédération. De plus, le chancelier n'était pas responsable devant le Parlement.

La Constitution de Weimar changea complètement ce panorama et la relation entre les pouvoirs en attribuant des fonctions plus importantes aux organes de la Fédération : le président de la République a été doté d'importantes compétences et le Parlement s'est converti en l'organe central du système.

Il s'agit là, précisément, de la troisième innovation à souligner et vers laquelle, d'une certaine manière, convergent les

---

[1] R. C. van Caenegen, *An historical Introduction to Western Constitutional Law*, p. 225.

précédentes : la centralité de l'institution parlementaire dans la République de Weimar. L'effacement des légitimités historiques et dynastiques auxquelles avaient eu recours les monarchies ainsi que l'extraordinaire renforcement de la Fédération octroyèrent une position de suprématie à la représentation du peuple allemand, titulaire indiscutable de la souveraineté qui s'incarnait dans le Parlement. Les constituants envisagèrent dès le début la force que le Parlement acquit sous la République de Weimar en plaçant le président de la République dans une position à sa hauteur : premièrement, en le dotant de la même légitimité populaire à travers une élection au suffrage universel ; deuxièmement, en lui conférant des pouvoirs considérables, voire exorbitants, comme l'était celui attribué par le fameux article 48 de la Constitution l'habilitant à déclarer l'état d'exception et de se passer entièrement du Parlement. Cette disposition illustre l'attitude préventive des constituants eux-mêmes à l'égard du parlementarisme auquel avaient conduit les circonstances politiques — l'alternative révolutionnaire d'inspiration bolchévique paraissait la plus menaçante —.

Cette croisée des chemins a été judicieusement décrite par le professeur Erich Kaufmann qui, en raison de ses origines juives, a dû plus tard abandonner sa chaire de Berlin et s'exiler en 1938. Erich Kaufmann relata ainsi : « après la chute de la monarchie et dans le tourbillon révolutionnaire il ne nous restait plus qu'à choisir entre la domination d'une majorité parlementaire ou la dictature du prolétariat, par conséquent le parlementarisme se convertit en l'unique terrain sur lequel nous devions construire à moins de vouloir nous prescrire le modèle russe. D'où la concordance des partis politiques, y compris les socialistes majoritaires... Le parlementarisme était ainsi une planche à laquelle a dû s'accrocher le peuple allemand pour ne pas se noyer »[2].

Il n'était pas non plus fait confiance en la direction que pouvait prendre le Parlement — en cela s'expliquent les pouvoirs importants accordés au président de la République en tant que possible contrepoids —, moins en raison de ses compétences que

---

[2] Voir son témoignage dans : F. Sosa Wagner, *Maestros alemanes de Derecho Público*, 2.ª ed., p. 536.

d'une incertitude quant à sa composition. À la différence de l'Angleterre, ou des États-Unis, l'Allemagne ne disposait pas d'un effectif stable de partis politiques qui, durant la période de l'entre-deux-guerres, proliférèrent avec de spectaculaires fluctuations quant à leurs résultats électoraux. La volatilité que l'on pouvait ainsi observer à l'égard du panorama partisan exerçait une grande influence sur la composition du Parlement dans la mesure où pour satisfaire les milieux qui revendiquaient une démocratie directe et radicale il a été instauré un système de représentation proportionnelle qui permit l'entrée à tous types de partis, nombre d'entre eux ne disposant que d'un ou deux députés.

Ainsi décrit le régime parlementaire de Weimar et le cadre dans lequel il est apparu, nous laissons pour un autre chapitre les critiques qu'il suscita ainsi que les juristes et penseurs importants qui les ont argumentées. Nous nous situons à un moment historique qui peut être envisagé suivant différentes perspectives. Il nous paraît ici pertinent de ne faire référence qu'à la trajectoire et la fin du régime de Weimar qui, dans leurs grandes lignes, sont assez connues.

Les cinq premières années après l'approbation de la Constitution ont été très difficiles : conditions sévères et humiliantes du Traité de Versailles qui prétendait mettre fin au conflit de la Première Guerre mondiale ; mouvements putschistes ; inflation galopante. Néanmoins, il a été trouvé un accord pour préserver l'ordre constitutionnel.

Le quinquennat suivant fut tout le contraire : forte croissance économique ; explosion artistique et culturelle qui fit de Berlin la capitale européenne des arts. Cependant, l'arrivée des vagues de la grande crise économique de 1929 a eu un terrible effet démoralisant sur la population, peut-être parce qu'elles se sont inopinément déchaînées durant une période de croissance et d'optimisme.

Les années trente ont été funestes. La crise économique poussa une importante partie de la société, qui jusqu'alors avait penché pour des partis constitutionnalistes et modérés, à apporter son soutien au parti national-socialiste. Lorsqu'Hitler arriva au pouvoir, il exerça dans toute leur étendue les compétences qui avaient été instaurées pour renforcer l'exécutif, ce au détriment de la représentation parlementaire qui se retrouva désactivée avec la loi sur les pleins pouvoirs de 1933. À partir de ce moment débuta une dictature qui montrera bientôt un visage criminel.

La tragédie de Weimar, la critique du parlementarisme, sa crise et sa dissolution aurait déjà pu être perçues sous le régime précédent du IIe Reich en constatant le poids de la Prusse, un État autoritaire tardivement et faiblement lié au courant de démocratisation. On pourrait considérer que cette situation généra un antiparlementarisme qui devint ensuite manifeste sous Weimar, en se présentant de cette manière comme un cas caractéristique et particulier de la sphère et de la culture allemandes. Cependant, durant la période de l'entre-deux-guerres, l'Allemagne n'était absolument pas une exception sur le continent européen.

2. LA FRANCE. SOUS LES APPARENCES DE LA TRADITION RÉPUBLICAINE : UNE CRITIQUE PRÉCOCE DU PARLEMENTARISME LIBÉRAL

Les traits les plus visibles de l'histoire politique et constitutionnelle française à partir du milieu du XIXe siècle semblent montrer une tradition républicaine bien enracinée. La précoce disparition de la monarchie et la mise en place du suffrage universel masculin après la Révolution de 1848 paraissaient le confirmer, en établissant les conditions permettant que le parlementarisme puisse bénéficier d'une acceptation généralisée.

Néanmoins, sous ces apparences, nous rencontrons une autre réalité bien distincte et évidente. Après la Révolution de 1848, les premières élections basées sur le suffrage universel montrèrent une profonde division entre Paris et la France des provinces, comme les distingua et illustra avec de saisissantes descriptions Honoré de Balzac dans les deux séries de romans qui composent sa grande œuvre, *La Comédie humaine*. Les forces républicaines qui impulsèrent la Révolution de 1848 se concentraient à Paris et pour elles fut une profonde déception la faible présence qu'elles obtinrent au sein d'un Parlement de tendance majoritairement conservatrice comme l'était la France des provinces, très liée au monde agricole et aux traditions. De fait, il a été donné une large majorité à des députés représentants de partis et de milieux disposés à restaurer la monarchie, qui n'est finalement pas revenue en raison des fortes dissensions entre les deux dynasties qui se disputaient le trône : la bourbonienne, enracinée historiquement, et l'orléaniste, Louis-Philippe ayant été le dernier roi de France. Cependant, la tentative restauratrice venait à peine d'échouer que surgit une alternative césariste et autoritaire avec Napoléon III qui disposait d'un soutien pratiquement unanime de l'électorat : près de 8 millions de votes en sa faveur et près d'un demi-million contre.

Napoléon III tarda peu à fomenter un coup d'État, en 1851. Plus de deux cents parlementaires furent alors arrêtés et en 1852 l'Empire a de nouveau été constitué. Le Parlement se trouvait dans une situation marginale. La Chambre des représentants s'est vue fortement contrebalancée par le Sénat, dont les membres étaient librement désignés par l'empereur. Mais, surtout, l'activité législative du Parlement était très limitée dans la mesure où il ne pouvait traiter que les projets de loi qui avaient été préalablement étudiés et approuvés par le Conseil d'État dont les membres étaient aussi librement nommés par l'empereur. La dérive autoritaire et la mise à l'écart du Parlement ne parurent cependant pas contrarier les Français qui ont continué de voter massivement pour Napoléon III à l'occasion de plusieurs élections présidentielles. Seule l'humiliante défaite face à l'armée prussienne, Napoléon III ayant été lui-même emprisonné à Sedan, conduisit à la chute du régime impérial. L'impératrice Marie Eugénie de Montijo abandonna précipitamment le palais dans une calèche louée.

Le Gouvernement provisoire qui s'installa alors convoqua des élections générales qui, comme cela s'est produit après la Révolution de 1848, redonnèrent une considérable majorité aux partis partisans de la restauration de la monarchie. Cette option a cependant encore échoué en raison des désaccords entre les deux branches monarchiques : la bourbonienne légitimiste, alors incarnée par le comte de Chambord, petit-fils de Charles X, et l'orléaniste, représentée par le comte de Paris, petit-fils de Louis-Philippe d'Orléans.

Finalement, la Troisième République fut constituée ; elle couvrira une période très longue allant matériellement jusqu'à la fin de la Seconde Guerre mondiale si l'on considère que la Quatrième République fut une prolongation de celle-ci, en l'absence d'innovations constitutionnelles significatives. La République fit du Parlement l'élément central de son modèle politique et institutionnel. Celui-ci était composé de deux chambres : la Chambre des députés, qui étaient élus au suffrage universel masculin, et le Sénat. Le président de la République n'était pas élu au suffrage universel mais par les deux chambres parlementaires, un élément qui met évidence la suprématie du Parlement.

Ce régime constitutionnel n'empêcha pas l'instabilité constante de gouvernements successifs du fait de la variabilité des coalitions qui se manifestait au sein du Parlement. L'orientation politique qui s'imposait sur ces équilibres politiques et parlementaires précaires était clairement bourgeoise et n'entreprenait aucun type de réforme sociale. Bien qu'elle se déclarât laïque, elle manifesta des attitudes ouvertement anticléricales, surtout au début du XXe siècle, avec lesquelles elle prétendait s'attirer la sympathie de la gauche radicale afin de compenser le manque d'attention aux demandes des socialistes et des partis représentants le prolétariat. De cette manière, dès le début du XXe siècle, la République parlementaire commença à être ouvertement questionnée, tant par les partis du dynamique mouvement ouvrier que par les milieux traditionnalistes. À ces fortes différences entre partis, qui favorisaient l'instabilité gouvernementale, s'ajouta la profonde scission sociale provoquée par l'affaire *Dreyfus*.

Durant la période de l'entre-deux-guerres, qui nous intéresse ici prioritairement, l'action de mouvements et de forces politiques ayant une orientation explicitement antiparlementaire était ostensible. L'un d'eux était la *Ligue d'Action Française* qui se forma autour d'une revue du même nom au printemps 1905. Le nombre d'adeptes de cette ligue augmenta considérablement dans les années 1920, sous la direction de Charles Maurras. Son programme était celui d'une monarchie fondée sur la tradition et non sur ce que ses membres considéraient être le leurre de la souveraineté populaire. Il envisageait une organisation de la société en corporations niant l'égalité des individus et adoptait une approche nationaliste de la culture, de la religion et des coutumes traditionnelles. La croissance de la ligue s'interrompit toutefois de manière abrupte lorsque le pape Pie XI lança un appel aux catholiques afin qu'ils quittent l'Action Française, qui termina dans une dérive antisémite avec la participation de Charles Maurras au régime collaborationniste de Vichy.

D'autres formations antiparlementaires adoptèrent aussi la structure et la dénomination des ligues. Ainsi en a-t-il été de la Ligue des patriotes fondée par Paul Déroulède à la fin du XIXe siècle à la tête de laquelle s'est trouvé un temps le général de Castelnau (successeur de l'écrivain Maurice Barrès, décédé en 1923). En surgirent les Jeunesses Patriotiques constituées en 1924 sous la direction de l'industriel Pierre Taittinger qui se convertit alors en un important et influent entrepreneur du dynamique secteur de la presse en pleine expansion. Les Jeunesses Patriotiques se sont surtout développées dans les grandes villes et comptèrent parmi leurs rangs de nombreux étudiants. Bien qu'elles montraient certaines attitudes paramilitaires, elles n'ont pu être identifiées au fascisme émergent en Italie parce qu'elles se maintenaient dans le traditionalisme nationaliste en revendiquant une démocratie directe exercée au sein de corporations, avec un rejet manifeste de la démocratie représentative et parlementaire. Cependant, ne fit pas non plus défaut en France un courant nettement fasciste, surtout durant la brève expérience du mouvement Faisceau entre 1925 et 1928, fondé par Georges Valois qui avait milité à l'Action Française. Se développa ainsi une doctrine corporatiste qui suivaient les lignes tracées par le fascisme italien en adoptant également une attitude explicite de contestation du régime parlementaire.

Cependant, au-delà d'une vision superficielle de ces manifestations sur la carte politique et partisane, ce qui est véritablement remarquable en France est surtout, à notre avis, le profond courant intellectuel qui a germé depuis le milieu du XIXe siècle contre le parlementarisme bourgeois. Une critique, par conséquent, très antérieure à celle qui surgit en Allemagne durant la période de l'entre-deux-guerres, en plein XXe siècle. Il convient d'en chercher l'explication dans la soudaine instauration, sans aucun précédent, d'une république caractérisée par un très fort rôle accordé au Parlement par la Constitution de

Weimar, comme nous avons pu le vérifier, tandis qu'un régime républicain et parlementaire existait déjà en France, depuis la révolution de 1848, ce pour quoi dès la seconde moitié du XIXe siècle il avait été exposé aux critiques. Celles qui ont été d'abord lancées ne provenaient pas, contrairement à ce que l'on pourrait penser, de milieux réactionnaires ou traditionnalistes mais de partis les plus ouvertement progressistes. Non sans raison, un éminent critique en a été Auguste Comte qui passe pour être l'initiateur de la sociologie moderne et qui fit de l'idée de progrès l'axe de son système philosophique et sociologique. Auguste Comte rejetait catégoriquement l'arbitraire théologique ou le droit divin des rois mais aussi l'arbitraire métaphysique ou la souveraineté du peuple et le système parlementaire censé le représenter[3]. Mentionnons aussi Pierre-Joseph Proudhon qui affirmait que le moyen le plus sûr de faire mentir le peuple est le suffrage universel.

Cette vague de contestation du parlementarisme et de ses présupposés, comme l'est le suffrage universel, atteint au début du XXe siècle les publicistes les plus remarquables. Nous aurons l'occasion de nous arrêter plus avant sur leurs idées et contributions, il suffit à présent de rendre compte de certaines de leurs prises de position les plus significatives ; comme celle de Léon Duguit qui, réfléchissant sur les expériences historiques dont nous avons rendu compte, affirma qu'en 1848 quand on eut institué le suffrage universel, on crut de bonne foi, mais naïvement, que tout était sauvé. Le plébiscite de 1851 ratifia le coup d'État. Les commissions mixtes, les lois de sûreté générale, et pour tout dire d'un mot, le despotisme des premières années du Second Empire éclairaient les esprits sur les garanties qu'on peut attendre du suffrage universel. Léon Duguit mentionnera d'autres lois considérées comme abusives et injustes de la Troisième République, comme la loi d'amnistie couvrant « tous les faits criminels ou délictueux connexes à l'affaire Dreyfus » ou celle qu'il qualifia de lois de spoliation (en particulier la loi du 7 juillet 1904) des congrégations religieuses.

Une telle critique, partagée comme nous le verrons par d'autres juristes français de haut niveau, ne s'est pas manifestée

---

[3] A. Comte, *Système de politique positive* (1854), Paris, Hermann, 2022.

en Allemagne qui était alors très loin du modèle républicain et parlementaire qui s'instaura après la Première Guerre mondiale. Léon Duguit lui-même constata cet environnement différent en faisant référence aux juristes allemands qui lui étaient contemporains : « à la suite de Gerber et Laband, (ils) veulent faire la théorie juridique du despotisme impérial » ; une théorie juridique, il convient de le noter, subitement abrogée par la Constitution de Weimar. La critique allemande du régime parlementaire se déclencha à partir de ce moment, non auparavant[4].

3. L'ITALIE. UN PARLEMENTARISME QUI N'INTÉGRA PAS LA SOCIÉTÉ NI NE MENA L'UNIFICATION TERRITORIALE : SA DESTRUCTION PAR LE FASCISME

Durant l'axe historique privilégié dans cet ouvrage, la période qui court entre les deux guerres mondiales, on ne constate pas en Italie un courant de pensée critique du parlementarisme étant donné que pendant ces années il avait déjà été complètement désactivé. Cette déconstruction du régime parlementaire a été réalisée par le mouvement fasciste qui incorpora certains courants de pensée antérieurs. Après la Première Guerre mondiale, le fascisme trouva les conditions propices pour s'implanter et dénaturer un Parlement à l'égard duquel il s'est toujours montré opposé et indifférent. Nous n'avons ainsi relevé dans ce pays, pendant la période de l'entre-deux-guerres, ni une véritable activité parlementaire ni non plus une critique de celle-ci, sinon l'ultime étape d'un processus de déconstruction du peu qu'il restait de parlementarisme et la formation d'un régime alternatif articulé autour des concepts et des principes propres au fascisme. L'expérience parlementaire italienne — dont le fascisme sera le négatif, en réaction à celle-ci — est par conséquent antérieure à la période de l'entre-deux-guerres, comme l'est aussi la pensée antiparlementaire, à tout le moins ses premières et plus influentes manifestations.

---

[4] L. Duguit, *Les transformations du droit public* (1913),avec d'abondantes références aux auteurs français cités.

L'implantation du régime parlementaire est liée au processus d'unification de l'État italien dont il prétendait être une pièce maîtresse. Le premier Parlement qui affirmait représenter l'ensemble du peuple italien a été constitué à Turin en 1861 et proclama Victor-Emmanuel II de Savoie roi d'Italie. Cependant, aussi bien l'unification italienne que l'ordre parlementaire sur lequel elle prétendait s'appuyer étaient vus avec beaucoup de réserves et de critiques par une grande partie de la population, mais également par d'éminents penseurs et juristes. L'État italien était notamment vu comme une création fictive, impulsée par les intérêts économiques et commerciaux d'une dynamique bourgeoisie industrielle qui se formait alors au Nord du pays. Bien que le processus unificateur ne s'achevât pas, à proprement parler, avec la désignation de Rome en tant que capitale de l'Italie, cela n'élimina pas le détachement à l'égard du régime que l'on pouvait percevoir dans divers territoires, en particulier ceux du Sud. Ce n'est ainsi pas un hasard si les publicistes critiques du parlementarisme italien les plus qualifiés venaient du Sud : Vittorio Emanuele Orlando, Gaetano Mosca et Santi Romano. Les trois étaient, en outre, originaires de Sicile et de la même ville, Palerme.

Par ailleurs, l'unification impliqua une augmentation considérable de la charge fiscale dans l'objectif de consolider le nouvel État et de le placer parmi les premiers d'Europe, en visant aussi la « course aux colonies » à laquelle participaient les plus puissants ; une course au cours de laquelle, avant que ne s'achève le XIXe siècle, l'Italie souffrit un dur revers avec le désastre d'Adoua en Éthiopie en 1896. Dans l'ébauche de cet État unificateur, le Parlement paraissait être appelé à jouer un rôle important dans la mesure où il n'existait aucune autre entité suffisamment capable d'agir en tant que contrepoids à la monarchie. À la différence des autres États européens qui s'étaient formés sous la férule de leurs monarchies respectives depuis le Moyen-Âge, en Italie l'unification fut beaucoup plus tardive, promue par la bourgeoisie et les forces libérales qui se concentraient au sein du Parlement qui nomma le roi d'Italie, Victor-Emmanuel, qui ne l'était jusqu'alors que du royaume de Sardaigne et de Piémont. Toutefois, ce Parlement apparemment important ne disposait en réalité que d'une faible implantation sociale et d'une légitimité démocratique réduite. Selon la Constitution de 1861, et pendant près de vingt ans, seulement 2% des Italiens disposaient du droit de vote ; en 1882 ce chiffre s'éleva à 6% et, plus tard, seulement à 8%. Durant la décennie 1880, lorsque le Parlement occupait, en dépit de ce faible ancrage, une position de premier plan, une série d'événements scandaleux eurent lieu dans le cadre de son action qui l'ont discrédité aux yeux de l'opinion publique naissante. De surprenants pactes entre partis ont été passés, qui déçurent nombre d'électeurs. Certains ont été convenus entre la gauche, que dirigeait alors Agostino Depretis, et la droite modérée de Marco Minghetti. Ce faisant, débuta ce qui a été qualifié de « transformisme parlementaire » ; une période qui modifia l'image et le programme des partis sous les effets d'étonnants accords visant souvent l'intérêt personnel des politiciens et non celui de leurs électeurs. C'est ainsi durant cette décennie que se sont répandues de sévères critiques du système parlementaire italien, notamment par des professeurs d'université faisant autorité.

Au début du XXe siècle, une forte avancée du parti socialiste a été enregistrée et en 1912 le gouvernement de Giovanni Giolitti promut le suffrage universel masculin. Le professeur Gaetano Mosca, alors parlementaire, s'y opposa dans un célèbre discours parlementaire. Seuls six députés le suivirent cependant dans cette position.

Puis, la période de la Première Guerre mondiale fut critique pour le parlementarisme italien. Un débat relatif à la participation de l'Italie au conflit s'est tenu entre le Gouvernement, les dirigeants des partis et les manifestations populaires, sans intervention significative du Parlement. Durant la guerre, celui-ci a été peu convoqué et occupa une place marginale dans le système politique. Lorsque le conflit prit fin, avec des conséquences désastreuses pour l'Italie, la méfiance envers l'État et ses institutions s'était généralisée. Dans toutes les classes sociales, des organisations d'autoprotection commencèrent à se constituer. Il en a ainsi été entre chefs d'entreprises et industriels, entre propriétaire terriens locaux ou entre travailleurs. Il s'agissait là de conditions idéales pour la gestation du mouvement fasciste.

La manière dont Benito Mussolini accéda à la présidence du Gouvernement représenta un coup dur pour le peu de respectabilité qu'il restait au Parlement. En effet, sans consulter ce dernier, le roi Victor-Emmanuel appela Mussolini pour former un gouvernement après la marche fasciste sur Rome en octobre 1922. Cet épisode se révéla paradigmatique pour ceux qui exploraient et suggéraient d'autres voies de légitimation du pouvoir en marge de la démocratie représentative et parlementaire[5].

En 1923 a été adoptée une réforme électorale qui dénatura complètement la démocratie représentative. Elle établit que le parti ayant remporté le plus de voix aux élections à la Chambre populaire serait garanti d'obtenir deux tiers des sièges. Il revenait au roi, pour sa part, de désigner cinquante sénateurs à la Chambre haute. Cette réforme a été justifiée en alléguant qu'elle garantirait la stabilité parlementaire de l'ensemble du système politique ; cependant, en réalité, de cette manière s'instaurait de fait un système fasciste de parti unique. L'apogée de ce processus se produisit en 1928, lorsqu'il a été établi que seuls pouvaient être élus au Parlement les personnes qui figuraient sur une liste élaborée par le Grand Conseil du fascisme.

Après cette dénaturation matérielle du système parlementaire, les années qui restaient jusqu'au second conflit armé mondial ont été consacrées à la consolidation du régime fasciste, absolument opposé à toute réminiscence du parlementarisme libéral.

4. L'ESPAGNE. À LA RECHERCHE D'ALTERNATIVES, AUTORITAIRES ET RÉPUBLICAINES À LA CRISE DU PARLEMENTARISME IMPOSÉ DE LA RESTAURATION

L'Espagne pourrait être considérée comme un pays d'avant-garde dans l'histoire politique et constitutionnelle de l'Europe ; non seulement en raison de sa première Constitution promulguée en 1812 (la première Constitution de la Prusse, en comparaison,

---

[5] Carl Schmitt publia l'année suivante son étude sur le parlementarisme en analysant cet épisode, exemplaire et très éclairant à cet égard.

date de 1850) qui fut un modèle pour les mouvements constitutionnalistes d'autres États, en particulier l'Italie et le Portugal, mais également au regard des régimes politiques qu'elle a connus durant la seconde moitié du XIXe siècle. Ainsi peut-on mentionner l'expérience fugace de la Première République (précédant de près de cinquante ans celle de Weimar) qui reconnut pour la première fois le suffrage universel masculin en accordant un rôle de premier plan au Parlement. Puis, après la restauration monarchique en 1874, s'ouvrit une période très longue, presque un demi-siècle, durant laquelle un même texte constitutionnel était en vigueur : la Constitution de 1876, qui s'appliquera jusqu'en 1923.

Durant cette période, un régime parlementaire a été implanté. S'inspirant du modèle anglais, celui-ci s'articulait autour d'un système d'alternance bipartisan le dotant d'une grande stabilité. Il s'agit d'une grande création de Cánovas del Castillo qui réussit à accommoder le parlementarisme avec la tradition monarchique à travers une pièce maîtresse, à savoir la Constitution de 1876 dont « l'âme », selon Raymond Carr, se trouvait dans son article 18 aux termes duquel : « Le pouvoir législatif réside dans les Cours avec le roi ». Ce système parlementaire, dont la légitimation démocratique se renforça avec la réintroduction du suffrage universel en 1890, suscita l'admiration en Europe, surtout en Allemagne au début du XXe siècle tel qu'a pu en rendre compte de manière exhaustive Max Weber. Outre la stabilité parlementaire, était apprécié le modèle de monarchie constitutionnelle que nous souhaiterions ici approfondir, en particulier au regard de ses éléments de représentation démocratique, très sélectifs dans le plus grand État allemand, la Prusse, avec son système d'élection reposant sur trois classes et prenant en compte la capacité économique et de contribution fiscale des électeurs.

En Espagne, la vision était autrement distincte et durant la deuxième décennie du XXe siècle, le régime parlementaire fit l'objet de sévères critiques. Les attaques dirigées à son encontre étaient essentiellement au nombre de deux.

Une première a été lancée dans l'arène politique et devant une opinion publique qui prit conscience des failles du système électoral et parlementaire reposant sur des circonscriptions territoriales contrôlées par des caciques locaux en connivence avec le Gouvernement à travers le ministère de l'Intérieur, particulièrement célèbre lorsqu'il était dirigé par Romero Robledo. Le Congrès des députés exerçait son activité dans l'indifférence croissante du public qui ne pouvait relever que les manœuvres de quelques politiques professionnels dédiés, aux côtés d'un groupe réduit de journalistes, à la pratique de la « crisologie » ; une expression de l'écrivain Benito Pérez Galdós reflétant les vingt-quatre « crises » qui se sont produites uniquement durant la régence de Marie-Christine entre 1885 et 1902. La littérature de l'époque rendait ainsi compte d'un système politique dont les acteurs n'étaient en aucun cas ceux qui transmettaient et exprimaient la volonté populaire, ni réglaient les problèmes qui affectaient les plus grands pans de la société ; ils s'occupaient davantage des intérêts à courte vue des pouvoirs et des dirigeants locaux. Pour ne citer que l'un de ces témoignages littéraires, mentionnons le juste et profond récit qu'offrit Pío Baroja dans son roman *César o nada*.

Le discrédit social du système parlementaire a assurément impulsé une autre ligne de critique qui venait des cercles universitaires et intellectuels, bien que celle-ci avait sa propre source qui se trouvait initialement dans le krausisme. Ce courant eut une grande influence sur les milieux intellectuels, en atteignant pleinement la philosophie du droit et le droit public. Parmi les membres de ce courant, mentionnons, entre autres, Francisco Giner de los Ríos, Gumersindo Azcárate, ou encore Adolfo Posada. Le krausisme continue d'être un mouvement difficile à qualifier, surtout en raison des contradictions que l'on peut y observer. Cependant, à l'origine, dans la pensée du philosophe Karl Christian Friedrich Krause, on relève deux traits parfaitement complémentaires qui nous intéressent et qui se sont maintenus : une critique de l'individualisme (c'est-à-dire de la pensée des Lumières et la Révolution française) et une conception organiciste de la société. Ces deux éléments s'opposent à ceux qui ont fondé le parlementarisme libéral : l'individu singulier et la représentation de tous les individus au sein d'un parlement. C'est ainsi que les krausistes, les auteurs les plus importants et influents de la pensée politique d'alors, maintinrent des positions distantes à l'égard du régime parlementaire libéral en allant jusqu'à prôner sans ambiguïté, comme le fit Gumersindo de Azcárate, une représentation politique corporatiste. Dans la même lignée, bien qu'il ne puisse être rattaché au krausisme n'ayant été qu'influencé par lui, Miguel de Unamuno n'hésitait pas à affirmer qu'« en Espagne une démocratie organique est nécessaire ; l'inorganique nous l'avons toujours eue et elle nous a perdus »[6]. Ces conceptions organicistes atteignirent d'éminents dirigeants et intellectuels socialistes, comme Fernando de los Ríos ou Julián Besteiro, en arrivant jusqu'à la Seconde République avec les conséquences que nous aurons l'occasion d'apprécier.

Plusieurs intellectuels et théoriciens du droit public que l'on peut rattacher à l'important et influent milieu krausiste (en particulier Francisco Giner de los Ríos, Adolfo Posada, Gumersindo Azcárate et Fernando de los Ríos) critiquèrent vivement les conceptions libérales héritées des Lumières sur l'individu et sa représentation politique pour promouvoir une conception organiciste plus en accord avec la réalité sociale mais aussi plus protectrice de la personne et de sa dignité. Antonio Maura, homme politique de grande envergure, s'appropria alors ces conceptions propres à la pensée krausiste, qu'il reçut tout d'abord en tant qu'étudiant en droit à l'Université de Madrid où il eut comme professeur de référence Gumersindo Azcárate. Parmi les idées politiques d'Antonio Maura, il nous intéresse ici de souligner, parce qu'elle s'opposent au parlementarisme libéral, celles de protection corporatiste de l'individu et de renforcement des organisations politiques intermédiaires ; notamment les organisations politiques locales à propos desquelles il présenta un projet de loi-cadre en 1903 qui sera entièrement repris et concrétisé par le Statut municipal de Calvo Sotelo de 1924.

Ces éléments expliquent le fait que lorsque le régime de la Restauration entra définitivement en crise et qu'eut lieu le coup d'État du général Primo de Rivera instaurant une dictature, il ne se manifesta aucune défense d'un parlementarisme qui

---

[6] E. Díaz, *La filosofía social del krausismo español*, Madrid, Cuadernos para el Diálogo, 1973, la citation d'Unamuno vient d'une conférence donnée au Teatro Novedades de Barcelone, le 16 octobre 1906.

n'entretenait pas de lien avec la société ni ne comptait sur le soutien des élites intellectuelles qui, comme nous venons de le relever, proposaient des modèles alternatifs de représentation et de démocratie organique.

La dictature de Primo de Rivera, qui dura de 1923 à 1931, en plein milieu de la période de l'entre-deux-guerres, ne se présenta pas seulement comme ouvertement antiparlementaire ; elle tenta également de mettre en place un système alternatif s'appuyant sur la représentation organique ou sur la compétence technique et non sur la représentation que s'était appropriée une caste de politiciens professionnels que le dictateur détestait. Moins de politique et plus d'administration. Dans divers discours, Primo de Rivera eut l'occasion d'affirmer cette idée avec son habituel style direct et familier : « Pourquoi voulons-nous les élus ? Nous avons des techniciens dans tous les centres. Nous avons des organes de consultation pour les questions juridiques. Nous avons le Conseil d'État, organisé si démocratiquement qu'en fait partie monsieur Largo Caballero, pour qu'au nom des ouvriers il dise tout ce qui honorablement il croit ne pas être bien administré. Pourquoi, donc, *allons-nous ressusciter ce gadget qu'ils appellent parlement, les peuples qui le subissent encore ne sachant pas quoi faire pour se débarrasser de lui ?* »[7].

Toutefois, Primo de Rivera et ses idéologues ne visaient pas l'élimination pure et simple du Parlement mais cherchaient davantage à le substituer par une instance formée en fonction d'autres critères de représentation, de type corporatiste. Dans cette logique s'inscrivit son grand projet politique de création d'une Assemblée nationale consultative en tant qu'organe alternatif au Parlement dont la composition reposerait sur un système de représentation corporatiste avec des représentants municipaux, provinciaux, des organisations de l'Union Patriotique, de hauts organes de l'État et lesdites « représentations de la culture, de la production, du travail, du commerce et des autres activités de la vie nationale ». Ce qu'il convient peut-être le plus de souligner s'agissant de cette Assemblée nationale est le soutien initial dont elle bénéficia non

[7] M. Tuñon de Lara, *La España del siglo XX*, Barcelona, 1974, citant un discours de Primo de Rivera, pp. 185 et 186.

seulement de la part des partis traditionnalistes, particulièrement de l'Union Patriotique qui se constitua alors, mais également du parti socialiste et de penseurs de cette tendance : Largo Caballero lui-même, Fernando de los Ríos, Álvarez Buylla, Dolores Cebrián, épouse de Besteiro, Llaneza participèrent de cette initiative. Il s'agit d'un indice supplémentaire de la transversalité de la critique du parlementarisme libéral et bourgeois qui, en Espagne, sous l'apparence d'un faux bipartisme, était resté réduit à la représentation d'une oligarchie et de la classe qui s'était formée autour d'elle. L'étendue et l'enracinement des conceptions organicistes et corporatistes étaient évidents, auxquelles participaient aussi bien les groupes traditionnalistes que les socialistes qui les avaient adoptées sous l'influence du krausisme tel que nous avons pu le constater.

L'Assemblée nationale commença par élaborer un projet de Constitution dans lequel elle introduisit un système mixte électif et corporatiste, en réduisant de manière significative les compétences du roi qui ont été attribuées, dans une large mesure, à un organe inspiré du Grand Conseil fasciste italien. Cependant, le projet de Constitution échoua, surtout en raison du rejet inattendu de la part des droites, des forces économiques et du roi prétendant récupérer ses pouvoirs en les reprenant du dictateur qui finalement démissionna le 29 janvier 1930. Le général Berenguer poursuivit le régime dictatorial jusqu'à ce que soient convoquées des élections en mars 1931.

Durant la Seconde République, l'activité parlementaire a été sujette à de fortes tensions que nous n'analysons pas ici en considérant la confrontation politique et idéologique qu'elles suscitèrent mais parce qu'elles ont contribué à la configuration constitutionnelle de l'institution parlementaire et sa composition en application de la législation électorale.

Le premier élément à relever est que la Constitution de 1931 dota le Parlement d'un pouvoir pratiquement illimité. Le contrepoids de la monarchie avait été éliminé et aucune instance qui aurait pu agir en tant que tel n'a été renforcée. Pour offrir un regard comparatiste, relevons que les pouvoirs du président de la République espagnol n'avaient pas l'intensité et la force de ceux qui avaient été attribués constitutionnellement au président de la République de Weimar. Comme nous le savons, au début des années 1930, le Parlement allemand a été pratiquement désactivé et les présidents de la République gouvernaient par décrets[8]. En outre, la Constitution espagnole de 1931 en termina avec l'équilibre offert par le bicamérisme qui a été rejeté comme une indésirable réminiscence du vieux Sénat du régime de la Restauration. A été mise en place une seule Chambre au sein de laquelle convergeaient les discussions et les tensions politiques. Toutefois, il a été instauré un Tribunal des garanties constitutionnelles disposant de compétences pour corriger ses possibles excès.

La législation électorale, essentiellement la loi du 8 mai 1931 — avec une orientation similaire, bien que pas aussi extrême, à celle de la loi promue en Italie par Mussolini précédemment mentionnée — favorisait la formation de grands blocs et donnait une plus grande représentation aux districts urbains qui avaient accordé leur soutien à la République. Lors des élections générales qui ont été organisées en 1933 et 1936, lorsque ces blocs étaient déjà formés, il a pu être constaté comment un léger avantage en termes de votes octroyait une majorité très supérieure, totalement disproportionnée, en nombre de sièges. Cela explique que les historiens ont étudié cette législation en relevant que son « résultat fut un système électoral avec une tendance marquée à être disproportionné au regard de la sociologie de l'Espagne... en favorisant la formation de grands blocs à l'assemblée sans *checks and balances*, les mécanismes électoraux ont encouragé les perdants de n'importe quel scrutin à porter l'accusation qu'ils étaient désavantagés et n'avaient d'autre recours que la violence »[9].

Les publicistes les plus perspicaces ont alors constaté que le système de représentation tel que l'avait originairement conçu la pensée des Lumières était complètement dénaturé. Ainsi, Fernando de los Ríos a pu le questionner en se référant à la

---

[8] Le fait est qu'à la différence de la Constitution de Weimar — qui ne comprenait aucune disposition à ce sujet ce qui suscita ensuite un vif débat doctrinal dans ce pays — la Constitution espagnole de 1931 introduisit le Tribunal des garanties constitutionnelles.

[9] E. Ucelay-dacal, « Buscando el levantamiento plebiscitario: insurreccionalismo y elecciones », in S. Juliá (ed.), *Política en la Segunda República*, Revista Ayer, 20-1995, pp. 69 et 70.

doctrine de Rousseau selon laquelle entre l'État et l'individu on ne doit consentir que s'interpose aucun groupe social, le tolérer serait permettre que se corrompe la source pure de la volonté générale ; une condition qui disparut avec de tels systèmes électoraux qui déformaient complètement la réalité sociale et la volonté générale qu'ils étaient censés représenter au sein du Parlement.

C'est alors que dans l'arène politique émergèrent ouvertement des positions d'avant-garde, souvent parmi des dirigeants qui s'étaient montrés très critiques à l'égard du parlementarisme libéral. Ainsi a-t-on pu le constater dans les partis les plus liés au mouvement ouvrier qui adoptèrent des positions révolutionnaires — celle de Largo Caballero lui-même — en rupture avec le régime républicain et parlementaire. Des attitudes similaires se manifestèrent aussi à droite dont le dirigeant montant, José Calvo Sotelo, s'était lié avec la Ligue antiparlementaire d'Action Française dirigée par Charles Maurras lors de son exil en France après la chute de la dictature de Primo de Rivera durant laquelle il a été un ministre remarqué.

5. LE PORTUGAL. L'ALTERNATIVE CORPORATISTE ET DE PARTI UNIQUE DE L'*ESTADO NOVO*

La chute de la monarchie et l'instauration d'un régime républicain eurent lieu au Portugal au début du XXe siècle, précisément en 1910 ; une date précoce en comparaison de celle d'expériences similaires dans d'autres pays européens. Cependant, cette précocité chronologique ne reflète pas une position d'avant-garde en matière d'idées qui n'étaient absolument pas novatrices puisqu'il s'agissait de celles du libéralisme du XIXe siècle qui avait cohabité avec la monarchie. Le républicanisme qui se développa à l'entrée du nouveau siècle ne questionnait ni l'institution monarchique ni la dynastie qui l'occupait, la Maison de Bragance, surtout en raison de sa tendance anglophile et de sa soumission aux intérêts britanniques, particulièrement dans le panorama colonial africain alors très important pour le Portugal. Cette composante nationaliste est considérée par les historiens portugais comme ayant été très importante durant le processus politique qui conduisit à la Première République portugaise en 1910. Un autre élan a été offert par le courant régénérationniste prétendant éliminer l'oligarchie aristocratique qui s'était installée autour de la monarchie à travers la suppression de ses bastions comme l'étaient la Chambres des Pairs ou la carrière diplomatique. Il s'agissait aussi de moraliser l'Administration en consacrant la notion de service public, effectivement très novatrice à l'époque[10].

Sans le contrepoids de la monarchie et de la Chambre des Pairs, la Première République portugaise acquit une forte empreinte parlementaire en prenant pour référence le modèle français qui l'éloigna ainsi de l'orbite britannique sous laquelle la monarchie s'était maintenue. Néanmoins, la République se révéla incapable, en raison d'une incompétence manifeste de ses dirigeants, d'affronter les problèmes et défis que devait affronter le Portugal au début du XXe siècle. À l'instar de ce qu'il s'est passé en France, elle n'a développé aucune politique sociale pour répondre aux demandes du mouvement ouvrier émergent ; au contraire, c'est à cette époque que se développa un nouvel esclavagisme, tant dans les colonies africaines qu'au sein de l'émigration portugaise au Brésil. Comme cela s'est produit en France à la même époque, la politique que la Première République du Portugal présentait comme étant de gauche consistait en une attaque obstinée et sectaire de l'Église catholique qui était solidement enracinée dans le tissu social et d'assistance du pays. La déconnexion avec la réalité du territoire, majoritairement rural, du groupe dirigeant du régime républicain, recruté surtout parmi la bourgeoisie de Lisbonne, était manifeste.

La Première République fut, par conséquent, une période marquée par l'instabilité politique et des tentatives pour la renverser aussi bien de la part des milieux les plus traditionnels — situés surtout à Porto et dans le Nord du pays — qui souhaitaient la restauration monarchique que des forces liées au mouvement ouvrier. Durant ses premières années, sous la présidence de Teófilo Braga, ont été adoptées les mesures les plus

---

[10] F. Rosas, « Pensamiento y acción política en el Portugal del siglo xx (1890-1976). Ensayo interpretativo », in B. Gómez et D. Palacios (eds.) *Una historia política de Portugal*, Madrid, Siglo XXI, 2006, p. 56.

agressives à l'encontre de l'Église à la requête, surtout, du principal dirigeant républicain, Alfonso Costa, qui planifia également un plan de stabilisation économique qu'il n'a pu rendre effectif. La crise économique et sociale s'aggravant, il s'est produit en 1917 un changement à la direction de la République qui a pris une orientation autoritaire surtout incarnée par le nouveau dirigeant, Sidónio Pais, qui envisagea une politique d'inspiration prussienne en se prévalant de son expérience et admiration de ce régime qu'il avait bien connu en tant qu'ambassadeur à Berlin[11]. Son assassinat, peu avant la fin de la première année de son mandat, augmenta l'instabilité et le discrédit du régime républicain. S'agrandissait de cette manière un front allant des monarchistes et traditionnalistes jusqu'aux milieux républicains qui se sentaient déçus par l'expérience de la Première République. Le coup d'État du général Primo de Rivera en 1923 qui conduisit à une dictature en Espagne exerça grande une fascination parmi plusieurs groupes conservateurs et militaires portugais. Ainsi, il n'est pas étonnant que le coup d'État contre la Première République portugaise se soit produit en 1926, à un moment où la dictature de Primo de Rivera offrait ses meilleurs résultats et se présentait comme un régime stable.

La dictature qui s'instaura alors au Portugal fut tout d'abord présidée, et pendant une longue période, par le général Antonio O. de Fragoso Carmona, mais celui qui très rapidement en assuma la direction politique effective était un professeur d'économie de l'Université de Coimbra : Antonio Oliveira de Salazar, nommé ministre dans le même domaine en 1928. Il fut rapidement président du Gouvernement et depuis ce poste impulsa et orienta de manière décisive la Constitution de 1933. Salazar exerça le pouvoir au sommet jusqu'à sa mort en 1968 ; lui succéda l'un de ses proches collaborateurs, également professeur universitaire : le professeur de droit administratif Marcelo Caetano.

Parmi les milieux et groupes qui promouvaient la dictature certains étaient clairement réactionnaires comme le mouvement « Intégralisme lusitanien » tandis que d'autres revendiquaient

[11] Cela rappelle d'une certaine manière Perón, qui fut ambassadeur en Italie sous Mussolini.

une restauration monarchique. Antonio Salazar a su trouver leur soutien pour mettre en œuvre un projet qui ne se tournait pas vers le passé et ce faisant gagna également le soutien de certains républicains déçus de l'expérience de la Première République. Le dirigeant rejoignait de cette manière les projets alors conçus dans les pays d'Europe continentale qui rompaient avec l'État libéral sans prétentions restauratrices, aspirant ainsi à un nouvel ordre que le salazarisme appela l'« *Estado novo* » (« État nouveau). Cependant, le régime salazariste n'était pas, notoirement, un régime fasciste. Antonio Salazar ne se présentait pas, ni ne prétendait être, un leader charismatique. Il ne se prévalait pas de mobilisations de masse et ses apparitions en public étaient très rares. L'action de commandos ou de groupes paramilitaires pour réprimer les adversaires et maintenir l'ordre n'était pas non plus permise, cependant il établit une efficace police politique sous sa direction personnelle, la tristement fameuse PIDE (*Policia internacional e de defesa do Estado*)[12]. Lorsque, sous influence italienne, se formèrent des groupes véritablement fascistes, « les chemises bleues », le régime salazariste se hâta de les intégrer en tentant de les désactiver ou de minimiser leur action.

Très probablement, ce qui singularise le Portugal au regard d'autres États européens est l'absence d'irruption de masses en tant que nouveau sujet politique qui a entraîné ailleurs des conséquences sur l'ordre politique et institutionnel, notamment une transformation et une critique du système parlementaire libéral. Au Portugal, il ne s'est pas produit un processus significatif d'industrialisation qui aurait pu favoriser la formation de partis de masse d'orientation socialiste ; une grande partie de la population active émigra à cette époque, surtout au Brésil mais aussi dans les colonies africaines. Par ailleurs, les moyens de communication de masse n'ont pas connu un plein développement et n'ont pas eu de grand impact en raison d'un niveau encore élevé d'analphabétisme. Il n'y eut ainsi aucune réaction des élites intellectuelles face à l'avènement des masses — un phénomène que nous analyserons plus avant en détail en

[12] Une police qui se rendra célèbre surtout en raison de sa capacité à infiltrer toutes les organisations et les groupes sociaux en arrivant jusqu'aux autorités de l'Église catholique et du parti communiste.

raison de sa portée dans la genèse de la pensée antiparlementaire — étant donné que ni les masses en tant que telles ne s'étaient formées en tant que sujet politique, ni non plus n'existait — répétons-le — une critique suffisante au sein de l'élite intellectuelle notamment caractérisée par une communauté universitaire limitée, réduite à seulement deux universités, par ailleurs très prestigieuses : Lisbonne et Coimbra. Dans les autres pays, il est très significatif, comme nous pourrons le vérifier ultérieurement, que les universitaires européens, surtout les publicistes, adoptèrent une position critique et distante envers les institutions publiques — auparavant sous leur influence — avec l'avènement des partis de masse au pouvoir. L'exception nous est donc offerte par le Portugal : d'une communauté universitaire très réduite ont surgi deux publicistes, l'un professeur d'économie politique, Antonio Salazar, et l'autre, professeur de droit administratif, Marcelo Caetano, qui ont successivement occupé le plus haut poste d'un État ayant un caractère autoritaire et qui se prolongea durant près d'un demi-siècle.

Ledit « *Estado Novo* » a surtout été défini dans la Constitution de 1933, fortement inspirée par Antonio Salazar et rédigée avec la collaboration de certains professeurs proches, puis soumise à référendum. La position nettement antiparlementaire qui avait été adoptée des années auparavant en réaction à la Première République a été modérée dans ce texte avec la consécration d'un système de deux chambres : l'Assemblée nationale, issue d'élections générales contrôlées par un parti unique, Unité nationale, et la Chambre corporatiste disposant de fonctions consultatives mais très influentes quant à la configuration institutionnelle du régime et la désignation de ses membres. La Constitution concevait également un exécutif fort disposant de la capacité de s'imposer face au Parlement.

Le corporatisme nationaliste constituait le fondement de l'« *Estado novo* » et un modèle alternatif au parlementarisme républicain, opposé à l'individualisme, présupposé de la représentation parlementaire et du libéralisme. Pour Antonio Salazar, la nation se décomposait en réalités naturelles : des individus et des groupes sociaux différenciés, avec des intérêts distincts des intérêts individuels. D'où l'existence de deux chambres. Par conséquent, comme le souligne le professeur

Freitas do Amaral, le corporatisme de l'« *Estado Novo* » fut modéré, contrebalancé, à la différence du modèle qui a été implanté par la Constitution autrichienne de 1934 influencée à plusieurs égards par la Constitution portugaise de 1933 et son environnement politique[13]. Contrairement à la Première République, l'« *Estado Novo* » disposait d'un projet de politique sociale d'inspiration catholique basé sur l'encyclique du pape Léon XII, *Rerum novarum*, et son actualisation en 1931 par Pie XI dans la *Quadragesimo anno*[14]. Sur le plan administratif, on peut ainsi relever une « considérable augmentation des services publics, économiques et sociaux »[15].

Nombre d'éléments de l'« *Estado Novo* » existaient déjà sous la dictature de Primo de Rivera (également, avec plusieurs variantes, dans l'Italie de Mussolini et d'autres États durant la période de l'entre-deux-guerres), surtout s'agissant de l'organisation d'un système visant à éliminer ou neutraliser le parlementarisme libéral : la création d'une Assemblée nationale (avec une dénomination identique dans les deux pays) ou d'un parti unique — l'Union patriotique en Espagne, l'Union nationale au Portugal —, l'organisation corporatiste en tant qu'instrument d'organisation de la société et d'intégration au sein de l'État ; en somme, une prétention commune de configurer un ordre nouveau. Seul le régime d'Antonio Salazar réussit à matérialiser ce projet, sans doute en raison de son habile modération et de sa capacité à maintenir le plein soutien de différents pans de la droite qui, dans le cas espagnol, finirent par

---

[13] D. Freitas do Amaral, « Corporativismo, fascismos e Constituçâo », dans F. Rosa et A. Garrido (coords.), *Corporativismo, fascismos, Estado Nuovo*. Freitas affirme qu'à la différence d'autres mouvements autoritaires — particulièrement ceux d'inspiration fasciste — qui se sont épuisés dans leur prétention d'accéder au pouvoir et de s'y maintenir, aussi bien Salazar au Portugal que Dolfuss en Autriche disposaient d'un projet pour la société.

[14] M. Braga da Cruz, *As origens de democracia cristá e o salazarismo*, Lisboa, Presença, 1980.

[15] D. Freitas do Amaral, *Curso de Direito Administrativo*, vol. I, Coimbra, Almedina, 1988, p. 84. Cet auteur souligne aussi que dans l'« *Estado novo* », ou Deuxième République portugaise, « l'éducation, la culture, la recherche scientifique, la santé, l'assistance et la prévoyance sociale ont cessé d'être des attributions exclusivement ou principalement privées pour être surtout des attributions de l'État », *op. cit.*, p. 85.

se retourner contre Primo de Rivera en provoquant sa chute. Cependant, en dépit de sa longue durée, le salazarisme se montra incapable de s'adapter aux transformations de la société et des mentalités qui commençaient à se manifester dans les années 1970. Marcelo Caetano n'a pas non plus pris le tournant nécessaire en arrivant au pouvoir lorsque décéda Antonio Salazar et six années plus tard éclata la Révolution des Œillets. Une leçon qui a bien été apprise en Espagne lorsqu'après la mort du général Franco l'année suivante se produisit une évolution résolue vers la transition démocratique[16].

[16] F. Rosas observe ainsi qu'« à la différence de l'Espagne, où la droite contemporaine a surgi des rangs du franquisme qui ont dirigé la transition, au Portugal, les actuels partis du centre et la droite sont nés des marges qui se distancièrent de l'agonie du régime, incapable de changer ». « Pensamiento y acción política en el Portugal del siglo XX », in B. Gómez et D. Palacios, *Una historia política de Portugal*, p. 86.

CHAPITRE II

LES TRANSFORMATIONS SOCIALES. LA DÉMOCRATIE DE MASSE ET SON IMPACT SUR LES CERCLES UNIVERSITAIRES

1. L'IRRUPTION DES MASSES SUR LA SCÈNE POLITIQUE

Dans notre cheminement à travers l'histoire des régimes politiques d'Europe continentale, nous avons pu constater que la crise du parlementarisme libéral est devenue bien visible à la fin du XIXe siècle et qu'il s'est formé un courant d'opinion critique envers ce dernier et ses prémisses. Toutefois, une fois débuté le XXe siècle, surtout durant la période troublée de l'entre-deux-guerres, la pensée antiparlementaire est montée d'un cran en comptant sur une nouvelle et importante justification qui lui a été donnée par l'irruption des masses en tant que sujet politique et leur accès à des postes de pouvoir au sein du régime démocratique et parlementaire.

La formation de la société de masse est très liée, bien que de manière non exclusive, aux processus intenses d'industrialisation, d'urbanisation et de prolétarisation qui sont alors recensés en Europe. On peut en effet relever un lien manifeste entre l'industrialisation — le développement de la technique que de nombreux penseurs ont examiné avec beaucoup de précaution — et l'apparition des masses. Cependant, bien que l'industrialisation avait débuté depuis déjà un siècle en entraînant d'importants effets sociaux, comme celui de la division du travail sur laquelle insista tant Émile Durkheim à la fin du XIXe siècle, ce n'est pas avant la période de l'entre-deux-guerres que les masses ont fait leur entrée sur la scène politique. Cela doit beaucoup au progrès de l'éducation et de l'instruction publique, à l'alphabétisation et à l'expansion des moyens de communication : les tirages de la presse écrite ont connu une croissance spectaculaire et les nouveaux médias, comme la radio et le cinéma, se sont rapidement popularisés. De larges pans de la population jusqu'alors marginalisés en raison de leur analphabétisme ont ainsi intégré une opinion publique grandissante et revitalisée. C'est aussi le moment de la formation des partis de masse et des grands syndicats, avec un nombre très élevé d'adhérents.

Cependant, plus que l'étude de la genèse de la société de masse et de ses éléments constitutifs, il nous intéresse davantage ici de connaître l'impact de ce phénomène sur les milieux universitaires et intellectuels, particulièrement sa perception par les publicistes et ses effets sur la pensée politique. L'entrée des masses dans l'histoire a été entendue par certains des esprits les plus perspicaces de l'époque comme un événement fondamental. Il ne s'agit pas seulement de traiter de l'attention récurrente portée au phénomène par l'existentialisme, le courant philosophique alors dominant, mais de se référer également à d'importants essais et études, issus de diverses disciplines, qui ont trouvé dans la société de masse un séduisant objet d'étude et d'attention.

Les premières approches proposées quant à l'étude des masses proviennent d'une science nouvelle alors très dynamique qui aura aussi un grand impact en matière de relecture critique des conceptions politiques dominantes. Il s'agit de la psychologie ou, plus largement, des sciences de l'esprit. Les études de Gustave Le Bon, *Psychologie des foules*, et de Sigmund Freud, *Psychologie des masses et analyse du moi* proviennent de la psychologie sociale Rapidement, le phénomène des masses sera analysé à partir d'autres perspectives : en 1924, l'économiste et sociologue allemand Werner Sombart publia son ouvrage *Le socialisme prolétaire* dans lequel il accorda une attention particulière à la formation des masses dans le cadre de l'évolution du capitalisme. Il s'agit d'un auteur auquel se réfère particulièrement, en le citant parmi d'autres, José Ortega y Gasset lorsqu'en 1926 il commença à publier dans le quotidien madrilène *El Sol* les textes qui composeront son fameux essai *La révolte des masses*. En juillet 1927, Elías Canetti, à peine âgé de vingt-ans, assista à Vienne à l'incendie du Palais de Justice provoquée par une foule indignée qui protestait contre le jugement injuste imposé aux auteurs de l'assassinat de plusieurs ouvriers. De cette frappante expérience surgit en Elías Canetti, comme lui-même l'expliqua, l'objectif d'entreprendre une étude en profondeur sur les masses. Le projet tarda à se concrétiser mais à la fin des années 1950 son ouvrage *Masse et puissance* sera publié.

Bien que le phénomène d'irruption des masses sur la scène politique n'ait pas été abordé de manière monographique par les publicistes qui n'ont pas écrit d'ouvrage ayant un tel objet[17], tels ceux que nous venons de mentionner, il a toutefois été compris dans toute sa profondeur par plusieurs d'entre eux. Pour évoquer ici l'un de ces penseurs les plus connus — plus avant nous examinerons les positions d'autres auteurs — il convient de se référer à Carl Schmitt qui, avec son étude sur la situation du parlementarisme[18], a perçu très clairement que l'entrée des masses dans le panorama politique impliquait une profonde transformation du système démocratique et plus particulièrement de l'institution parlementaire. Ainsi Carl Schmitt affirma, dans une allégation désormais classique, que la foi dans le parlementarisme est propre aux idées du libéralisme. Elle n'est pas propre à la démocratie. Il est nécessaire de distinguer les deux, démocratie et libéralisme, afin de comprendre la construction hétérogène que constitue la démocratie moderne des masses.

Quelle est la position des intellectuels européens de l'époque quant à l'accès des masses à la condition de sujet de premier rang dans la vie politique et les institutions publiques ? Il convient à mon sens de distinguer, d'une part, le diagnostic scientifique du phénomène et, d'autre part, la perception des intellectuels, particulièrement des universitaires, en prêtant

---

[17] Bien qu'il soit un peu tardif et écrit dans le domaine de la science politique, il importe dans tous les cas de mentionner le livre de W. Kornhauser, *The Politics of Mass Society*, Illinois, The Free Press of Glencoe, 1959.

[18] C. Schmitt, *Die geistesgeschichtliche Lage des heutigen Parlamentarismus* (2e éd. 1926), Berlin, Duncker&Humboldt, 1979. Le titre de cette étude pourrait littéralement se traduire par : « *La situation spirituelle du parlementarisme d'aujourd'hui* ». Un énoncé plus libre, mais plus significatif, serait quelque chose comme : « *L'environnement idéologique du parlementarisme à l'heure actuelle* ».

attention, dans la mesure du possible, à leurs réactions personnelles.

2. LE DIAGNOSTIC UNIVERSITAIRE DU PHENOMÈNE

Les études et essais sur le phénomène d'irruption des masses dans l'espace public ont constaté en des termes pratiquement unanimes son importance. Ainsi, José Ortega y Gasset affirma : « Il y a un fait —— pour le meilleur ou pour le pire, qui est le plus important de la vie publique européenne à l'heure actuelle. Ce fait est l'avènement des masses au plein pouvoir social »[19]. Beaucoup plus tard, à la fin du XXe siècle, disposant d'une perspective historique plus complète, le philosophe allemand Peter Sloterdijk constata également — au début de son essai *Le mépris des masses* — que nombre d'auteurs de ce siècle, y compris certains de premier rang, ont considéré l'entrée en scène des masses dans l'histoire comme le signe de notre temps, comme l'insigne la plus puissante d'une époque[20].

Le développement des masses a eu un impact sur le plan politique et institutionnel. Toutes les institutions qui s'étaient formées sous l'influence du libéralisme du XIXe siècle, caractérisé par une tension avec la monarchie, ont vu leur sens et leur fonctionnalité altérés avec l'avancée des masses. Bien sûr, cela affecta de manière très directe la démocratie — désormais démocratie de masse — et le parlementarisme, cependant de nouveaux horizons se sont aussi ouverts s'agissant de la configuration du pouvoir et ses relations avec les masses ; un horizon déjà perçus par les dictatures et les *caudillajes*[21]. Ce panorama a été constaté non seulement par des politologues et des professeurs de droit public, qui seront abordés en détail ultérieurement, mais également par la philosophie et la

---

[19] J. Ortega y Gasset, *La révolte des masses* (1929), Paris, Les Belles Lettres, 2010.

[20] P. Sloterdijk, *Die Verachtung der Massen. Versuch über Kulturkämpfe in der modernen Gesellschaft,* Frankfurt am Main, Suhrkamp, 2000.

[21] Substantif qui vient du terme « *caudillo* » qui, en espagnol, désigne un chef militaire populaire. Il est utilité comme l'équivalent de *führer* en allemand ou *duce* en italien. Durant sa dictature, le général Franco se faisait appeler *caudillo*.

psychologie sociale qui vaticinaient cette orientation. Sigmund Freud a en ce sens mis en évidence le caractère inquiétant et coercitif des formations collectives qui se manifestent par des phénomènes de suggestion pouvant être attribués à l'affinité de la masse avec la horde primitive dont elle descend. Il releva ainsi que le *caudillo*[22] est le père primitif craint et que la masse veut toujours être dominée par un pouvoir illimité. Sur ce sujet, Sigmund Freud reconnut qu'il avait pris « comme guide une œuvre qui bénéficie d'une juste célébrité : *Psychologie des foules* de Gustave Le Bon »[23].

Pour sa part, Elías Canetti précisera le sens de son ouvrage *Masse et puissance*, considéré comme mystérieux à bien des égards. Dans un entretien donné peu de temps après sa publication, au début des années 1960, répondant à ceux qui critiquaient l'absence dans celui-ci du mot fascisme, il déclara que « les six-cents pages du livre ne traitent pas d'autre chose »[24]. Les masses étaient perçues comme génératrices de mouvements contraires au système libéral alors dominant, opposés aussi au parlementarisme ; tant les mouvements de type fasciste que ceux qui émergèrent en Russie, impulsés par les bolcheviques. Ainsi, José Ortega y Gasset souligna le caractère anachronique, tribal, du fascisme et du bolchevisme qui « est inséparable de tout ce qui aujourd'hui paraît triompher. Parce qu'aujourd'hui triomphe l'homme-masse et, par conséquent, seulement ses expressions, saturées de son style primitif, peuvent célébrer une apparente victoire »[25].

Une autre conclusion de l'analyse scientifique portant sur l'irruption des masses souligne qu'en celles-ci se dissout l'identité des individus. Il s'agit d'une conclusion également très pertinente pour l'étude des transformations du système politique et institutionnel qui, selon une conception libérale directement héritière de la pensée des Lumières, avait fait de l'individu et de l'autonomie individuelle l'un de ses présupposés fondamentaux. La dissolution de l'individu dans la société de masse est quelque

---

[22] *Ibidem*

[23] S. Freud, *Psychologie des masses et analyse du moi* (1923), Paris, PUF, 2019.

[24] E. Canetti, *Masse et puissance.* Paris, Gallimard, 1986.

[25] J. Ortega y Gasset, *La révolte des masses*, *op. cit.*, chapitre X.

chose qui avait déjà été constatée par Gustave Le Bon[26] et que Sigmund Freud s'appropria en citant sans réserve cet auteur : « Le Bon pense que dans une foule s'effacent les acquisitions individuelles, en faisant ainsi disparaître la personnalité de chacun de ceux qui la composent. Nous dirions, donc, que la superstructure psychique, si diversement développée dans chaque individu, est détruite »[27].

Ce diagnostic s'est étendu au-delà du champ de la psychologie sociale, où il a été initialement émis, pour être accueilli par des philosophes et des professeurs de droit public qui en feront découler d'importantes conséquences. Les droits individuels, en particulier les droits fondamentaux universellement reconnus, se verront ainsi sérieusement questionnés. José Ortega y Gasset est probablement le penseur qui, de la manière la plus pertinente, a procédé à la caractérisation des masses en tant que nouveau sujet de l'histoire avec une relecture de l'image du sujet dominant durant le XIXe siècle, l'individu. D'où sa référence récurrente à « l'homme masse » qu'il analyse non seulement dans le champ anthropologique mais également dans le cadre juridique constitué autour de l'individu — conquis, dirait-il — qui avec l'expansion des masses s'est en grande partie dilué. Cela affecta surtout les droits qui ont été acquis en tant que privilèges des individus dans une société aristocratique — que José Ortega y Gasset revendiqua sans ambiguïté — alors que dans la société de masse, « ceux "de l'homme" et du citoyen sont propriété passive, pur usufruit et bénéfice, don généreux du destin avec lequel tout homme se trouve et qui ne répond à aucun effort »[28].

---

[26] L'ouvrage de Gustave Le Bon, paru 1921, publié par Felix Alcan, Paris a eu un impact bien perceptible sur les essais de Freud (*Psychologie des masses et analyse du moi*) et Ortega y Gasset (*La révolte des masses*) qui ont été publiés en 1923 et à partir de 1926, respectivement. Également dans le travail universitaire de jeunesse, jusqu'à maintenant inédit de M. Azaña, *La responsabilidad de las multitudes*, Madrid, Athenaica, 2018, avec une étude préliminaire de G. Moreno González.

[27] S. Freud, *Psychologie des masses*..., *op. cit.*, p. 16.

[28] J. Ortega y Gasset, *La révolte des masses*, *op. cit.*, chapitre VII. Au contraire, comme le note cet auteur, « les droits privés ou privilèges ne sont pas, donc, une possession passive et une simple jouissance, mais représentent le profil auquel aboutit l'effort de la personne ».

Le questionnement de l'individu, de l'individuel, qui a été considéré comme l'une des nombreuses fictions de la pensée des Lumières, est tout à fait explicite, comme nous aurons l'occasion de le traiter en détail, chez d'éminents professeurs de droit public ; aussi bien parmi ceux qui adoptèrent une claire orientation sociale — comme ce fut le cas de Léon Duguit pour qui l'individu est une pure abstraction et n'existe qu'intégré dans la société —, que parmi ceux qui prirent une dérive remarquablement autoritaire, surtout dans l'Allemagne des années 1930 avec les nazis au pouvoir — également au sein de la communauté universitaire — et qui donnèrent pour finis les droits fondamentaux. Selon eux, ces droits paraissaient incompatibles avec le principe de primauté du peuple. Une thèse à laquelle, comme nous le verrons ultérieurement, a souscrit un nombre croissant de publicistes parmi lesquels figurent Ernst Forsthoff, Theodor Maunz, Ernst Huber, Otto Koellreuter ou Tatarin-Tarnheyden[29].

Si l'irruption des masses a entraîné, d'une part, la dissolution ou réduction du rôle de l'individu, elle a impulsé, d'autre part, la formation de nouveaux sujets, les partis de masse, sur lesquels retombera l'attention critique de célèbres sociologues et publicistes. Parmi les premiers, on peut mentionner Max Weber qui analysa la structure hiérarchique, peu encline au débat, de ces partis[30] ; parmi les seconds, citons Heinrich Triepel qui a offert un bref et incisif essai, originellement un discours universitaire, à ce sujet intitulé *Die Staatsverfassung und die politischen Parteien* (La Constitution et les partis politiques)[31] dans lequel il souligna la transformation de la démocratie libérale en démocratie de masse au sein de laquelle des pouvoirs anonymes deviennent les principaux sujets.

---

[29] Voir leurs positions développées dans le chapitre IV du présent ouvrage.

[30] Surtout dans ses travaux qui ont été compilés sous le titre *Escritos políticos*.

[31] H. Triepel, *Die Staatsverfassung und die politischen Parteien* (1927), Humboldt-Universität zu Berlin, 2017.

3. LA PERCEPTION PERSONNELLE. LE MÉPRIS ENVERS LES MASSES DE L'ARISTOCRATIE UNIVERSITAIRE

Au-delà de ces analyses effectuées à partir de différentes disciplines, le rôle important qu'acquéraient alors les masses généra un sentiment de préoccupation, de gêne, si ce n'est de mépris manifeste parmi les élites intellectuelles ; surtout celles qui occupaient des postes importants dans le champ scientifique et universitaire.

La dissolution de l'individu dans la masse, qui a été relevé par la psychologie sociale, la sociologie ou encore la philosophie, renforça au sein de ces élites une aversion à l'égard de l'idée d'égalité. Ce rejet s'était déjà manifesté à plusieurs occasions au regard de l'extension généralisée des droits politiques — nous venons de le relever chez José Ortega y Gasset et nous le confirmerons chez d'autres plus avant — et surtout du suffrage universel, comme le montrent les positions de Léon Duguit en France ou Gaetano Mosca en Italie, que nous avons pu relever dans le précédent chapitre et que nous constaterons chez d'autres auteurs, également de premier rang. Ce qui les préoccupait était l'irruption des masses en tant que force nivelant et effaçant la différence, le mérite, le statut. Le mépris envers les masses auquel se réfère Peter Sloterdijk trouve en cela son origine, qui se situe surtout durant la période de l'entre-deux-guerres. Ce mépris se manifestait majoritairement dans les cercles et groupes sociaux qui occupaient une position de privilège. Néanmoins, ces privilégiés menacés par l'avancée des masses n'étaient déjà plus, il convient de le relever, issus de l'aristocratie hiérarchisée et héréditaire ; il ne s'agissait pas non plus de grands propriétaires qui avaient déjà livré leurs batailles contre les attaques de la bourgeoisie libérale, des partis socialistes, ou encore des organisations de travailleurs.

Les cadres et corps d'élite au sein de la bureaucratie et dans l'armée, majoritairement composées de personnes issues de l'aristocratie traditionnelle initialement formée au sein de la monarchie, s'étaient peu à peu mélangés avec des personnes issues d'autres milieux à mesure que le régime monarchique cédait des positions face aux pressions démocratiques et libérales. Ce processus eut lieu de façon évidente en France durant la longue période de la Troisième République comme le montrent notamment l'origine et la provenance des membres du corps diplomatique à la fin du XIXe siècle. Les personnes originaires de la classe aristocratique, qui auparavant monopolisaient le corps, avaient été évincées par des membres de la bourgeoisie qui ne fondaient pas leur position sur un lignage mais sur des mérites acquis à travers une formation universitaire et une carrière professionnelle de notables[32]. Des avancées similaires, probablement pas aussi frappantes que celles qui se sont produites dans la France républicaine, ont été recensées dans d'autres États européens sous l'impulsion des idées libérales et démocratisantes, avec une réduction consécutive des espaces de pouvoir liés à la monarchie.

Ces transformations ont conduit à ce que la majeure partie des postes de pouvoir et de reconnaissance sociale soient occupés par une nouvelle aristocratie surtout formée dans les cercles universitaires et parmi la haute bureaucratie. Cette aristocratie du savoir et du mérite professionnel considérait avec un manifeste mécontentement l'entrée des masses dans l'espace public et leur accès aux institutions. La vieille aristocratie traditionnelle, avec un niveau culturel peu élevé, n'aurait probablement pas perçu l'irruption des masses de la même manière que l'élite des professeurs universitaires durant les premières décennies du XXe siècle. Ceux-ci voyaient dans ce mouvement une dégradation de l'ordre des mérites et reconnaissances sur lequel se basait l'aristocratie intellectuelle à laquelle ils appartenaient.

Le mépris des masses fut sans doute beaucoup plus ostensible dans le pays où l'élite administrative et universitaire était plus installée, socialement reconnue et avait une meilleure maîtrise des espaces du pouvoir politique : l'Allemagne. En effet, dans aucune autre nation il n'avait été reconnu un prestige social et une influence aussi importants au sein des hautes instances de l'État à un groupe, à une classe dont le signe distinctif n'était pas le pouvoir économique, ni le pouvoir militaire, ni celui des liens familiaux ou de naissance, mais son niveau culturel, son savoir

---

[32] N. Stone, *Europe Transformed 1878-1919*, 2e éd., Oxford, Blackwell, 1999, pp. 201 et s.

obtenu dans le cadre d'une carrière universitaire caractérisée par des voies et des procédés précis et rigoureux. Le paragraphe suivant s'efforcera d'analyser davantage la manière dont cette élite s'est formée et comment elle accusa le coup que représenta pour elle l'arrivée des masses sur la scène politique.

Auparavant, il convient de souligner que le principal centre de critique du parlementarisme et donc de production de procédés juridiques, notamment constitutionnels, ayant une orientation antiparlementaire s'est peu à peu déplacé. On peut ainsi relever que le front critique à l'égard du parlementarisme libéral et ses présupposés se forma tout d'abord en France, dans le dernier tiers du XIXe siècle. Ce constat s'explique, dans une large mesure, par la présence prolongée d'un régime républicain, bourgeois et parlementaire à partir de la reconnaissance du suffrage universel en conséquence de la Révolution de 1848. À la fin du XIXe siècle, ce régime fit montre de contradictions à l'égard desquelles se déversera la critique des partis socialistes et des traditionnalistes, mais également de très célèbres professeurs de sciences sociales ; parmi eux, mentionnons Auguste Comte et Émile Durkheim à partir de la sociologie, ou Léon Duguit et d'autres, comme nous le verrons ultérieurement, depuis le droit public.

Cependant, au XXe siècle, durant la période de l'entre-deux-guerres, la tête du front contre le parlementarisme se déplaça vers l'Allemagne. Deux circonstances contribuèrent de manière décisive à cela. La première, nous la connaissons déjà ; ce fut la subite instauration, sous l'effet de pressions internationales et sociales, de la République de Weimar au sein de laquelle le Parlement occupait une position centrale et décisive qu'il n'avait pas dans les États allemands au sein desquels s'appliquait avec fermeté le principe monarchique en contrecarrant le poids des assemblées. Les critiques du système parlementaire allemand, pratiquement inexistantes au XIXe siècle en comparaison surtout de la France mais aussi de l'Italie et de l'Espagne où elles se sont ouvertement manifestées, ont été lancées pour la première fois, avec véhémence, sous la République de Weimar. La seconde raison est à rechercher, comme nous le développerons dans le prochain paragraphe, dans la présence en Allemagne d'une élite universitaire puissante et bien installée qui perçut de manière très critique l'accès des masses aux espaces de pouvoir qu'elle avait jusqu'alors dominés. La démocratie de masse qui se configurait était considérée comme étant au cœur du trouble selon la critique des mandarins de la communauté académique.

4. LES « MANDARINS » ALLEMANDS. UNE ÉLITE UNIVERSITAIRE ÉBRANLÉE PAR LA DÉMOCRATIE DE MASSE

Il s'est développé dans l'Allemagne du XIXe siècle un processus social et culturel véritablement singulier, surprenant, qui conduisit à la formation d'une aristocratie qui ne devait sa position privilégiée ni à son lignage, ni à sa richesse, ni à ses gestes militaires, ni à la possession de terres, ni à des libéralités de la monarchie. Il s'agissait d'une classe dont le statut prééminent et la reconnaissance sociale reposaient sur des mérites scientifiques et intellectuels acquis dans le cadre d'une carrière universitaire et l'application de stricts mécanismes de sélection et de promotion ; une aristocratie tout à fait inédite en Europe et à laquelle on peut rattacher un précédent lointain : l'institution du mandarinat en Chine, comme Max Weber le percevra avec beaucoup de lucidité. Il s'agit d'une aristocratie composée de hauts fonctionnaires, de magistrats de tribunaux supérieurs et, surtout, de professeurs d'université. Ce sont ces derniers qui incarnèrent dans toute sa splendeur la condition d'élite disposant d'un indéniable pouvoir d'influence à partir de leur position prédominante dans le cadre universitaire allemand alors en plein essor. Il leur a ainsi été attribué le surnom populaire de « mandarins » inspiré, sans aucun doute, de l'analogie constatée par Max Weber qui était lui-même un véritable mandarin. Leur formation et trajectoire ont fait l'objet de diverses études parmi lesquelles se distingue celle de Fritz K. Ringer sur le déclin des professeurs universitaires allemands, lesdits « mandarins »[33] ; un livre qui se concentra sur la période qui nous intéresse en particulier ici, caractérisée par le choc que

---

[33] F. K. Ringer, *The Decline of the German Mandarins. The German Academic Community 1890-1933*, Middletown (Connecticut), Wesleyan University Press, 1990.

représenta pour cette élite le développement d'une société de masse ainsi que la soudaine implantation d'un régime républicain et parlementaire.

Les explications de la formation de l'aristocratie des mandarins allemands sont diverses. Son origine se trouve essentiellement en Prusse — l'État le plus important qui finira par mener l'unification allemande — avec la transformation d'un État féodal en un État de structure bureaucratique qui s'opéra au XVIIIe siècle sous l'égide des rois de la dynastie Hohenzollern, surtout Frédéric-Guillaume et son fils Frédéric II le Grand qui ont su attirer les propriétaires terriens locaux, les fameux *Junkers*, en les convertissant en hauts fonctionnaires jouissant d'une grande reconnaissance sociale. Plus tard, au XIXe siècle, la réforme universitaire radicale menée par Wilhelm von Humboldt étendit au domaine universitaire ce modèle élitiste et méritocratique qui avait en premier lieu été implanté à destination des cadres administratifs.

Il convient à cela d'ajouter un élément lié à la tradition culturelle comme Fritz K. Ringer a pu le souligner dans les premières pages de son livre précité en affirmant que « la figure la plus insolite surgie sur la scène sociale européenne du XVIIIe siècle fut celle de l'homme de lettres allemand, l'homme dédié à l'étude »[34].

Selon cet auteur, on doit un tel personnage à la philosophie idéaliste, à l'exaltation de l'intellectuel pur au-dessus de l'intérêt bourgeois pour les affaires ordinaires, les activités quotidiennes pragmatiques. Personne n'a proclamé avec plus de ferveur la valeur de la culture personnelle, considérée en soi comme supérieure à tout utilitarisme, que des idéalistes tels que Wilhelm von Humboldt et Friedrich von Schiller, épaulés par leurs collègues au sein de la Cour de Weimar ou de l'Université de Iéna, notamment Gottlieb Fichte, F. W. J. Schelling et Friedrich Hegel.

Cependant, l'évolution ne s'est pas seulement produite au sommet du système, parmi la fine fleur des professeurs universitaires. A été également défini et exécuté un projet éducatif dès l'enfance, organisé comme un processus continu de

---

[34] *Ibidem*, p. 37.

sélection et de stratification qui commençait à l'école primaire et dont l'apogée, que peu atteignaient, était l'accès à la chaire d'une université. L'idéalisme et le romantisme allemands ont certainement influencé de manière décisive ce programme éducatif, en accordant un poids plus important aux disciplines humanistes, notamment avec des études approfondies de latin et de grec, offertes dans les écoles *Gymnasium* dans lesquelles étaient admis les meilleurs étudiants pour les préparer à l'université. Ensuite, pour atteindre la condition de professeur universitaire, il était nécessaire d'obtenir un doctorat, une habilitation pour l'enseignement universitaire et, finalement, le dénommé appel (*Ruf*) d'une autre université afin d'occuper une chaire (*Lehrstuhl*). Un processus qui n'a pas beaucoup changé depuis lors.

La transmission de connaissances utilitaires, la maîtrise d'outils et de technologies ont été confiées aux écoles inférieures, *Realschulen*, dans lesquelles étaient admis ceux qui n'avaient pas réussi le processus de sélection pour accéder à l'école d'enseignement secondaire de premier niveau (*Gymnasium*). Ils recevaient des enseignements correspondant à une formation leur permettant de devenir des techniciens de niveau intermédiaire avec d'infimes possibilités d'entrer à l'université. Ce modèle éducatif se poursuit aussi aujourd'hui avec peu de changements. Les humanités, les sciences de l'esprit (*Geisteswissenschaften*) se sont ainsi converties en le chapitre principal et distinctif de la formation des élites académiques allemandes qui tendent à mépriser tout ce qui concerne les applications technologiques, l'industrie ou le savoir simplement utilitaire. Il s'agit d'une situation quelque peu similaire au mépris que la petite aristocratie ou noblesse castillane manifestait sous l'Ancien Régime pour lesdits « métiers mécaniques ».

Les avancées liées au progrès technologique se rattachent certainement à l'idée de civilisation, elle-même liée aux idéaux des Lumières, mais dès le début celle-ci se différencia de la notion plus élevée de culture telle que conçue par le classicisme allemand du XVIIIe siècle qui se développa surtout autour de la ville de Weimar avec Goethe, Schiller et Fichte comme figures de proue. Weimar gagna alors une aura au regard de l'insécurité qu'offrait Berlin. La ville attira les constituants qui en 1919 élaborèrent la Constitution portant son nom. Le romanticisme du XIXe siècle renforça encore davantage la valeur de la culture humaniste qui trouvera l'un de ses principaux soutiens chez un professeur de grec de l'Université de Bâle, Friedrich Nietzsche[35].

La culture était non seulement située au-dessus de la civilisation technocratique, elle était aussi opposée, avec mépris, à la politique comme a eu l'occasion de l'étudier Wolf Lepenies dans son livre sur la séduction de la culture dans l'histoire allemande dont les premières pages soulignent ce qui est caractéristique de cette attitude qui considère la culture comme un substitut de la politique, en dénigrant cette dernière, surtout dans son versant parlementaire. Le Parlement est décrit comme une scène où des personnages étroits d'esprit et des groupes qui partagent les mêmes intérêts réalisent leurs manigances[36].

L'un des éléments significatifs d'une telle conception est qu'elle s'accompagne de la prétention singulière de reconnaître la culture comme un mérite personnel et de l'intégrer dans l'ordre électoral et parlementaire. En effet, en 1910, un projet de loi du Gouvernement de Prusse proposa une réforme du régime électoral qui s'ordonnait alors encore autour de trois classes d'électeurs, formées selon les revenus et la contribution fiscale de leurs membres. À la première classe appartenaient quelques contribuables fortunés qui élisaient un tiers des parlementaires. La deuxième, composée de personnes que nous pourrions considérer comme appartenant à la classe moyenne haute au regard de leurs revenus, élisait un autre tiers des députés. Enfin, la troisième classe, qui embrassait la grande majorité de la population, était représentée par le tiers restant des parlementaires. Ce fameux système prussien des trois classes électrices (*Dreiklassenwahlrecht*) se maintint jusqu'à ce que la Constitution de Weimar établisse le suffrage universel égalitaire.

---

[35] Nietzsche est l'un des plus éminents penseurs anti-masse avec un esprit élitiste très marqué. Sloterdijk dit de lui qu'il fut « celui qui opposa à l'idéal socio-démocrate de la satisfaction fondamentale et humaine de tous, l'autocroissance de quelques-uns dédiés de manière créative à leurs œuvres », P. Sloterdijk, *Le mépris des masses*, *op. cit.*

[36] W. Lepenies, *The Seduction of Culture in German History,* New Jersey, Princeton University Press, 2009.

Ce projet de réforme du Gouvernement prussien proposait de créer une nouvelle classe autour de la figure du *Kulturträger* qui littéralement peut se traduire par porteur ou détenteur de culture, c'est-à-dire une personne disposant d'une formation culturelle. Était considéré comme tel celui qui avait étudié au minimum trois ans dans une université et avait passé le dénommé examen d'État à l'issue de ses études. Celui qui était ainsi reconnu en tant que *Kulturträger* passait automatiquement à la classe électorale immédiatement supérieure à celle qui lui correspondait au regard de ses revenus et de sa contribution fiscale. Ce projet de réforme législative ne prospéra finalement pas mais il est très révélateur des prétentions d'une élite culturelle cherchant à faire valoir sa position dans un système politique qui évoluait en sa défaveur. La République de Weimar, qui débuta quelques années plus tard, le mit clairement en évidence.

Cet idéal de culture et d'élitisme s'enracina pleinement dans l'université allemande du XIXe siècle dont le système organisationnel et de promotion constitua la matrice qui engendra la caste des mandarins. Le professeur ordinaire ou titulaire était — et continue d'être — le centre du système universitaire allemand. C'est au professeur — non au Département, à la Faculté ou à toute autre structure — que sont rattachés les assistants et le personnel administratif. Son activité d'enseignement n'est pas prédéterminée par un programme ou un plan. Chaque professeur peut dispenser des cours (*Vorlesungen*) sur la matière qu'il souhaite et de la manière qu'il estime pertinente. L'enseignement universitaire est ainsi régi par un principe de pleine liberté s'agissant des sujets à exposer ; il peut s'alimenter et se renouveler avec les études du professeur. Il s'agit d'un système qui prétend donc articuler, les deux se complémentant, enseignement et recherche. Certaines leçons (*Vorlesungen*) ont même dépassé l'espace universitaire pour lequel elles avaient été initialement conçues et perdurent aujourd'hui comme des textes fondamentaux dans leur discipline respective : il en va ainsi du cas célèbre — parmi tant d'autres — des *Leçons d'éthique (Eine Vorlesung über Ethik)* d'Emmanuel Kant.

Une autre manifestation de ce rôle personnel important peut être relevée sur le plan de l'organisation de l'enseignement. Le professeur dispensait sa leçon (*Vorlesung*) dans la salle de cours de la Faculté ouverte à l'assistance de tous les étudiants inscrits. Cependant, l'autre activité d'enseignement typique, le séminaire, dont la participation était soumise à des exigences déterminées ou aux mérites des étudiants, se déroulait chez le professeur où les étudiants rencontraient aussi son épouse, l'ineffable *Frau Professor*[37], qui lors de la dernière session avait l'habitude de leur offrir un café avec une tarte ou des gâteaux qu'elle avait elle-même préparés. Qui a étudié dans des universités allemandes ces dernières décennies n'a pas participé à cette tradition des séminaires domestiques, qui se prolongea jusque dans les années 1960. Les séminaires se déroulent depuis lors à l'université, cependant il est encore fréquent, comme certains d'entre nous ont pu le vivre, que la dernière session soit organisée chez le professeur ; un constat qui met en valeur le caractère privé et personnel, absolument libre, de cette activité académique si caractéristique du modèle allemand.

Nous verrons plus avant que cette tradition du séminaire, dans son plus pur style « *privatissimum et gratis* », a connu une singulière application avec le regain de l'influence de certains éminents professeurs de droit public (véritables « mandarins » la majorité) qui, après la Seconde Guerre mondiale, avaient été écartés de leurs chaires ou montrés du doigt en raison de leur entente ou implication avec le régime national-socialiste. Sont ainsi très connus les séminaires d'Ebrach qui, se déroulant dans un cadre académique sélectif, ont été organisés par le professeur de droit public Ernst Fortshoff (lui-même requérait une reconnaissance et une réhabilitation en raison du rattachement de certains de ses ouvrages aux doctrines du nazisme). Ils rassemblaient un groupe de doctorants et acquirent une grande importance dans le panorama universitaire et intellectuel de l'Allemagne d'après-guerre. La présence de Carl Schmitt en leur sein était habituelle — celui-ci a été privé de chaire à perpétuité

---

37 Le panorama universitaire allemand a en cela changé ces trois dernières décennies, avec une présence croissante de femmes occupant des chaires universitaires. Auparavant, elles représentaient de très rares exceptions c'est pourquoi la dénomination informelle de « Frau Professor » était attribuée à l'épouse du professeur.

après son procès à Nuremberg — en tant qu'intervenant ou animateur des débats.

Mais ne devançons pas les faits et revenons à l'université allemande de la fin du XIXe siècle dont l'essor et l'attrait ne passèrent pas inaperçus en Europe et en Amérique.

5. LES PROFESSEURS FRANÇAIS ET ESPAGNOLS DANS LES UNIVERSITÉS ALLEMANDES. LEUR EXPÉRIENCE ET L'EMPREINTE QU'ELLE LAISSA DANS LEUR FORMATION

Plusieurs ministères et organismes universitaires de différents pays se sont intéressés à l'université allemande dans l'objectif de reprendre, dans la mesure du possible, les éléments les plus dynamiques et efficaces de son système. La politique de bourses adoptée par le ministère de l'Éducation français dans le dernier tiers du XIXe siècle est à cet égard très intéressante. Il avait alors été constaté en France les effets négatifs d'une organisation centralisée de l'enseignement supérieur, d'une absence totale d'autonomie des universités, du poids disproportionné et déstabilisant de Paris. Au contraire, l'université allemande était vue comme très dynamique, comme un modèle à considérer et un rival puissant à craindre. Dès lors, il s'est ourdi un plan discret d'« espionnage universitaire » consistant à accorder des bourses à de jeunes universitaires français afin qu'ils poursuivent leurs études dans des universités allemandes, en exigeant en contrepartie l'élaboration de rapports sur leur fonctionnement et les éléments significatifs du système universitaire allemand. Ce fut ainsi — surtout durant l'avant-dernière décennie du XIXe siècle — que se forma un intéressant fonds documentaire que l'historien Christophe Charle[38] a su à juste titre exploiter en notant la valeur de ces rapports qui a conféré une reconnaissance à nombre des boursiers qui les ont élaborés : Émile Durkheim, Georges Blondel, Fustel de Coulanges, Gabriel Séailles, Célestin Bouglé, entre autres. Tous se rejoignaient pour souligner un principe de liberté que l'on peut notamment percevoir dans la surprise d'Émile Durkheim la première fois qu'il entra en cours

[38] C. Charle, *La République des universitaires*, Paris, Seuil, 1994.

où il trouva les étudiants fumant tandis qu'ils attendaient l'arrivée du professeur. Un principe que synthétisa parfaitement Georges Blondel en affirmant qu'au principe de liberté d'enseignement du professeur correspond le principe de liberté d'apprentissage de l'étudiant qui régule son travail à sa manière, en assistant aux cours et séminaires l'intéressant vraiment, ce qui confère un profil personnel à ses études et sa formation. Cette liberté académique était ce qui séduisait le plus certains jeunes boursiers français issus d'un système caractérisé par une programmation des enseignements rigide, uniformisée et centralisée. Ils percevaient la liberté des professeurs allemands qui n'agissaient pas comme des pièces d'une machinerie étatique mais remplissaient avec une totale liberté et autonomie leur tâche d'enseignement, en définissant les contenus des cours qui s'alimentaient de leurs propres études et sujets de recherche. Ils se rendaient également compte de l'importance de la sphère privée du professeur allemand avec laquelle ils prenaient contact en assistant aux séminaires qui se déroulaient chez lui comme on l'a déjà relevé. Le témoignage de Célestin Bouglé est à cet égard très éloquent lorsqu'il fait appel à ce que lui raconta le doctorant allemand avec qui il partageait un appartement : pour être professeur « il ne suffit pas d'être savant, il faut venir d'une famille avec de la culture, avoir une bonne éducation, être aimable avec le professeur et son épouse, courtiser de manière galante ses filles »[39].

Ce que tous ces boursiers — aspirant eux-mêmes à être professeurs et plusieurs l'ont effectivement été de premier rang — relevaient et constataient aussi dans leurs rapports est le fait que les professeurs allemands formaient une authentique aristocratie intellectuelle qui disposait d'une reconnaissance et d'une influence sociales considérables.

La relation de boursiers espagnols avec les universités allemandes est plus récente, elle s'est intensifiée de manière très notable durant la période de l'entre-deux-guerres, avec une présence particulièrement forte de publicistes. La grande majorité de ceux qui apparaissent dans ce livre étudia — boursiers dans la plupart des cas de la *Junta de Ampliación de*

[39] *Ibidem*, p. 39.

Estudios, qui durant ces années orientait son action vers l'espace universitaire allemand — aux côtés d'éminents professeurs allemands qui sont aussi objet d'attention dans ce livre —. Ces boursiers contribuèrent donc à diffuser des œuvres d'auteurs allemands. Ainsi, Fernando de los Ríos, étudiant à Berlin et Jena, traduisit et préfaça la *Allgemeine Staatslehre* (Théorie générale de l'État) de Georg Jellinek. Francisco Ayala, Manuel García Pelayo et Javier Conde étaient quant à eux à Berlin avec Carl Schmitt. Francisco Ayala connut aussi Heinrich Triepel et fut fasciné par les cours d'Herman Heller, puis entreprit les démarches nécessaires pour que ce dernier soit invité à l'Université Complutense de Madrid en 1933. Luis Recasens Siches était également avec Herman Heller et Rudolf Smend à Berlin, avant de déménager à Vienne où il reçut les enseignements d'Hans Kelsen dont il diffusera l'œuvre, comme le fit aussi Luis Legaz Lacambra, également boursier à Vienne. Eduardo L. Llorens passa en Allemagne une longue période, en publiant dans diverses matières, avant d'accéder à la chaire de droit public à l'Université de Murcia où il publia un livre important, *La igualdad ante la ley* (L'égalité devant la loi) dans lequel il rendit compte des théories d'Heinrich Triepel et Gerhard Leibholz.

6. LA CRISE DE L'ARISTOCRATIE UNIVERSITAIRE. SA DISSIDENCE ET SA CRITIQUE ENVERS LE PARLEMENTARISME

Le monde universitaire dans lequel a été conçue la caste des mandarins allemands entra en crise au début du XXe siècle. Les transformations profondes résultant de l'industrialisation et la formation de la société de masse n'y étaient pas du tout étrangères. Une première répercussion de ces processus affecta le système universitaire allemand lui-même et, au-delà de celui-ci, le modèle éducatif dans son ensemble qui fit l'objet de réformes afin de le rendre plus accessible à l'ensemble de la population et d'introduire des enseignements en matière industrielle et technologique. Ces propositions ne furent pas du goût de l'élitiste communauté universitaire, qui avait fait des humanités et des sciences de l'esprit (*Geisteswissenschaften*) la base de sa formation. Fritz Ringer a rendu compte de manière très pertinente d'une telle réaction de la part de la Fédération des universités allemandes, créée au début de la République de Weimar. Celle-ci observa « avec une grave préoccupation l'expansion du cercle de ceux qui sont admis dans les Universités, car de larges pans de la population font pression pour baisser les niveaux d'exigence afin de rendre accessible l'école secondaire (*Gymnasium*) et l'entrée ensuite à l'Université à un public qui provient de foyers et de milieux sans aucune formation en valeurs humanistes et spirituelles »[40].

Il semble se dégager de ce texte qu'il s'était formé une aristocratie universitaire dont le statut se transmettait dans le cercle des familles disposant d'une éducation supérieure qui ne coïncidait pas avec celui de la noblesse traditionnelle ou celle qui se basait sur la richesse ou le pouvoir militaire.

Cependant, s'agissant du sujet qui nous occupe prioritairement ici, un autre effet dérivé de l'irruption des masses sur la scène politique affectant particulièrement les mandarins a eu certainement une plus grande importance : l'ostensible diminution de leur présence au sein des institutions politiques, particulièrement dans les assemblées parlementaires. Il est très significatif que la Fédération des universités allemandes elle-même prétendît se situer en dehors de l'action du Parlement en proposant la formation de conseils de professeurs universitaires dans l'objectif de « soutenir et conseiller les ministères de la Culture et de l'Éducation (des *Länder*) et *contrecarrer ainsi l'influence intéressée des partis parlementaires* »[41]. Au milieu du XIXe siècle, la majorité des sièges dans les parlements et les assemblées législatives des États allemands était occupée par des professeurs universitaires, des hauts fonctionnaires et des professionnels libéraux disposant d'une formation universitaire reconnue. Une présence dominante qui s'est maintenue dans l'assemblée la plus importante de cette période : celle qui s'est réunie dans la Paulskirche de Francfort dans l'objectif d'élaborer la première Constitution pour l'ensemble des territoires

---

40 Le texte de la Fédération des universités allemandes dans F. K. Ringer, *The Decline of the German Mandarins*, *op. cit.*, p. 87.

41 *Ibidem*, p. 87, l'italique est ajoutée.

allemands, la Constitution de Francfort de 1848. En effet, 22% des membres de cette assemblée étaient des professeurs d'université (parmi lesquels figuraient, effectivement, de célèbres publicistes d'alors, comme George Besseler, Rottech, Robert von Mohl ou Johann C. Bluntschli)[42].

Toutefois, durant le dernier tiers du XIXe siècle, on observa une soudaine réduction de la présence de professeurs et de hauts fonctionnaires dans les assemblées parlementaires des États allemands. Avec l'entrée des partis de masse sur la scène politique, il se produisit une quasi-extinction de l'espèce des mandarins sur la scène politique comme cela a pu être constaté au sein du Parlement de la République de Weimar. Ce fut moins une expulsion des professeurs qu'un retrait, une désaffection de leur propre initiative au regard du panorama politique et parlementaire qui se configurait. Dans son discours de prise de fonction au poste de recteur de l'Université de Berlin en 1926, Heinrich Triepel a offert à cet égard un témoignage très pertinent qui justifie la longueur de la citation suivante : « Quel contraste — constatait-il — entre la participation des professeurs de droit public dans le Parlement de Francfort et dans l'Assemblée nationale de Weimar ! Hugo Preuss a certainement participé à l'élaboration de la nouvelle Constitution du *Reich* mais comme délégué du Gouvernement, non comme député. Sans aucun doute, le retrait des publicistes de la vie politique obéissait à des motifs très divers. Le remplacement croissant de l'individuel par la discipline de parti, des débats fondamentaux par un traitement technique des affaires politiques, la forte accentuation de l'économique dans la formation des partis, ont généré un environnement dans lequel un professeur peut difficilement

[42] À cet égard, Heinrich Triepel souligna que « l'avènement de la période constitutionnelle déplace les publicistes sur les bancs du parlement. Durant les premières décennies de la vie parlementaire les professeurs de droit public arrivent en masse dans les Diètes des États allemands. Il ne manque que peu de noms scientifiquement connus : Karl Salomo Zachariä, Rotteck, Welcker, Jordan, Mohl, Bluntschli, Stahl, Heinrich Albert Zachariä, Poezl, sans compter les moins importants comme Behr, Dresch, Schunk ou Moy de Sons ou les historiens influencés par la science juridico-publique, comme Dahlmann, Waitz, Droysen, Duncker, Sybel et plus tard aussi Treitschke ». H. Triepel, *Staatsrecht und Politik: Rede beim Antritte des Rektorats* (1926), Berlin, Walter de Gruyter, 2012, p. 37.

s'intégrer »[43]. Les causes — auxquelles fait référence Heinrich Triepel — de la disparition des mandarins de la scène politique et parlementaire se trouvent bien entendu dans l'expansion et la domination des partis de masse (non plus seulement ceux d'inspiration socialiste qui sont apparus à la fin du XIXe siècle mais aussi les partis à caractère fasciste et nationaliste du XXe siècle) mais également dans le rejet et le mépris dont firent en général montre les professeurs allemands envers le parlementarisme de Weimar et l'activité politique. Ils considéraient que celle-ci était d'un registre inférieur à la culture qu'ils prétendaient incarner et représenter. Cette dernière était ainsi envisagée, on l'a déjà noté, en opposition à la politique, d'une manière particulièrement forte durant cette période.

L'étude de Carl Schmitt sur le parlementarisme[44], que nous avons déjà eu l'occasion de mentionner, reflète parfaitement les transformations relevées et la réduction — quantitative — de la présence de professeurs universitaires dans les assemblées législatives. La thèse centrale de Carl Schmitt développée dans cet ouvrage postule que le sens et le cadre de l'institution au moment où il est publié, en 1923, différaient substantiellement des conditions dans lesquelles s'est développée l'activité parlementaire durant la majeure partie du XIXe siècle dominé par la pensée libérale. Le cœur et l'essence de cette activité était la discussion à la recherche de la raison de laquelle, en principe, pouvait résulter qu'une minorité convainque la majorité[45] ; une activité d'argumentation rationnelle à laquelle les professeurs d'université, particulièrement les publicistes, et les professionnels disposant d'une formation élevée pouvaient participer en apportant leurs connaissances et capacités critiques. Ainsi s'explique leur présence effectivement majoritaire dans les assemblées au milieu du XIXe siècle comme Heinrich Triepel a pu en témoigner. Cependant au XXe siècle, surtout durant l'époque de l'entre-deux-guerres, la volonté des partis politiques — les nouveaux acteurs qui en terminèrent avec le

---

43 *Ibidem,* pp. 46 et 47.

44 C. Schmitt, *Die geistesgeschichtlige Lage des heutigen Parlamentarismus, op. cit.*

45 *Ibidem*, p. 9.

parlementarisme des notables et des débats — était préalablement formée et définie au regard de la défense de leurs intérêts de classe, ou ceux de leurs organes de direction, sans la moindre ouverture à la discussion rationnelle et à une éventuelle révision de leurs positions ; tout cela conformément à un accord ou pacte tactique privilégiant leurs intérêts respectifs.

La seconde, et définitive, édition du livre de Carl Schmitt sur le parlementarisme date de 1926. Il ajouta dans celle-ci un chapitre introductif principalement dédié à réfuter la recension critique qui avait été écrite sur son ouvrage par le professeur Richard Thoma. Dans cette introduction, Carl Schmitt mentionna à plusieurs reprises la démocratie de masse à laquelle il attribuait une transformation dénaturant l'institution parlementaire qui, ayant été un forum de discussion et d'argumentation entre députés libres et éclairés à la recherche de la raison, se retrouva sous la domination de partis de masse et de la discipline qu'imposaient leurs organes directifs.

Peu de temps après, en 1928, Carl Schmitt développa ses thèses sur le parlementarisme dans sa *Théorie de la Constitution* (*Verfassungslehre*)[46]. Il y insista sur la présence caractéristique d'une aristocratie éclairée dans le cadre du parlementarisme bourgeois et libéral du XIXe siècle. En effet, comme l'affirmait le Baron vom Stein, seul l'homme instruit est capable de distinguer soigneusement entre son intérêt personnel et l'intérêt de la totalité, et de se soumettre à celui-ci. De plus, Carl Schmitt en appelait à l'autorité de Hegel, un philosophe également opposé à la pensée des Lumières, en affirmant que pour choisir les représentants du peuple, ne doivent pas être choisis les premiers qui se trouvent en son sein mais les plus sages, parce que celui-ci (le peuple) ne sait pas mais ceux-là (les représentants) doivent savoir quelle est sa volonté véritable et effective, ce qui lui convient. Il invoqua également Guizot, typique représentant du libéralisme bourgeois au regard de sa foi dans le Parlement en tant que représentant de la raison et Renan lorsqu'il affirma que l'opinion de la majorité n'a pas le droit de s'imposer lorsque cette majorité ne représente pas la raison et

[46] C. Schmitt, *Théorie de la Constitution,* (1928), Paris, PUF, 2013. Préface d'Olivier Beaud

l'opinion éclairée. L'unique souverain de Droit divin est la raison. Mentionnons, par ailleurs, un principe non-écrit mais très répandu dans le cadre du parlementarisme libéral du XIXe siècle, à savoir le principe de distinction qui veut que les représentants soient socialement supérieurs à ceux qui les élisent[47] ; un principe qui, surtout en Allemagne, a été interprété comme un élément clé, culturellement et académiquement, justifiant une présence majoritaire dans les assemblées de professeurs et de personnes disposant d'une formation universitaire élevée. Dans ce cadre, l'élitisme académique, propre du parlementarisme libéral, s'est dissipé avec l'implantation de la démocratie de masse qui provoqua le retrait du Parlement des personnes instruites, des intellectuels, des professeurs universitaires, des mandarins. Ce retrait fut pratiquement complet en Allemagne et s'est produit dans une moindre mesure en France mais aussi en Italie où au sein du Parlement intervenaient activement des professeurs de premier rang comme Giorgio Arcoleo, Vittorio Emanuele Orlando, ou encore Gaetano Mosca (les trois, effectivement, antiparlementaires notoires) ; également en Espagne, où il a été souligné de manière récurrente une large participation des intellectuels à la Seconde République, également bien sûr à ses débats parlementaires.

Ce que ce regard comparatiste paraît montrer n'est pas tant que le parlementarisme de la démocratie de masse, fondé sur le suffrage universel, se soit fermé aux intellectuels mais que les universitaires allemands, parce qu'ils occupaient une position aristocratique unique en Europe, s'auto-exclurent de la participation politique et parlementaire. Un tel corps enseignant bien intégré au sein de l'institution universitaire et économiquement aisé n'existait pas dans d'autres régions d'Europe, encore moins dans les pays méridionaux. En Espagne, la formation des professeurs qui sont étudiés dans ce livre avait dans une large mesure un caractère autodidacte et se déroulait en partie en dehors des installations universitaires dotées de moyens insuffisants. Francisco Giner de los Ríos se forma à l'Ateneo, dans la rue Montera, et dans les soirées du centre philosophique

[47] B. Manin, *Principes du gouvernement représentatif*, Paris, Flammarion, 2019.

de la rue Cañizares. Adolfo Posada, également à l'Ateneo, à l'Academia Matritense de Jurisprudencia et dans des réunions entre amis dont Leopoldo Alas et Armando Palacio Valdés étaient aussi des habitués. Une formation informelle qu'a aussi connu, nous l'analyserons en détail, Maurice Hauriou au café de la Paix de Toulouse, pour donner une autre référence de professeur méridional. L'idée d'aristocratie universitaire n'était pas encore enracinée au Sud de l'Europe et c'est probablement pour cela que les professeurs de cette région n'ont pas tout de suite exprimé l'aversion envers la démocratie qui a été relevée dans la communauté universitaire allemande. Toutefois, on ne peut occulter qu'au fil du temps cela est aussi devenu une réalité dans d'autres pays, également dans les pays méridionaux auxquels nous nous référions. La domination absolue des appareils et de la discipline des partis, une législation électorale favorable à ces derniers et d'autres circonstances similaires à celles que les mandarins allemands critiquaient dans la République de Weimar ont conduit à éradiquer toute voix critique faisant preuve d'une indépendance de jugement et disposée à participer à un débat avec des arguments rationnels. S'en est suivi un retrait des intellectuels et des professeurs universitaires des assemblées. Il s'est ainsi formé avec le temps un environnement parlementaire dans lequel, comme l'a écrit Heinrich Triepel, « un professeur peut difficilement s'intégrer ».

En guise de conclusion de ce chapitre, relevons qu'au début du XXe siècle et durant toute la période de l'entre-deux-guerres, la pensée antiparlementaire s'est alimentée de la pensée anti-masse — en se façonnant en partie sous son influence — qui trouva tout particulièrement en Allemagne un terrain fertile permettant son développement en raison de la présence singulière dans ce pays d'une aristocratie universitaire. La caste des mandarins reçut mal l'irruption des masses avec leurs prétentions égalitaires sur la scène politique mais également dans l'espace universitaire. Une preuve de cette attitude peut être trouvée dans un essai[48], certes véhément mais somme toute éloquent, du philosophe allemand Eduard von Hartmann dans lequel il souligna comment de

[48] E. von Hartmann, *Tagesfragen*, Leipzig, 1896 ; amplement cité par F. K. Ringer.

successives vagues de revendications de la « populace » ont éliminé en France l'aristocratie traditionnelle, celle du pouvoir économique et celle du savoir. Même si Eduard von Hartmann considérait que ces aristocraties, surtout l'universitaire, étaient toujours vivantes en Allemagne, il les voyait sérieusement menacées par l'attaque que lançaient les masses et leurs partis politiques depuis 1870, avec leurs flatteries populistes visant une société supprimant les mérites et les privilèges. Il s'agit certainement d'une posture extrême, il est vrai. En effet, comme l'a relevé Fritz Ringer, au moins jusqu'en 1918, peu nombreux furent les collègues d'Eduard von Hartmann qui adoptèrent un ton violent dans leurs polémiques antidémocratiques. Cependant, cet auteur constata qu'à la fin du XIXe siècle la grande majorité des professeurs allemands approuvait la stratification de la société et partageait la peur et l'hostilité avec laquelle les classes gouvernantes faisaient face à l'avancée des masses et de leurs partis[49]. Lorsqu'après la consécration du suffrage universel ces derniers obtinrent une présence majoritaire au sein du Parlement de la République de Weimar, la réaction critique des mandarins se dirigea dans une large mesure contre le parlementarisme et ce nouveau contexte social, en utilisant leurs propres armes comme l'étude scientifique et l'argumentation.

---

[49] F. K. Ringer, *The Decline of the German Mandarins*, *op. cit.*, p. 127.

CHAPITRE III

LES ÉLÉMENTS DE RÉFÉRENCE ET LES SIGNES D'IDENTITÉ DE LA PENSÉE ANTIPARLEMENTAIRE

Nous sommes à présent en condition d'identifier les traits les plus caractéristiques de la pensée antiparlementaire, en particulier ses éléments de référence, temporels et personnels, ce qui nous permettra d'analyser dans les prochains chapitres son contenu critique, ses propositions ainsi que ses réalisations.

1. L'ENVIRONNEMENT HISTORIQUE ET POLITIQUE

Une première donnée identifiant la pensée antiparlementaire est strictement temporelle : le cadre historique dans lequel elle a été générée. Celui-ci se concentre surtout sur la période de l'entre-deux-guerres en Europe, en incluant les deux décennies qui la précèdent ; en définitive, à partir de la fin du XIXe siècle, lorsque débuta la crise de la pensée européenne et la critique des idées des Lumières. Comme nous avons déjà pu le relever, il est possible de distinguer deux phases durant cette période : une première, qui débuta à la fin du XIXe siècle et s'acheva au début du XXe siècle, durant laquelle la pensée antiparlementaire tourna surtout autour d'une critique du libéralisme bourgeois ; une seconde, qui est celle de la période de l'entre-deux-guerres, lorsque l'attention se concentra sur la démocratie de masse ainsi que son impact sur les institutions. À partir de ce moment, la critique du parlementarisme libéral, qui avait fini par être considérée comme obsolète, reçut un nouvel élan.

Un second élément est l'environnement politique dans lequel ces idées critiques ont été produites, qui est invariablement, comme nous l'avons constaté dans le premier chapitre, un système parlementaire agité. Dans de nombreux cas, celui-ci était le résultat d'un processus révolutionnaire ou d'une rupture avec des régimes dans lesquels le Parlement partageait, d'une manière ou d'une autre, une position suprême avec la monarchie. L'implantation en Allemagne de la République de Weimar en 1919 et l'avènement de la Seconde République en Espagne en 1931 ont à cet égard constitué des moments significatifs et paradigmatiques. Cependant, d'autres États européens, bien qu'ils n'aient pas expérimenté des transformations constitutionnelles d'une telle importance, ont connu de fortes tensions au sein de leur Parlement, dans une grande mesure motivées par l'accès à celui-ci de nouveaux partis de masse avec des orientations idéologiques radicalement opposées au parlementarisme ; des partis qui, aux marges du spectre politique, aussi bien à gauche qu'à droite, étaient en effet ouvertement hostiles au parlementarisme bourgeois et libéral. Néanmoins, pour des raisons tactiques, ils participaient aux élections législatives et gagnaient des sièges, parfois plusieurs, au sein de ces institutions représentatives qu'ils finissaient par désactiver comme le firent le parti national-socialiste en Allemagne ou le parti fasciste en Italie.

Dès lors, les régimes autoritaires ne constituent pas des environnements politiques dans lesquels a été façonnée la pensée antiparlementaire. Celle-ci y est arrivée au préalable à travers la voie à laquelle nous venons de faire mention : des partis antiparlementaires qui ont réussi à s'imposer au sein d'un Parlement qu'ils ont neutralisé matériellement, bien qu'il continuât formellement d'exister, ou qu'ils ont dénaturé complètement. Dans d'autres cas, comme en Espagne, ces régimes ont été instaurés à la suite d'un coup militaire. En l'occurrence, la critique du parlementarisme manquait d'objet étant donné que le Parlement, envers lequel une telle invective aurait pu être adressée, avait été préalablement affaibli. La dictature de Primo de Rivera est peut-être une exception en raison de sa relative brièveté et de son ambition d'offrir un système représentatif alternatif au système parlementaire ; un cadre qui permit de maintenir vivante une critique du parlementarisme. Toutefois, à l'exception d'autres exceptions épisodiques, la pensée antiparlementaire qui a le plus d'intérêt est celle qui cohabite avec des systèmes parlementaires dynamiques, certes généralement polémiques et tourmentés, mais finalement efficaces d'un point de vue constitutionnel. La pensée antiparlementaire de qualité, qui a laissé une empreinte durant une longue période s'étendant jusqu'à nous, ne prétend en fin de compte ni la destruction ni la désactivation de l'institution parlementaire mais aspire à corriger ou modérer ses excès et possibles déséquilibres.

Par conséquent, la pensée qui est ici étudiée n'est pas strictement antiparlementaire ou ne l'est pas radicalement. Si à un certain moment ses porte-paroles l'ont ainsi envisagée, elle a ensuite été modérée par eux-mêmes ou leurs disciples et partisans afin de la rendre compatible avec le fonctionnement d'une institution tout à fait centrale dans la démocratie et la culture occidentale. En réalité, le système parlementaire lui-même doit dans une large mesure sa propre survie à cette critique correctrice. À la fin de la période de l'entre-deux-guerres, le parlementarisme était en crise en Europe continentale et très discrédité aux yeux de l'opinion publique, lorsqu'il n'avait pas été — lui-même — la plateforme de partis autoritaires visant à imposer des dictatures qui aboutirent à la terreur. En revanche, le parlementarisme de l'après-guerre s'est développé dans un environnement conceptuel et constitutionnel qui doit beaucoup à la pensée critique ; une pensée qui visait non seulement l'institution parlementaire mais également d'autres éléments de l'ordre juridique et constitutionnel, ce qui lui confère un intérêt particulier pour expliquer la formation du droit public toujours en vigueur. Ainsi, dans ce nouveau cadre qui perdure jusqu'à nos jours, le parlementarisme a opéré de manière stable et effective bien qu'il n'ait pas été exempt de critiques.

2. L'ÉLÉMENT PERSONNEL. LA GÉNÉRATION DE PROFESSEURS DE DROIT PUBLIC DE LA PÉRIODE DE L'ENTRE-DEUX-GUERRES

L'élément personnel a une importance de premier ordre au moment de caractériser la pensée antiparlementaire. Il convient, en effet, de s'intéresser aux esprits qui l'ont conçue ; une génération remarquable de professeurs universitaires de droit public.

Ceux-ci — parmi lesquels les mandarins allemands étaient les plus aguerris et conscients de leur situation de privilège — ont constaté que leur position sociale et leur influence s'affaiblissaient en même temps que l'ordre des valeurs avec lesquelles ils s'étaient formés était questionné et vacillait. Les profondes transformations qui peuvent être relevées dès la fin du XIXe siècle, surtout l'accès des masses au premier plan de la scène sociale et politique, figurent parmi les principales causes d'une situation que cette élite universitaire percevait comme étant à l'origine d'une baisse de son niveau social et de son influence politique. Néanmoins, de telles préoccupations n'étaient pas égoïstes ou de court terme ; elles allaient bien au-delà de la détérioration du statut personnel de ces professeurs — bien que le trouble que cette situation leur a généré ne peut être ignoré, étant l'un des motifs de leur position critique — mais aussi des innovations qui se sont produites dans le champ du droit public, leur discipline universitaire commune. La réflexion de ces professeurs a été plus loin, gagnant la hauteur qui permit à leur pensée d'exercer une grande influence. Celle-ci a considéré les formidables transformations sociales, culturelles et spirituelles — pas tant les transformations économiques et techniques, envisagées avec un mépris manifeste — que l'on pouvait alors relever en Europe. Un exemple éclairant de l'étendue de leur analyse et de leur pensée peut être trouvé dans le soutien qu'ils cherchèrent, en dépassant le champ de leur discipline, chez d'autres spécialistes des mouvements sociaux et des nouvelles tendances philosophiques afin d'obtenir des clés de compréhension du nouveau monde dans lequel ils entraient et d'éclairer leurs propres réflexions et contributions. Derrière chaque publiciste important et influent, qui a saisi dans toute leur ampleur les évolutions qui ont influé sur le droit public, nous trouvons un philosophe, un sociologue, un psychologue, voire un théologien lui fournissant des instruments analytiques et conceptuels. Ainsi, derrière Georg Jellinek, nous trouvons Max Weber ; derrière Rudolf von Gneist, un autre sociologue, Ferdinand Tönnies ; derrière Giner de los Ríos, Karl Ch. F. Krause ; derrière Maurice Hauriou, Henri Bergson et un philosophe revisité, Saint Thomas d'Aquin ; derrière Ernst Fortshoff, Karl Jaspers et la philosophie existentialiste ; derrière Gaetano Mosca, la sociologie de Wifredo Pareto ; derrière Léon Duguit, Auguste Comte et Émile Durkheim ; derrière Adolfo

Posada et Gumersindo Azcárate, toute l'élaboration philosophique du krausisme espagnol ; derrière Gerhard Leibholz, la phénoménologie d'Edmund Husserl ; derrière Rudolf Smend, l'herméneutique d'Hans Gadamer. Le soubassement de la pensée de Carl Schmitt n'est pas seulement philosophique, il est aussi littéraire, avec une influence très marquée, dans sa jeunesse et ses premiers écrits, d'écrivains comme Theodor Däubler ou Maurice Barrès[50] et, un peu plus tard, Ernst Jünger, avec qui il maintint une très longue amitié permise par la longévité de ces deux auteurs.

Pour développer sa critique du système libéral et bourgeois, cette génération de publicistes de la période de l'entre-deux-guerres ne s'est donc pas seulement servi de la sociologie ; elle a également recouru — comme nous avons déjà pu le noter en mentionnant certains auteurs d'importance parmi ces publicistes — à la philosophie, à la psychologie, à la littérature et même à la théologie. Mais ce fut avec la sociologie qu'elle a entretenu une relation plus féconde et interactive, au point que chez certains de ces penseurs la sociologie et la science du droit ont fusionné. Cela fut le cas de Max Weber, Eugen Ehrlich, Émile Durkheim, ou encore Ferdinand Tönnies. On peut aussi mentionner des professeurs de droit public qui ont été reconnus comme les fondateurs de la sociologie juridique moderne : Léon Duguit, Maurice Hauriou Emmanuel Lévy, selon l'appréciation, entre autres, de Georges Gurvitch[51].

Le même phénomène a eu lieu en Espagne, où la sociologie a singulièrement captivé les publicistes espagnols, surtout dans les cercles krausistes où se trouvaient les plus renommés. De fait, comme le reconnaîtront beaucoup plus tard les sociologues lorsque leur science se sera consolidée, les premiers penseurs de

---

[50] Il a été soutenu que c'est chez cet auteur français, qui était très populaire à son époque parmi le public universitaire, que Schmitt a trouvé sa fameuse distinction entre ami et ennemi. Ainsi le considère Z. Sternhell dans son essai *Les anti-Lumières. Du XVIIIe siècle à la Guerre froide,* Paris, Fayard, 2006, pp. 419-420.

[51] Ces auteurs sont ceux mentionnés dans le chapitre « Fundadores de la Sociología Jurídica » dans ses *Elementos de Sociología Jurídica*, Granada, Comares, 2001, pp. 74 et ss.

la sociologie en Espagne furent des professeurs de droit public[52]. Un premier converti à cette nouvelle science a été Gumersindo de Azcárate, à laquelle il dédia son discours d'entrée à l'Académie royale des sciences morales et politiques, en 1891, avec le titre « *Concepto de la sociologia* ». Cinq ans plus tard, dans la même enceinte, Vicente Santamaría de Paredes prononça un discours sur le sujet suivant : « *El concepto de organismo social* ». Toutefois, Adolfo Posada est sûrement le juriste — le sociologue pourrait-on aussi dire — le plus important de la pensée sociale[53]. Il s'inspira surtout des analyses d'Émile Durkheim desquelles dérive en grande partie sa critique du libéralisme, comme l'a expliqué en détail Francisco J. Laporta dans son livre *Adolfo Posada: Política y sociología en la crisis del liberalismo español*[54].

Ce qui caractérisa, de manière remarquable, cette génération n'a pas seulement été l'utilisation instrumentale de nouvelles disciplines scientifiques, comme la sociologie et les sciences de l'esprit, mais également l'orientation qu'ils donnèrent, en s'appuyant sur ces dernières, à la pensée critique qu'ils dirigeaient contre le système libéral et les idées qui le soutenaient, surtout celles de la pensée des Lumières dans sa version française. Ils attaquèrent cette idéologie en employant les mêmes armes. En effet, la pensée arrogante des Lumières avait disqualifié la majeure partie des anciennes conceptions, idées et croyances qu'elle questionna en les considérant comme de pures fictions incapables de résister au scrutin de la raison, quand elle ne les traitait pas avec condescendance de superstitions ou d'obscurantismes.

Cette génération de publicistes de la première moitié du XXe siècle à laquelle nous prêtons ici attention dénonça à son tour le caractère fictif et abstraits de nombreux concepts et idées de la pensée des Lumières. Les notions de représentation politique et

---

52 S. Giner, *Historia del pensamiento social*, Barcelona, Ariel, 1967.

53 C'est ainsi que Salvador Giner n'hésita pas à affirmer que « la figure la plus importante de la sociologie espagnole durant l'époque que nous étudions est celle de don Adolfo Posada (1860-1944) », *Historia del pensamiento social*, *op. cit.*, p. 557.

54 F. J. Laporta, *Adolfo Posada: Política y sociología en la crisis del liberalismo español*, Madrid, Cuadernos para el diálogo, 1974.

de souveraineté populaire, l'affirmation de l'autonomie de l'individu et tant d'autres concepts furent accusés, comme nous aurons l'occasion de le vérifier, d'être de pures vues de l'esprit métaphysiques. Certaines attitudes et croyances ont même été qualifiées de superstitieuses, comme le fit Francisco Giner de los Ríos lorsqu'il parla de superstition électorale et parlementaire. Participant aussi de cette ligne critique et démystifiante, Carl Schmitt affirma que les concepts politiques de la modernité ne sont rien d'autres que des concepts théologiques sécularisés. Il est cependant de fait nécessaire d'avoir une certaine foi dans les institutions ; de croire à la souveraineté, au mandat populaire, à l'État lui-même et à d'autres fictions avec lesquelles s'est construit l'ordre politique et qui n'admettent aucune vérification empirique et rationnelle.

Ces lignes de critique ont fini par se personnaliser en convergeant vers un penseur à l'encontre duquel toutes ont lancé leurs piques : Jean-Jacques Rousseau. Les idées de ce dernier, en effet, entremêlent les principaux sujets déjà relevés qui ont fait l'objet des plus importantes critiques : l'autonomie individuelle, la représentation parlementaire, l'exaltation de la loi et de la souveraineté populaire. La critique envers Rousseau s'est ainsi convertie en un élément reliant tous les membres de cette génération de publicistes très véhémente à l'égard du parlementarisme libéral et les idées qui le soutiennent. Ces professeurs, à un moment ou un autre, ont exprimé des jugements très défavorables à l'encontre de ce penseur qui avait acquis une aura presque surnaturelle durant la Révolution française.

Nous trouvons ainsi, pour n'en mentionner que quelques-unes, de sévères critiques à l'endroit de cet auteur chez Georg Jellinek lorsqu'en traitant de la représentation politique, il critiqua la doctrine de « Rousseau, qui travailla de préférence avec des abstractions et fictions juridiques »[55] ; chez Léon Duguit (détracteur systématique de toutes ses notions politiques comme nous avons pu le relever) qui, pour donner une illustration de sa critique, qualifia d'« horrible sofisme » la conception

---

[55] G. Jellinek, *Teoría general del Estado* (traduction de la deuxième édition allemande de 1905 et prologue de Fernando de los Ríos), Buenos Aires, Albatros, 1973, p. 429.

rousseauiste de la souveraineté : « sont directement issus de Rousseau et du faux dogme de la souveraineté tous les juristes allemands qui, à la suite de Gerber et Laband, veulent faire la théorie juridique du despotisme impérial »[56] ; chez Gaetano Mosca qui, dans son essai très diffusé *La clase dirigente*, attribua à Rousseau le faux mythe de la souveraineté populaire ; chez Norberto Bobbio qui, dans son étude préliminaire à cet ouvrage de Gaetano Mosca, conclut que le philosophe genevois est le grand rival — et ainsi le centre de ses critiques — de la pensée antiparlementaire ; chez Adolfo Posada, qui lui attribua l'héritage d'une conception défectueuse de la démocratie, grégaire et égalitaire ; chez Fernando de los Ríos qui accusa Rousseau de réductionniste ne prenant en considération que l'État et l'individu en niant de cette manière l'existence entre les deux d'organismes sociaux divers. Bien sûr, nous trouvons des critiques, constantes et destructrices, également chez Carl Schmitt : « Pufendorff n'est rien de plus qu'un épigone de Suárez et le contrat social de Rousseau n'est rien de plus qu'une vulgarisation de Pufendorff »[57]. Maurice Hauriou aussi débuta son étude fondamentale sur l'institution en constatant que « Rousseau avait imaginé que les institutions sociales existantes étaient viciées parce que fondées sur la force pure, et qu'il fallait les renouveler par le contrat social, instrument de libre consentement. Il avait confondu la force avec le pouvoir. Les institutions sont fondées grâce au pouvoir, mais celui-ci laisse place à une forme de consentement »[58]. Cependant, comme toujours de manière pondérée, Maurice Hauriou déchargera Rousseau de toute responsabilité quant à une confusion : les conceptions rousseauistes, écrira-t-il, ont été exposées dans le domaine de la philosophie politique ; l'erreur et l'imprudence des juristes furent de les transposer, en les généralisant, au domaine du droit[59].

---

[56] L. Duguit, *Las transformaciones del Derecho público y privado*, *op. cit.*, p. 17.
[57] C. Schmitt, *El concepto de lo político*, Alianza Editorial, 2005, p. 110.
[58] M. Hauriou, « Teoría de la institución y de la fundación », *Obra escogida*, Madrid, Insti- tuto de Estudios Administrativos, 1976, p. 259.
[59] *Ibidem*, p. 261.

L'étude des positions des publicistes de cette génération révèle un trait commun remarquable mais souvent méconnu : leur distance à l'égard du matérialisme et de l'athéisme maladif et primaire qui caractérisent la pensée des Lumières. La quasi-totalité des auteurs sur lesquels nous nous penchons dans ce livre partageaient une vision transcendante caractérisée par de firmes convictions religieuses d'inspiration chrétienne, aussi bien catholiques que protestantes.

Pour mentionner quelques profils personnels, nous pouvons relever le dévouement d'Otto Mayer et de Rudolf Smend à l'Église évangélique avec d'importantes contributions doctrinales[60] ; les fortes convictions chrétiennes d'Heinrich Triepel ; le catholicisme déclaré de Carl Schmitt, ce pour quoi il a été vu avec méfiance par les dirigeants nazis, surtout lorsqu'il prétendit s'approcher des cercles de pouvoir de ce parti ; le rapprochement décidé et engagé vers le christianisme de deux professeurs d'origine juive, Éric Kaufmann et Gerhard Leibholz, le premier en donnant une forte orientation chrétienne à la pensée institutionnaliste tandis que Gerhard Leibholz entretenait une relation fructueuse avec d'éminents théologiens, surtout avec le frère de son épouse, Dietrich Bonhoeffer — théologien de grande importance dont les ouvrages restent très actuels[61] — qui exerça en tant que vicaire à Barcelone et participa activement à la résistance au régime national-socialiste avant de mourir héroïquement exécuté par les nazis dans la prison de Tegel, à Berlin, en 1945.

En France, Maurice Hauriou montra toujours une grande cohérence avec sa foi chrétienne. Pour sa part, Léon Duguit, qui ne la partageait pas, exprima néanmoins à maintes reprises son opposition au laïcisme agressif, surtout celui qui se manifesta

[60] Francisco Sosa Wagner a relevé ce composant spirituel et religieux chez de nombreux professeurs qu'il étudie dans son magnifique livre *Maestros alemanes del Derecho público*. Ainsi, il se réfère, entre autres allusions, à la « sincère religiosité d'Otto Mayer » (p. 226), à Rudolf Smend en tant que « personne aux comportements spirituels » (p. 494), ou à Heinrich Triepel comme un « conservateur chrétien respectueux de la constitution » (p. 529).

[61] Plusieurs d'entre eux ont été publiés récemment en castillan, surtout par la maison d'édition Trotta.

dans la loi de 1905, et son admiration pour l'éthique rejoignant pleinement en cela Maurice Hauriou. Le principal disciple de ce dernier, Georges Renard, professeur à l'Université de Nancy et auteur de deux importants livres sur la théorie de l'institution, est entré dans l'ordre des Dominicains et fut ordonné prêtre peu après le décès de sa femme, Marguerite, dans un accident d'automobile en 1930. Il ne s'agissait pas d'une décision soudaine étant donné que les deux, ne pouvant avoir de descendance, avaient décidé de se consacrer à la vie religieuse ou au sacerdoce dans le cas où l'un d'eux se retrouverait seul. Marguerite Gény était la sœur de François Gény, également professeur à la Faculté de droit de l'Université de Nancy et très probablement le principal privatiste français de cette époque, certainement aussi le plus célèbre auteur en matière de méthodologie juridique. La pensée chrétienne de ces auteurs français de premier rang — François Gény lui-même, Maurice Hauriou, Georges Renard et d'autres — avait une orientation sociale marquée, opposée au libéralisme bourgeois. Nous pourrions ajouter à ceux-ci Léon Duguit qui a fait de la solidarité l'élément clé de la société en rejetant catégoriquement l'individualisme tandis que Georges Renard finit par conclure que la théorie de l'institution de Maurice Hauriou nous éloigne de la discussion entre le tien et le mien pour centrer son attention sur le nôtre, rejoignant ainsi la philosophie communautariste et du bien commun de Saint Thomas d'Aquin.

En outre, il nous paraît important de relever qu'en 1927 ces professeurs et d'autres ont été les rédacteurs et signataires d'un document intitulé « *Enquête sur les droits du Droit* » revendiquant la création d'une instance de contrôle judiciaire de la constitutionnalité des lois. Cette initiative a été motivée par les lois du républicanisme bourgeois de gauche qu'ils considéraient comme injustes en matière religieuse et avec lesquelles les dirigeants prétendaient occulter leur absence de réformes sociales. Participèrent ainsi à cette *Enquête* François Gény, Maurice Hauriou, Georges Renard, le philosophe Jacques Maritain, le théologien Garrigou-Lagrange mais aussi Léon Duguit qui, bien qu'il se considérait comme agnostique, s'était ouvertement opposé à la législation anticléricale comme on l'a déjà indiqué[62]. Il s'agit d'une initiative notable qui s'inscrit dans le cadre d'un courant critique à l'égard de ce qui a été considéré comme un parlementarisme absolutiste aboutissant parfois à une limitation ou une privation des libertés fondamentales. On peut aussi percevoir ici l'action du « réseau » des professeurs de droit français des Universités de « province » (pour utiliser la distinction mise en évidence par Balzac dans ses séries de romans sur Paris et la province) qui sans aucun doute ont été les plus célèbres en France durant les premières décennies du XXe siècle.

Ainsi, on se souvient habituellement de Maurice Hauriou à Toulouse, de Léon Duguit à Bordeaux, de François Gény à Nancy et de Carré de Malberg à Strasbourg.

Nous avons déjà relevé que cette génération de professeurs de droit public dont est issu le meilleur de la pensée antiparlementaire ne s'impliqua pas en première ligne de l'activité politique. Ils la suivaient et l'analysaient en prenant de la distance. Ceux, peu nombreux, qui prétendirent influer directement sur elle, en s'engageant dans la lutte partisane, en sortirent déçus dans la majeure partie des cas. Max Weber, Gaetano Mosca et Vittorio Emanuele Orlando ont vécu des expériences parlementaires incomprises. Léon Duguit s'impliqua un temps dans la politique municipale de Bordeaux qu'il abandonna rapidement avec des résultats mitigés. Santi Romano se trompa de direction lorsqu'après une carrière universitaire irréprochable, il accepta en 1928 sa nomination en tant que président du Conseil d'État dans le régime fasciste, avant de finir méprisé par Mussolini, puis mis à l'écart pour avoir collaboré avec lui. Pour sa part, Carl Schmitt s'affilia au parti nazi et dans cette dérive arriviste manœuvra pour sa promotion politique à l'ombre du puissant ministre Göring ; il ne parvint toutefois qu'à occuper un poste ayant peu d'importance. Sa carrière politique naissante s'interrompit avec l'attaque et les dénigrements qui lui ont été lancés dans la revue *Das Schwarze Korps* par le noyau

[62] Jean-Michel Blanquer et Marc Milet relatent exhaustivement cet épisode dans *L'Invention de l'État. Léon Duguit, Maurice Hauriou et la naissance du droit public moderne*, Paris, Odile Jacob, coll. « Histoire », 2015, pp. 183 et s.

dur du nazisme dont faisaient partie certains de ses collègues de moindre importance intellectuelle mais qui le dépassaient en agressivité, capacité d'intrigue et influence politique.

Ce sont donc des expériences épisodique, négatives dans la majeure partie des cas, que certains professeurs de droit public ont eu en politique. Cependant, la majorité d'entre eux se distancia des forums et des institutions d'une politique qu'ils percevaient dominée par les partis de masse émergents, leur discipline interne et leurs processus rarement rationnels de négociation d'intérêts.

Par conséquent, adoptant cette posture distante à l'égard de la scène politique, les moyens qu'ils employèrent pour présenter et diffuser leurs idées ne furent pas ceux des médias les plus puissants ; les médias de masse qui venaient alors tout juste de faire irruption et dont firent un ample usage les partis, certains avec une orientation résolument antiparlementaire comme l'était la revue *Action Française*, fondée par Charles Maurras (qui sera à l'origine de la ligue du même nom) ou l'utilisation connue de la radio que firent les nazis, particulièrement pour la transmission des discours théâtraux de leur leader.

La diffusion des idées et des contributions de cette génération de professeurs se réalisa, au contraire, à travers des voies strictement académiques : littérature scientifique, monographies, traités ou articles de revues scientifiques ; débats dans des forums académiques comme l'était, notamment, l'Association allemande des professeurs de droit public créée précisément dans ces années à l'initiative d'Heinrich Triepel qui organisa la première session à Berlin, en 1922. Il s'agissait, en définitive, de médias ayant une portée apparemment limitée étant donné qu'ils mettaient en contact, dans le cadre d'un cercle réduit mais très qualifié et interactif, des personnes qui étaient souvent elles aussi auteurs et diffuseurs d'idées. Les théories, critiques, idées et propositions qui circulèrent dans ces cercles académiques élitistes n'eurent pas d'impact notoire rapidement visible mais agirent comme des torpilles dont les effets se feront sentir plus tard et de manière durable, en se matérialisant dans des dispositifs qui sont toujours pleinement opérationnels à l'heure actuelle.

3. UN PORTRAIT PERSONNEL SIGNIFICATIF : MAURICE HAURIOU

Il peut être illustratif de considérer la trajectoire et le profil de l'un de ces professeurs afin de vérifier qu'il présente les traits caractéristiques qui ont été relevés. Comme nous avons déjà prêté attention à la communauté universitaire allemande, intéressons-nous à présent à un professeur qui lui est étranger — bien que ce furent les Allemands qui ont tout d'abord exploité ses idées — et que nous avons déjà mentionné mais seulement de manière incidente : Maurice Hauriou.

Fils de notaire, Maurice Hauriou est né en 1856 à Ladiville, une petite commune rurale proche de Bordeaux, ville où il obtint une licence et un doctorat en droit. Il compta parmi ses compagnons universitaires Léon Duguit, Henry Berthélemy et Léon Michaud. En 1883, il obtint une place de professeur agrégé à la Faculté de droit de l'Université de Toulouse dans laquelle il restera le reste de sa vie qu'il consacra à une activité strictement académique dévouée à l'enseignement, à la gestion universitaire qu'il exerça en tant que doyen et à l'étude qu'il mena à bien avec toute la profondeur favorisée par le calme d'une capitale de province dans le Midi de la France. L'éloignement de Paris n'était pas seulement géographique. En effet, Maurice Hauriou se maintint délibérément loin des cercles de pouvoir et de promotion politique ainsi que des médias de masse. Ses contributions et ses idées se trouvent exprimées dans des textes universitaires prenant divers formats : ouvrages (ses fameux *Précis* de droit administratif et de droit constitutionnel), monographies, articles dans des revues scientifiques (surtout dans la *Revue du Droit Public et de la Science Politique*), notes et commentaires de jurisprudence.

Maurice Hauriou est particulièrement connu dans le domaine du droit administratif, une discipline qu'il travailla de manière régulière et à la construction dogmatique de laquelle il contribua de façon décisive. Pour autant, sa trajectoire manifeste une formation et des connaissances qui vont très au-delà de cette matière. Il obtint son doctorat avec une thèse sur le droit romain. Puis, au début de sa carrière universitaire, son activité d'enseignement s'est centrée sur le droit civil et l'histoire du droit. Ensuite, il obtint une chaire de droit administratif en 1888 et concentra toute son énergie à cette discipline qui, sans aucun doute, lui offrit le plus grand rayonnement à travers la publication, à partir de 1892, de plusieurs éditions de son *Précis de droit administratif.* Vingt-ans plus tard ont été publiés les *Précis de droit public et constitutionnel* avec lesquels il inaugura son activité enseignante en droit constitutionnel.

Au-delà du droit, bien que très lié à celui-ci, Maurice Hauriou s'aventura également, comme d'autres juristes auxquels nous portons attention, sur les territoires de la philosophie et de la sociologie en offrant des contributions très originales qui avec le temps exercèrent une grande influence. L'on peut ainsi citer, parmi d'autres, deux importants essais : *La science sociale traditionnelle*, publié en 1896 et *La théorie de l'institution et de la fondation (Essai de vitalisme social)* de 1925, auxquels nous prêterons une attention particulière ci-après.

Maurice Hauriou cultiva la philosophie grâce à l'aide, surtout, de ses compagnons à Toulouse ; des professeurs de philosophie à la Faculté de Lettres, comme l'étaient Georges Dumesnil (dont l'ouvrage, initialement sa thèse, *Du rôle des concepts dans la vie intellectuelle et morale*, laissa une empreinte manifeste sur la théorie de l'institution de Maurice Hauriou), Jean Jaurès et Frédéric Rauh. Il s'est régulièrement réuni avec eux pour des conversations informelles sur un thème précis — habitude propre des latitudes méridionales, inconnue dans le Nord de la France et l'Europe centrale — au « Café de la Paix », proche de l'Hôtel de Ville sur la Place du Capitole à Toulouse. Maurice Hauriou reconnaîtra ainsi l'importance dans sa formation de « *la forte éducation du café* ».

Ses amis philosophes le guidaient dans la connaissance des nouveaux courants de pensée, qui avaient alors en France pour figure principale Henri Bergson, mais également dans la redécouverte de philosophies qui avaient été condamnées et purgées par la pensée dogmatique des Lumières comme l'était la philosophie aristotélicienne, surtout développée par Saint Thomas d'Aquin Dans la *Somme théologique*. Maurice Hauriou soulignera de manière explicite la créativité que transmit cette philosophie à l'ensemble de son œuvre. Il affirma ainsi dans la deuxième édition de ses *Principes de droit public* : « Je dois rendre témoignage, une fois pour toutes, que le trésor des réflexions sociales accumulé dans les sommes théologiques m'a rendu les plus importants services. Tant pis pour ceux qui négligent de les utiliser. Pour ma part, je confesse que je n'y ai pas seulement trouvé mes meilleures inspirations, mais j'en ai aussi extrait la formule nécessaire pour ne pas commettre de grossières erreurs ».

En outre, la vie de Maurice Hauriou s'aligne pleinement sur la période historique à laquelle nous avons porté attention et durant laquelle le meilleur de la pensée antiparlementaire a été généré. La référence à Maurice Hauriou pourrait être considérée comme prématurée étant donné qu'il est né au milieu du XIXe siècle ; pourtant, son œuvre et sa pensée ont atteint leurs meilleures expressions à partir de la fin du XIXe siècle et jusque dans les années 1920, durant la période de l'entre-deux-guerres qui constitue l'axe temporel de ce livre. L'époque troublée qui était alors vécue en France et en Europe rejoignait ses réflexions. Ses positions politiques étaient proches du traditionalisme et la revendication de la vitalité morale de la nation française très en accord avec l'écrivain Maurice Barrès qui fut — comme nous pourrons le constater dans le prochain chapitre — l'un des leaders des mouvements antiparlementaires qui se sont manifestés en France après la Première Guerre mondiale.

Cependant, Maurice Hauriou s'est maintenu très éloigné de ces mouvements et doctrines populaires. Son œuvre répond aux canons de la plus stricte rigueur académique ; une œuvre uniquement diffusée à travers des médias confidentiels et sélectifs, produite par un professeur d'université de province où il vivait une vie tranquille, loin des centres de pouvoirs et du paraître social ainsi que de toute ambition pécuniaire. On dit qu'il rédigea dans toute sa vie une douzaine d'avis pour des institutions publiques pour lesquels il n'exigea aucune rétribution.

Ainsi, on aurait pu penser que son œuvre était appelée à l'oubli sur les étagères des bibliothèques universitaires françaises ou à devenir un souvenir éphémère dans la pensée des étudiants qui suivirent ses cours à la Faculté de droit de Toulouse. Néanmoins, ses idées et ses constructions doctrinales ont exercé une fascination particulière parmi des juristes très compétents qui surent les apprécier et les développer. On tend généralement à situer la postérité de Maurice Hauriou dans la sphère du droit administratif à la définition duquel il contribua certainement de manière décisive. Néanmoins, fut peut-être plus profonde encore — et probablement pour cela moins visible — une autre influence de sa pensée institutionnaliste qui nous intéresse ici davantage en raison de l'efficacité qu'elle démontra dans la réduction du positivisme et le pouvoir discrétionnaire des parlements, se rattachant ainsi à ce que, de manière quelque peu conventionnelle, nous appelons la pensée antiparlementaire. Cette influence ne fut pas immédiate, elle tarda à se manifester : ses matérialisations effectives datent de l'après-Seconde Guerre mondiale. En cela Maurice Hauriou est un fidèle représentant de cette génération qui a contribué à la pensée antiparlementaire mais dont les idées, propositions et critiques n'ont pas tout de suite réussi à se matérialiser dans l'ordre positif et le système institutionnel. La génération suivante y parviendra, laissant derrière elle le terrible conflit qui referma la période de l'entre-deux-guerres.

4. LA TRAJECTOIRE ET LES ÉTAPES DE LA PENSÉE ANTIPARLEMENTAIRE. CRITIQUES, CONTRIBUTIONS ET RÉALISATIONS

Après avoir adopté une approche chronologique et générationnelle de la pensée antiparlementaire sur le continent européen, exposons à présent la manière dont elle s'est produite et manifestée en distinguant dans la mesure du possible, à des fins d'illustration, trois éléments.

Un premier élément est la critique. Cette pensée a acquis une grande force parce qu'elle a été impulsée par les vents de la grande tempête qui s'abattit sur la pensée des Lumières depuis la philosophie et les sciences de la fin du XIXe siècle et du début du XXe siècle. Il s'agissait d'une critique frontale de l'État libéral bourgeois de droit qui comprenait plusieurs lignes d'attaque. Nombre d'entre elles, les plus importantes, convergeaient ou se croisaient dans leur critique du parlementarisme. Dès lors, ce que je qualifie ici de pensée antiparlementaire est en réalité une réflexion critique sur le libéralisme ancrée dans les idées des

Lumières qui avaient le Parlement libéral comme sujet en commun.

Un deuxième élément est la création de nouvelles idées, conceptions, théories et formules qui se présentèrent comme des alternatives à celles qui avaient jusqu'alors dominé. Cela est, certainement, un mérite remarquable de cette génération qui ne se limita effectivement pas à une sévère critique de ce qui existait et sut proposer des idées ainsi que des théories alternatives à partir desquelles s'est développée une seconde et très importante étape de formation du droit public en Europe. La première fut celle qui, inspirée des idées des Lumières, débuta avec la Révolution française.

Un troisième élément est la réalisation de la pensée antiparlementaire qui débuta et se développa lorsque ces idées et conceptions doctrinales finirent par se matérialiser dans des institutions et des dispositifs opérationnels. Il s'agit d'une tâche qui ne revint pas à la génération de l'entre-deux-guerres, qui avait apporté la critique et les idées, mais à la génération suivante, qui parvint à leur donner un corps normatif et institutionnel après la Seconde Guerre mondiale. Cette rénovation des institutions, de leur compréhension et de leur action sera de grande ampleur et affectera non seulement la conception constitutionnelle mais également l'appareil administratif. Il en résultera un nouveau droit public.

Plusieurs remarques importantes peuvent être faites à ce sujet. Tout d'abord, la formation de ce nouveau droit public a une racine antiparlementaire, avec toutes les significations que nous faisons découler de ce terme. Cette origine antiparlementaire n'est évidemment pas visible à première vue dans les formules, techniques et institutions qui ont été introduits dans nos ordres juridiques et constitutionnels et avec lesquels nous cohabitons et agissons tout à fait normalement sans remarquer en elles une matrice antiparlementaire qui, selon le code du politiquement correct dominant, pourrait en grande partie les invalider ou les rendre peu présentables.

Ainsi, par exemple, la notion de garantie institutionnelle a été consacrée dans l'ordre constitutionnel et administratif espagnol à travers la jurisprudence du Tribunal constitutionnel dont le premier arrêt, qui portait sur un recours en inconstitutionnalité formé contre une loi franquiste des années 1940, déclara inconstitutionnels près de deux cents articles de celle-ci. Le Tribunal rendit également un arrêt en matière de régime local en reconnaissant la notion de garantie institutionnelle quant à l'autonomie locale qu'il reconnut en l'espèce aux Conseils provinciaux alors menacés par la législation locale catalane. Les garanties institutionnelles ont ainsi été consacrées sans aucune réserve par le Tribunal et la doctrine qui les ont envisagées comme une avancée progressiste en matière constitutionnelle. Peu ont noté que l'on devait la conception des garanties institutionnelles, avec leur fonctionnalité spécifique, à Carl Schmitt ; encore moins qu'elles furent élaborées durant l'époque tourmentée de la République de Weimar, avec le soutien de son disciple Ernst Forsthoff, dans le cadre d'une offensive doctrinale antiparlementaire ayant pour objectif d'empêcher que le Parlement adopte des textes qui auraient pu affecter de manière décisive certaines institutions clé se trouvant alors dans l'œil du cyclone du pouvoir telle la bureaucratie professionnelle qui était majoritairement opposée à la République de Weimar.

Mais si l'on approfondit encore davantage notre analyse, il est possible de relever que la source manifeste d'inspiration de Carl Schmitt se trouve dans la notion d'institution élaborée par Maurice Hauriou. Et derrière ce dernier, l'on trouve la philosophie vitaliste d'Henri Bergson et même certains éléments de la pensée de Saint Thomas d'Aquin comme Maurice Hauriou lui-même n'hésitait pas à le reconnaître.

Bien entendu, la garantie institutionnelle est un dispositif qui, comme tout procédé opérationnel, doit être apprécié dans le contexte actuel. Cependant, derrière celle-ci — et derrière d'autres institutions — il existe une trame qui l'explique en l'envisageant comme une limitation de la libre disposition du législateur ; une chose qui n'aurait pas été admissible durant la première configuration du droit public au XIXe siècle et la première moitié du XXe siècle avec un législateur intouchable. On pouvait alors envisager des limites à l'action de l'Administration publique mais jamais à celle du législateur souverain.

CHAPITRE IV

LA CRITIQUE

1. SES LIGNES D'ATTAQUE

De la fin du XIXe siècle jusqu'à son apogée à l'époque de l'entre-deux-guerres, il se développa en Europe un fort mouvement critique à l'encontre de l'ordre politique et constitutionnel qui avait surgi à partir des Lumières et de la Révolution française. Cette critique, à laquelle participèrent les meilleurs publicistes européens, avait une justification et une portée fondamentales.

Sa justification se trouvait dans les transformations sociales profondes qui se produisirent consécutivement à l'industrialisation qui s'accompagna d'un accroissement des villes, d'un exode rural et d'une perte des traditions. Mentionnons notamment le passage des communautés à la société, qu'étudiera le sociologue Ferdinand Tönnies, ainsi que l'irruption des masses dans la société et sur la scène politique, que nous avons déjà évoquée. Il se forma en définitive une société caractérisée par de nouvelles forces et tensions qui ne se retrouvait pas dans le système politique et institutionnel construit à partir des révolutions bourgeoises et développé tout au long du XIXe siècle : l'État libéral. Se confirma alors, un siècle plus tard, le diagnostic judicieux émis par Alexis de Tocqueville quant à la transformation des institutions et du droit public opérée par la Révolution française : les institutions de l'Ancien régime étaient parfaitement adaptées et contrebalancées mais conçues pour un modèle de société dont les fondements avaient en grande partie été établis durant le Moyen-Âge et qui avait depuis lors complètement changé.

La critique publiciste du système politique et constitutionnel dominant durant le XIXe siècle, le libéralisme bourgeois, trouva sa source dans le puissant mouvement scientifique et philosophique initié à la fin de ce siècle pour questionner les idées des Lumières et la pensée positiviste qui, pour l'essentiel, constituent le fondement du libéralisme.

La critique de l'État libéral se développa sur plusieurs fronts. Nous nous concentrerons ici sur le front parlementaire ainsi que ses présupposés et son contexte.

Une première critique se dirigea directement contre l'individualisme qui dominait et imprégnait tout l'ordre libéral. Il s'agit d'une attaque du cœur du système dans la mesure où elle questionne son présupposé : l'existence même, réelle, de l'individu doté d'une pleine capacité d'autodétermination.

Une deuxième offensive a été lancée contre le bastion qui s'était érigé en représentant de l'ensemble des individus et porte-voix de la volonté générale ; le Parlement. Il s'agissait d'une critique du parlementarisme mais également de la démocratie représentative, voire de la démocratie elle-même suivant sa conception libérale. Ce courant proposa, comme nous le verrons, d'autres théories de la démocratie.

Une troisième vague de critiques a été lancée contre ce qui constituait l'expression fondamentale des Parlements : la loi. Il s'agissait d'une critique de l'absolutisme législatif mais aussi, avec une plus grande portée, du positivisme légaliste.

Enfin, la position acquise par le Parlement en tant que détenteur de la souveraineté populaire fut aussi questionnée. L'idée même de souveraineté, précisément de souveraineté populaire, se trouva mise en cause.

2. LA CRITIQUE DES PRÉSUPPOSÉS : L'INDIVIDUALISME ET LES DROITS SUBJECTIFS

A. Le questionnement de l'individu et de son autonomie à partir de nouvelles sciences : la sociologie et les « sciences de l'esprit »

L'individu est le grand protagoniste du modèle d'État libéral qui l'envisage comme un sujet « singulier, libre, égal, autodéterminé »[63] titulaire de droits constitutionnellement reconnus. L'individu est aussi le sujet autour duquel s'articule, et se justifie, l'ordre étatique[64] et, bien sûr, le Parlement qui le représente dans le cadre d'un système qui ne reconnaît que l'existence et la volonté de la personne, d'une part, et la volonté générale qui s'exprime à travers une assemblée, d'autre part. Il s'était ainsi établi un dualisme ne reconnaissant que l'individu et l'État ; une situation qui fera l'objet de critiques de la part de divers auteurs de la pensée antilibérale du début du XXe siècle dont est particulièrement représentatif, parmi d'autres, Fernando de los Ríos.

Ce dernier constata, en effet, que « l'individu et l'État se trouvent face à face : Kant avait appris cela, en grande partie, de Rousseau. Entre l'État et l'individu — disait-il — on ne doit consentir que s'interpose aucun groupe social ; le tolérer serait permettre que soit viciée la source pure de la volonté générale. Ni l'un ni l'autre ne prend en considération le social... La *societas*, en tant que monde pluriel et organique, n'a pas sa place dans ces systèmes et, précisément pour cela, le Droit représenté par ces conceptions était un Droit défectueux, un Droit sans obligation, sans service, un Droit de mandats d'inhibition, de ne pas faire »[65]. Il s'agit d'un auteur significatif à plusieurs égards : premièrement, il souligna la paternité idéologique des auteurs des Lumières — surtout Rousseau, au cœur de la critique de la pensée antiparlementaire — s'agissant de la conception clairement individualiste de l'État libéral ; deuxièmement, il adressa une critique contre les droits entendus suivant une conception négative (*status negativae libertatis*) et individualiste ; troisièmement, il proposa une conception organiciste, très spécifique du krausisme, à partir de laquelle a été revendiqué un modèle de représentation non seulement des individus mais également des réalités sociales ; quatrièmement, il montra la

---

[63] E. W. Böckenförde, *Le droit, l'État et la Constitution démocratique. Essais de théorie juridique, politique et constitutionnelle*, Paris-Bruxelles, LGDJ, 2000, p. 19.

[64] Comme le souligne E. W. Böckenförde, dans l'État libéral « apparaît l'auto-réalisation de la subjectivité individuelle en tant que sens propre de l'ordre public étatique », *ibidem*, p. 22.

[65] Citation de E. Díaz, *La filosofía política del krausismo*, *op. cit.*, p. 244.

transversalité de la pensée antiparlementaire critique du libéralisme qui ne peut être rattachée à des courants autoritaires, contrairement à ce que l'on aurait pu déduire d'une approche superficielle de celle-ci. Cette pensée a abouti à des positions socialistes assumées par des penseurs importants, comme Fernando de los Ríos qui a rassemblé les critiques mentionnées ici dans un livre important : *El sentido humanista del socialismo*[66].

Il s'agit d'une orientation qui était bien enracinée en Espagne depuis la fin du XIXe siècle, surtout dans le cadre du krausisme. S'il ne fallait mentionner qu'un ouvrage pouvant être présenté comme l'acte de naissance de ce courant visant à dépasser l'individualisme libéral considéré comme fictif, ce serait, assurément, *La persona social* de Francisco Giner de los Ríos, publié en deux volumes en 1899[67]. Ce livre a contribué de manière décisive à la formation du courant corporatiste qui se présenta comme une alternative au parlementarisme libéral.

La critique de l'individualisme, qui conduisit à une attaque des droits individuels et aboutit dans des cas extrêmes à leur négation, trouva un fort soutien dans de nouvelles disciplines qui acquéraient alors une pleine autonomie et substance scientifique.

L'une de ces sciences est la sociologie qui manifesta une opposition à la réalité individuelle, notamment à travers la doctrine de celui qui passe pour être l'initiateur de la sociologie moderne qu'il a dotée de son premier statut scientifique : Auguste Comte. Pour cet auteur, l'individu n'existe simplement pas, il s'agit d'une pure abstraction[68]. Seule la société existe, dans laquelle les personnes naissent et se réalisent. Celles-ci ne se comprennent et s'identifient en tant que personnes singulières que dans le cadre de leurs relations en société. Auguste Comte n'hésita pas à se dresser contre l'ordre juridique de son temps en affirmant avec fermeté que le mot droit entendu comme étant

---

[66] F. de los Ríos, *El sentido humanista del socialismo*, Madrid, Javier Morata Editor, 1926.

[67] F. Giner de los Ríos, *La persona social*, 2 vols., Madrid, Victoriano Suarez, 1899.

[68] G. de Ruggiero, *Storia del liberalismo europeo* (1944), Editorial Comares, 2005, p. 174.

rattaché aux individus — droits individuels — devait être supprimé.

Les thèses d'Auguste Comte ont connu une continuité dans la pensée sociologique française dont Émile Durkheim fut sans aucun doute la figure la plus célèbre. On n'y retrouve pas l'agressivité de l'attaque comtienne à l'égard de l'individu mais de nouveaux idéaux et concepts comme celui qu'Émile Durkheim articula autour du principe de solidarité selon lequel l'individu et la perspective individuelle ne doivent plus être considérés de manière prioritaire.

Aussi bien Auguste Comte que, surtout, Émile Durkheim, exerceront une grande influence sur plusieurs publicistes — mais également des privatistes — de premier rang ; une influence qui relevait de la fascination chez Léon Duguit. Ce dernier reconnut lui-même que ses idées se confirmèrent et se développèrent en lisant Auguste Comte. Émile Durkheim le suivit de peu, comme son œuvre en atteste, entre autres raisons parce que les deux étaient compagnons, et bons amis, à l'Université de Bordeaux.

En Espagne, nous avons déjà pu constater que les principaux publicistes du début du XXe siècle — Gumersindo Azcárate, Santamaría de Paredes, Posada Herrera et, avant eux, Giner de los Ríos — portèrent une attention particulière à la sociologie au point d'être considérés comme les premiers promoteurs de cette science et Posada en particulier comme « la figure la plus importante de la sociologie espagnole durant cette époque »[69]. Toutefois, l'apport de la sociologie à la pensée juridique ne conduisit pas, contrairement à ce qui s'est passé en France, à une critique frontale de l'individualisme (cela s'explique dans ce pays en raison de la radicalité avec laquelle il s'affirma, surtout durant la Révolution française, sous l'influence de Rousseau) mais à l'affirmation de l'existence de toute une série de réalités sociales qui ont une importance égale ou supérieure à l'individu. En réalité, ce dernier ne se comprendrait qu'à travers son appartenance à des organisations et des réalités sociales qui devraient être dûment représentées parmi les institutions de l'État. Cette pensée corporatiste, qui a une matrice sociologique

---

[69] S. Giner, *Historia del pensamiento social*, *op. cit.*, p. 557.

et une orientation organiciste, était évidemment critique à l'égard du rôle exclusif que le libéralisme accordait à l'individu. Elle visait surtout un modèle de représentation, alternatif au Parlement libéral, qui tiendrait compte des réalités et des structures organisationnelles dont l'existence était attestée par la sociologie. Nous analyserons cette question lorsque nous traiterons spécifiquement de la critique du système de représentation parlementaire.

Les autres sciences dont le développement spectaculaire a alors connu un grand retentissement sur la pensée européenne — en contribuant, d'une certaine manière, à l'entraîner dans une crise qui l'a secouée à la fin du XIXe siècle et au début du XXe siècle — sont les sciences de l'esprit ; la psychologie et la psychiatrie. Leur influence sur la pensée politique s'est faite sentir principalement dans deux directions : la première est la découverte du subconscient collectif ainsi que des organisations et des régulations qui s'y trouvent, comme Maurice Hauriou les décèlera dans sa théorie de l'institution que nous traiterons plus avant ; la seconde, qui nous intéresse à présent, est la mise en question de la libre autodétermination rationnelle de l'individu à travers le constat de l'existence d'un autre ordre de motivations, beaucoup plus complexes, dans le subconscient individuel. Le libéralisme repose essentiellement sur la responsabilité morale et la libre autodétermination de l'individu ; des présupposés que les théories de Sigmund Freud ont totalement remis en cause. C'est ainsi qu'il a pu être affirmé par un historien européen renommé que ce dernier a jeté à la poubelle l'idée de responsabilité morale de la personne qui était à la base du régime libéral[70].

L'individu, libre et autodéterminé, a ainsi été mis en question aussi bien de l'intérieur, surtout par la psychiatrie freudienne qui nie sa pleine liberté et capacité d'autodétermination, qu'à l'extérieur, par la sociologie qui estime que l'individu considéré de manière isolée est une fiction parce que son existence n'est réelle et possible qu'au sein de la société.

---

[70] N. Stone, *Europe Transformed. 1878-1919*, 2e éd., Oxford, Blackwell, 1999, p. 309.

B. La critique de l'individualisme sur le plan politique

La négation de l'individu entendu comme une pure abstraction, le questionnement des droits individuels et l'opposition à l'individualisme économique dépassèrent au XXe siècle la sphère de la discussion scientifique pour se convertir en un étendard politique qui a surtout été agité dans les pays méridionaux d'Europe dans lesquels l'affirmation de l'individualisme avait été plus radicale et catégorique, en raison de l'inspiration et de l'influence de la Révolution française.

On y a relevé des mouvements politiques qui questionnèrent les droits individuels mais également, de manière très significative, le droit de propriété. Il a alors été revendiqué des formes de propriété communautaire qui prétendaient s'inspirer, en les récupérant, de procédés collectivistes issus de la tradition historique d'origine médiévale. Dans la France de l'entre-deux-guerres, ces idées ont bénéficié d'un divulgateur d'exception, surtout en raison de la vivacité de ses images littéraires, en l'écrivain et activiste politique Maurice Barrès qui a notamment décrit la perte des valeurs et des références traditionnelles au sein de la société industrielle et urbanisée dans son roman *Les Déracinés*, premier ouvrage d'une trilogie nationaliste et mélancolique. Maurice Barrès, dont Maurice Hauriou a été très proche en se laissant influencer par certaines de ses idées, opposa le particularisme historique à l'abstraction rationaliste en rejetant les droits individuels de la société bourgeoise, surtout la propriété privée, lui préférant l'idée de patrimoine communautaire. Cette ligne de pensée revendiquant la propriété communautaire s'est aussi développée en Espagne et compta des professeurs de droit public ou d'histoire du droit parmi ses plus importants représentants à l'instar de Joaquín Costa, Rafael Altamira ou, plus récemment, Alejandro Nieto.

On trouve également des prises de position critiques à l'encontre des droits individuels en philosophie politique, en particulier s'agissant de leur reconnaissance libéralisée et égalitaire dans les textes constitutionnels depuis la Révolution française. Cette posture critique est clairement perceptible dans la pensée anti-masse ; la pensée d'une élite intellectuelle, d'une aristocratie du savoir et de l'esprit, qui ne peut cacher ses objections à la reconnaissance égale et gratuite de droits fondamentaux pour tous les peuples. Ainsi, dans *La révolte des masses*, José Ortega y Gasset soutint que « la noblesse se définit par des exigences, par des obligations, non par des droits. Les privilèges de la noblesse ne sont pas à l'origine des concessions ou des faveurs, mais au contraire ce sont des conquêtes. Les droits privés ou privilèges ne sont donc pas une possession passive et une simple jouissance mais représentent le fruit de l'effort d'une personne. En revanche, les droits communs, le sont ceux "de l'Homme et du citoyen", sont une propriété passive, un pur usufruit et un bénéfice, un don généreux du destin avec lequel tout homme se trouve, et qui ne répond à aucun effort autre que celui de respirer et d'éviter la folie »[71]. De cette manière, José Ortega y Gasset mit en question les droits fondamentaux génériquement reconnus à tous les citoyens dans les textes constitutionnels et dont le précédent était la *Déclaration des droits de l'Homme et du Citoyen* de 1789 à laquelle il fit allusion de façon non dissimulée.

C'est surtout la généralisation des droits politiques, plus précisément la participation politique et institutionnelle, qui a été contestée et rejetée par un pan aristocratique de la pensée antiparlementaire comme on peut le constater en examinant la pensée de publicistes et de politologues qui, comme Gaetano Mosca, ont relié cette orientation critique et négative des droits à la critique du parlementarisme. Ce dernier a défendu une conception aristocratique du pouvoir qui devait être exercé par la classe dirigeante, la classe politique ; une dénomination qu'il a rendue célèbre avec la publication d'un ouvrage bien connu portant le même titre. Selon cet auteur, l'institution parlementaire peut parfaitement fonctionner et répondre aux exigences de tous les milieux sociaux si elle donne une représentation et une place à cette classe dirigeante mais non si elle s'ouvre aux masses, à « la *povera gente* aux passions imprévisibles et vives, à l'intelligence faible et aux connaissances éparses »[72].

---

[71] J. Ortega y Gasset, *La révolte des masses*, Paris, Les Belles Lettres, 2010, chapitre VII.

[72] G. Mosca, *Sulla teorica dei governi e sul governo parlamentare* (1884), p. 318 ; cité par M. Fotia, *Il liberalismo incompiuto...*, *op. cit.*, p. 138.

L'opposition manifeste de Gaetano Mosca à la généralisation du droit à la participation et à la représentation politique, au suffrage universel en somme, est fameuse. Il vota au Parlement italien, avec le soutien de seulement six députés, contre sa reconnaissance législative.

C. La perspective du droit public

Si nous délaissons la science politique, dont Gaetano Mosca fut sans aucun doute l'un des plus éminents précurseurs, et que l'on s'intéresse au champ juridique et constitutionnel, nous pouvons également constater une pression critique exercée sur les droits subjectifs et les droits fondamentaux constitutionnellement reconnus.

En se fondant sur la sociologie d'Auguste Comte et d'Émile Durkheim, Léon Duguit s'est ainsi fait le chantre du mouvement négationniste des droits individuels et des droits subjectifs. Auguste Comte et Émile Durkheim niaient le présupposé, l'existence même, de l'individu en tant que réalité autonome. Lecteur enthousiaste de l'un et de l'autre, Léon Duguit aboutit facilement à une conclusion applicable à l'ordre juridique : si les individus n'existent pas, il ne peut exister de droits subjectifs.

Léon Duguit a dû certainement se confronter à un ordre juridique et à un cadre conceptuel qui accordaient une signification particulière aux droits et, en France, surtout aux droits fondamentaux énoncés dans la *Déclaration des droits de l'Homme et du Citoyen* de 1789 qu'il considérait comme un moment exceptionnel dans l'histoire de l'humanité, parce que pour la première fois une société se constituait en pleine conscience de son être. Léon Duguit maintenait que la doctrine individualiste est fausse en soi, théoriquement et pratiquement inadmissible : théoriquement parce qu'elle attribue sans raison à l'Homme certains droits antérieurs à la société et pratiquement parce que l'expérience a démontré qu'elle était incapable de fonder une limitation des pouvoirs de l'État[73]. Afin d'illustrer cette affirmation, Léon Duguit constata que la Déclaration des droits n'avait empêché ni la tyrannie sanguinaire de Napoléon, ni

---

[73] L. Duguit, *Traité de droit constitutionnel*, (1921-1925), Paris, Hachette.

le coup d'État de 1851, ni les lois de Sécurité générale du Second Empire, ni les lois d'« inhibition » et de « spoliation » de la Troisième République[74]. En conséquence, il conclut que la notion de droit subjectif devait être écartée ; une « notion purement métaphysique dont on ne peut démontrer la réalité ni déterminer ses éléments », comme il a pu l'expliquer devant l'un de ses auditoires. En effet, Léon Duguit était un conférencier demandé et captivant, présentant ses idées dans le cadre d'exposés vivants d'une manière directe et personnelle, en révélant aussi ses auteurs de référence. Dans l'une de ses conférences, donnée à l'École des hautes études sociales[13], il fit connaître de manière très illustrative sa relation avec la pensée d'Auguste Comte et souleva toute une série de questions intéressantes qui me semblent justifier la longueur de la citation suivante :

« Si vous voulez bien accepter ces expressions de droit subjectif et de droit objectif, je dirai en deux mots qu'aujourd'hui, à mon sens, est en train de se constituer une société d'où la conception métaphysique de droit subjectif est exclue pour faire place à la notion de droit objectif, impliquant pour chacun l'obligation sociale de remplir une certaine mission et le pouvoir de faire les actes qu'exige l'accomplissement de cette mission. Cette doctrine, je l'ai développée il y a déjà sept années, à une époque où, je dois l'avouer, je n'avais pas encore lu le *Système de politique positive* d'Auguste Comte. J'y ai été confirmé par la lecture du passage suivant, que je voudrais bien qu'on affichât à la Chambre des députés : Le mot droit, écrit Auguste Comte, doit être autant écarté du vrai langage politique que le mot cause du vrai langage philosophique. De ces deux notions théologico-métaphysiques, l'une (celle de droit) est désormais immorale et anarchique, comme l'autre (celle de cause) est irrationnelle et sophistique. Il ne peut exister de droit véritable qu'autant que les pouvoirs réguliers émanèrent de volontés surnaturelles. Pour lutter contre ces autorités théocratiques, la métaphysique des cinq

[74] L. Duguit se réfère ici à la loi du 27 décembre 1900 qui a décrété l'amnistie dans l'affaire Dreyfus et a dégagé de toute responsabilité les militaires impliqués dans le faux procès ainsi qu'à la loi du 9 décembre 1905 concernant la séparation des Églises et de l'État, qui fut considérée par beaucoup de professeurs, dont lui-même, comme un véritable pillage, une véritable spoliation, des biens de l'Église catholique.

derniers siècles introduisit de prétendus droits humains qui ne comportaient qu'un office négatif. Quand on a tenté de leur donner une destination vraiment organique, ils ont bientôt manifesté leur nature anti-sociale en tendant toujours à consacrer l'individualité. Dans l'état positif[75] qui n'admet pas de titre céleste, l'idée de droit disparaît irrévocablement. Chacun a des devoirs et envers tous, mais personne n'a aucun droit proprement dit. En d'autres termes nul ne possède plus d'autres droits que celui de toujours faire son devoir »[76].

Par ailleurs, il convient de souligner, suivant une analyse strictement sémantique, l'arsenal de termes qui, tels des missiles, ont été lancés contre l'une des idées les plus emblématiques de la pensée des Lumières, à savoir les droits subjectifs, droits du citoyen. Il a été dit qu'il s'agit d'une notion « théologico-métaphysique », « irrationnelle et sophistique » ; d'un « titre céleste », de « volontés surnaturelles », ou encore d'« autorités théocratiques ». Ces termes disqualifiants rappellent ceux employés par certains penseurs des Lumières — surtout français, Voltaire notamment — qui traitèrent avec une arrogance quelque peu frivole les idées et les visions du monde qui les avaient précédés.

On notera également dans cette citation croisée d'Auguste Comte et de Léon Duguit qu'ils se rejoignaient pour souligner — avec une plus grande force que les droits — l'existence de devoirs pour tous, l'obligation, le service (Léon Duguit visait déjà le service public) comme d'autres auteurs auxquels nous nous sommes déjà référé dans ce chapitre : José Ortega y Gasset lorsqu'il parle de la supériorité de l'obligation au regard du droit ; Fernando de los Ríos quand il critique l'ordre libéral rousseauiste qui instaure « un droit défectueux, un droit sans obligation, sans service ».

---

[75] Auguste Comte ne se réfère pas ici à l'État entendu comme une forme d'organisation du pouvoir politique mais à son fameux exposé des trois états dans l'évolution de la société : l'état théologique, l'état métaphysique et l'état positif.

[76] L. Duguit, *Le régime du culte catholique antérieur à la loi de séparation. Conférence donnée à l'École des Hautes Études Sociales* (1907), Paris, Hachette, 2014.

Cet exposé de Léon Duguit faisant référence à la sociologie d'Auguste Comte est très illustratif dans la mesure où il reflète la dialectique qui s'installa à cette époque dans le débat doctrinal en Europe entre la conception subjective et la conception objective des droits ; une discussion qui se développa aussi en Allemagne.

Dans ce pays, l'intégration de la notion de droits subjectifs, qui a sans équivoque une origine privatiste, dans le système de droit public est principalement due à Carl Friedrich von Gerber. Cela n'est pas surprenant étant donné que le grand projet d'étude et de construction dogmatique de ce professeur de l'Université de Göttingen consistait dans le transfert en droit public, alors en pleine phase de développement, d'institutions et de dispositifs fondamentaux de droit privé qui avaient fait la preuve de leur vitalité. La transposition du concept de droits subjectifs réalisée par Carl Friedrich von Gerber est ainsi quelque peu primaire, le système public étant considéré comme un réseau de droits croisés, notamment dans les relations entre particuliers : droits des individus, des parlements, des princes, des administrations publiques.

Il se produira plus tard une émancipation vis-à-vis des conceptions privatistes, surtout par le biais de Georg Jellinek qui a élaboré un système autour de nouveaux principes : le système des droits subjectifs publics[77]. L'une de ses principales contributions, certainement la plus connue, est la théorie du statut. Il en distingue quatre types : le négatif, le positif, le passif et l'actif.

En effet, au début du XXe siècle eut lieu en Europe un profond débat entre le subjectif et l'objectif. Au XIXe siècle, le système subjectif basé sur les droits individuels et, comme nous venons de le voir, en droit public sur les droits et les pouvoirs des sujets publics, en particulier de l'État personne, a dominé ; en particulier sous la plume de Carl Friedrich von Gerber, Paul Laband et Georg Jellinek. Cependant, au début du XXe siècle, ce système a été mis en cause et une approche objective a été revendiquée ; une entreprise dans laquelle Léon Duguit se distingua. Les

[77] G. Jellinek, *System der subjektiven öffentlichen Rechte* (1905), Tübingen, Mohr Siebeck, 2011.

transformations du droit qu'il constata s'étaient produites, selon son appréciation, parallèlement au déclin constant de la doctrine individualiste[78]. Léon Duguit niait le droit subjectif (il contesta d'abord l'existence du sujet, de l'individu considéré isolément), la personnalité, la subjectivité de l'État en tant que notion métaphysique. Il niait également, nous le verrons, l'expression dans des lois, à travers le Parlement, de la volonté nationale qui était pour lui une pure fiction. À la place, il établit un système du droit objectif, réaliste et non-fictif : le droit de la règle sociale, de la solidarité et des services publics.

Dans une analyse perspicace de la pensée de Léon Duguit, qu'il admirait autant qu'il critiquait, Maurice Hauriou observa que ce système de droit objectif n'avait pas surgi seul mais avait suivi le courant du système sociologique de Durkheim qui avait également placé l'approche objective au-dessus de tout, en élevant ainsi le milieu social au-dessus des consciences individuelles[79].

Maurice Hauriou prit donc une orientation objective. Sa contribution la plus remarquable à cet égard est sa théorie de l'institution qui avait une portée apparemment plus limitée que la conception de Léon Duguit mais s'est révélée finalement plus influente.

L'Allemagne, quant à elle, n'a pas connu la polarisation radicale entre l'individu et l'État qui a prévalu en France et, dans une moindre mesure, dans d'autres pays latins. Celle-ci généra un courant critique envers l'individualisme et la revendication d'un tissu corporatif intermédiaire. En Allemagne, ce niveau était occupé par des groupements et des corporations auxquels les historiens du droit ont associé des racines tribales. Otto von Gierke distinguait ainsi deux grandes forces de génération et d'organisation du pouvoir : *Herrschaft*, seigneurie, domination d'en haut, par un pouvoir seigneurial, régalien ou étatique, selon son évolution historique ; *Genossenschaft*, groupement de

---

[78] Il cite ce qu'il dit être le beau libre de M. A. Schatz, *L'individualisme économique et social*, 1907.

[79] M. Hauriou, « La théorie de l'Institution et de la fondation (Essai de vitalisme social) », *Cahiers de la nouvelle journée,* n° 4. 1925. Voir : J.-M. Blanquer, M. Milet, *L'invention de l'État. Léon Duguit, Maurice Hauriou et la naissance du droit public moderne*, *op. cit.*, spéc. pp. 321 et s.

camarades, qui allait donner naissance à toutes les formules corporatistes d'auto-administration (*Selbstverwaltung*) sur une base territoriale, professionnelle ou économique. La reconnaissance de ces réalités corporatistes est devenue manifeste au milieu du XIXe siècle, notamment dans le premier texte constitutionnel à l'attention de l'ensemble du peuple allemand, la Constitution de Francfort de 1849. Les droits fondamentaux qui y sont reconnus ne sont pas présentés comme des droits individuels des citoyens mais comme « Les droits fondamentaux du peuple allemand » (*Die Grundrechte des deutschen Volkes*, comme cela figure dans l'intitulé du catalogue des droits fondamentaux)[80]. Outre les droits classiques rattachés à la liberté effectivement reconnus à tous les Allemands, des droits fondamentaux ont aussi été affirmés pour des sujets collectifs ayant une base corporatiste tels que les droits fondamentaux (*Grundrechte*) des communes[81] qui, plus tard, dans la Constitution de Weimar, prendront la forme d'une garantie institutionnelle ; une catégorie véritablement antiparlementaire que nous examinerons en détail.

Un exemple de l'enracinement de la composante corporatiste dans la culture juridique germanique nous est offert par l'auteur de l'avant-projet de Constitution de Weimar lui-même, le professeur Hugo Preuss. Dans sa première monographie intitulée *Gemeinde, Staat, Reich als Gebietskörperschaften*[82] (*Communes, État, Reich en tant que corporations territoriales*), rédigée sous l'influence reconnue de son maître, Otto von Gierke, il conçut les organisations politiques comme des corporations : les communes sont des corporations, les États sont des corporations dont les membres sont les corporations locales et le Reich est, quant à lui, une corporation d'États.

Cependant, l'orientation qu'Hugo Preuss donna au projet de Constitution de Weimar était bien plus avancée avec

---

80 G. Dürig, W. Rudolf, *Texte zur deutschen Verfassungsgeschichte*, München, Beck Verlag, 3e éd., 1996, p. 113.

81 Article XI de la Déclaration des droits fondamentaux : « Chaque commune a comme droits fondamentaux...» (*Jede Gemeinde hat als Grundrechte...*), puis est énumérée toute une série de droits.

82 H. Preuss, *Gemeinde, Staat, Reich als Gebietskörperschaften* (1889), Berlin-Heidelberg, Springer, 1974.

l'affirmation de droits fondamentaux de type libéral et de droits sociaux qui, pour la première fois, étaient intégrés à un texte constitutionnel déjà clairement tourné vers l'État social. C'est à l'époque de Weimar que la critique des conceptions subjectivistes et individualistes des droits fondamentaux reconnues par la Constitution, conformément à une conception libérale, s'est initiée. Les droits fondamentaux de type libéral, entendus suivant une conception subjective comme des remparts défensifs de la liberté individuelle, ont été attaqués à la fois par les socialistes, qui les considéraient comme des bastions de la bourgeoisie, et par les tendances autoritaires émergentes, qui les percevaient comme une limite à l'action du pouvoir étatique qu'elles aspiraient à prendre.

Tout cela conduisit à la considération du volet objectif des droits fondamentaux. Celui-ci commençait alors à être exploré, entre autres, par Rudolf Smend qui proposa une compréhension des droits fondamentaux en tant que valeurs de l'ordre social envisagées par la Constitution. Ces approches objectivistes et institutionnalistes des droits fondamentaux ont connu un développement qui s'est poursuivi jusqu'à nos jours. Toutefois, à l'époque, elles ont aussi été accueillies par des professeurs allemands de droit public qui dérivaient vers le régime national-socialiste. Les droits fondamentaux rattachés au modèle libéral et limitant l'action de l'État qu'ils aspiraient à diriger ont ainsi été éclipsés. Rapidement, ils réclamèrent ouvertement leur élimination lorsqu'ils se sentirent sûrs d'eux-mêmes, durant les fatidiques années 1930, avec Hitler déjà au pouvoir. Quelques citations, à simple titre d'exemples, valent plus que tout commentaire. Ainsi, Otto Koellreutter était catégorique en affirmant que « dans le *Führerstaat* allemand il n'y a pas de place pour cette idée contre le peuple que sont les droits fondamentaux »[83] ; pour Edgar Tatarin-Tarnheyden, « les droits fondamentaux sont morts »[84] ; selon Ernst Forsthoff, qui sera ensuite très connu parmi les publicistes espagnols, « les droits fondamentaux appartiennent à l'histoire »[85] ; tandis qu'un auteur

[83] O. Koellreutter, *Deutsches Verfassungsrecht*, 3e éd., 1938, p. 90.
[84] E. Tatarin-Tarnheyden, *Werdendes Staatsrecht*, 1934, p. 152.
[85] E. Forsthoff, *Die Verwaltung als Leistungsträger*, 1938, p. 1.

qui gagnera une popularité dans le domaine de l'histoire du constitutionnalisme, Ernst Huber, n'hésitait pas à affirmer qu'« en particulier les droits de liberté (*Freiheitsrechte*) de l'individu face au pouvoir étatique devraient disparaître, ils sont incompatibles avec le principe de primauté du peuple et du Reich »[86].

Il s'agit, bien sûr, de positions qui peuvent aujourd'hui nous paraître aberrantes mais qui durant ces années étaient répandues en Europe continentale. Elles diffèrent finalement peu de celles affirmées par Léon Duguit, Auguste Comte ou Gaetano Mosca. Néanmoins, ce qui invalide les affirmations de ces professeurs allemands apologistes du nazisme est tout d'abord le fait que leur doctrine a été mise au service d'un régime politique qui ne tarda pas à montrer un visage criminel. Après l'élimination des droits que ces professeurs postulaient afin de permettre la libre action du *Führerstaat* en faveur du peuple, peu de temps après eut lieu une élimination physique de nombreuses personnes qui ont été privées de la plus élémentaire protection que la loi et le droit devaient leur fournir.

La critique de l'individu et des droits individuels, qui arriva à ces extrêmes, nous intéresse particulièrement parce qu'elle questionne le présupposé du système parlementaire articulé autour de l'idée de représentation des individus ; une idée qui entra en crise et fit l'objet d'un débat important comme nous le verrons ultérieurement.

3. LA CRITIQUE DE PARLEMENTARISME

A. Les faits historiques déterminants

Selon le programme politique des Lumières — dans l'imaginaire de Rousseau pourrait-on dire — le Parlement était appelé à jouer le rôle le plus important. Néanmoins, durant le XIXe siècle, il n'a pu jouer ce rôle avec l'intensité que le scénario parlementariste avait prévu pour lui. Deux éléments de limitation peuvent être relevés.

---

[86] E. Huber, *Verfassungsrecht der Großdeutschen Reiches*, 1939, p. 361.

Le premier fut le retour d'un autre acteur central qui lui disputa la scène politique et constitutionnelle : les monarchies restaurées dans les États européens après avoir été délogées dans le cadre de processus révolutionnaires. Il se maintiendra ainsi durant le XXe siècle un « match nul » technique entre le principe monarchique et le principe démocratique ; entre la légitimité historique des monarchies, sur le fondement de laquelle les États européens se sont fondés, et la légitimité de la volonté populaire, incarnée dans la représentation parlementaire.

L'autre élément de limitation de la pleine représentativité et puissance de démocratisation du Parlement fut interne dans la mesure où il affecta sa propre configuration, en particulier sa relation avec la communauté politique qu'il dit représenter. Le suffrage censitaire accordait une représentation, ou une représentation renforcée, qu'aux classes disposant de revenus et d'un patrimoine élevés, en somme l'émergente bourgeoisie.

Ces deux limitations ont été anéanties avec la chute des monarchies (ou l'assignation aux monarchies qui se sont maintenues ou ont été restaurées d'une position sujette à la volonté populaire) et la pression des forces démocratiques qui finirent par généraliser le suffrage universel. La chronologie de ces processus varie dans chaque État. Bien que l'on ait déjà offert un récit historique très complet s'agissant des processus qui se sont produits, il n'est pas inutile de rappeler à présent à quel moment le contrepoids monarchique a disparu et la restriction censitaire à la représentativité parlementaire dépassée.

En Allemagne cela eut lieu de manière subite et traumatique pour de larges pans de la population. En 1918 les monarchies, principautés et duchés historiques des États allemands tombèrent en même temps qu'était instauré le suffrage universel avec un régime de représentation directe non proportionnelle. Jusqu'à cette date, rappelons que s'était maintenu en Prusse — l'État allemand alors le plus puissant, étendu et peuplé — un système de représentation par tiers en fonction de la contribution fiscale des électeurs. Il se produisit également en Espagne, en 1931, une rupture radicale avec la disparition de la monarchie, la proclamation de la Seconde République et l'affirmation du suffrage universel qui n'était cependant pas une nouveauté dans ce pays : il avait déjà été reconnu en 1873 durant l'éphémère

Première République et avait été réinstauré en 1890. En 1931, il fut rétabli après la chute de la dictature de Primo de Rivera, qui l'avait aboli.

Dans ces deux États, Espagne et Allemagne, le Parlement acquit, subitement, et en conséquence de processus de rupture, un rôle de premier ordre sans les contrepoids qui auparavant le modéraient. Mais cela a aussi converti les Parlements en des scènes où toute la tension politique se déchargeait ; une tension qui était très forte à l'époque et amplifiée en raison du nombre élevé de partis qui remportaient des sièges avec le système de représentation directe[87].

En Italie, le panorama était à première vue distinct étant donné que la monarchie s'était maintenue et réussit à cohabiter avec Mussolini jusqu'à la Seconde Guerre mondiale. Toutefois, elle ne disposait pas d'un enracinement historique suffisant pour permettre l'unification et la formation d'un État, une évolution qui se produisit à la fin du XIXe siècle lorsque le parlementarisme s'étendit à toute l'Europe. Le Parlement italien donna l'impulsion à cette unification dont il a ainsi été une expression institutionnelle. Le contrepoids parlementaire ne vint pas d'une monarchie qui manquait de légitimité historique mais directement du mouvement fasciste qui, dès le début, ne proposa pas de contrebalancer ou de modérer le Parlement mais de le neutraliser complètement, comme cela s'est de fait passé.

Avec la Révolution de 1848, la France a quant à elle très tôt supprimé la monarchie et mis en œuvre le suffrage universel, masculin. Néanmoins, ce n'est pas avant la fin du XIXe siècle, après la chute du régime césariste de Napoléon III et les premières formations de partis de masse, que le Parlement retrouva un rôle central. Cependant, des critiques à son encontre

---

[87] Les 266 députés de gauche étaient répartis entre 18 partis, parmi lesquels seulement deux — PSOE et Gauche républicaine — disposaient de plus de 80 députés tandis que cinq n'en avaient pas plus qu'un. Voir S. Juliá, « Sistema de partidos y problemas de consolidación de la democracia », en S. Juliá (ed.), *Política en la Segunda República*, *Revista Ayer*, núm. 20, Marcial Pons, 1995, p. 134. Leur brièveté est aussi notable : en 1931 les partis dynastiques les plus liés à la monarchie disparurent ; en 1933, il en a été de même des partis républicains de gauche qui, soutenus par les socialistes, avaient jusqu'alors gouvernés ; en 1936, ce furent les partis radicaux qui ont disparu.

commencèrent à se manifester, surtout lorsque sa législation se montra insensible aux demandes sociales des classes de travailleurs tandis que le républicanisme radical, clairement bourgeois, promouvait une série de loi anticléricales qui affectaient des libertés et des sensibilités très enracinées[88].

Un processus similaire a été constaté au Portugal avec la disparition relativement tôt, en 1910, de la monarchie et l'instauration de la Première République centrée sur un Parlement qui ne disposait pas de contrepoids institutionnels effectifs tels ceux qu'offraient auparavant la Chambre des Pairs et la monarchie elle-même. Par ailleurs, les partis républicains, qui s'inspiraient dans une large mesure du républicanisme français, ont commis des erreurs similaires à ce dernier quant à la législation parlementaire qu'ils impulsèrent, surtout celle d'orientation laïciste avec laquelle ils prétendaient occulter leur absence d'attention aux revendications des dynamiques forces socialistes qui se distancièrent ainsi du parlementarisme républicain et bourgeois.

B. La critique politique

Les critiques du parlementarisme se sont fondamentalement développées sur deux fronts : l'arène politique et la confrontation partisane, d'une part ; le débat académique, d'autre part. C'est dans le cadre de ce dernier que la pensée antiparlementaire a été élaborée, ce pourquoi nous y prêterons une plus grande attention. Auparavant, examinons brièvement les orientations que prirent la critique et l'opposition politique envers le parlementarisme de l'entre-deux-guerres. Elles sont fondamentalement au nombre de trois.

La première orientation politique critique est celle qui revendiquait la restauration de l'ordre antérieur qui a pu être qualifié d'absolutisme parlementaire : un Parlement sans contrepoids dominé par les partis de masse. Une telle orientation peut être relevée en Allemagne, surtout durant les premières années de la République de Weimar. Les partis traditionalistes,

---

[88] Voir : J.-P. Machelon, *La République contre les libertés ?*, Paris, Presses de Sciences Po, 1976.

mais également les partis libéraux, préféraient le maintien ou la restauration d'une monarchie constitutionnelle avec quelques ajustements ponctuels. Cette approche fut aussi manifeste dans les courants traditionalistes français qui s'organisèrent autour de ligues se montrant ouvertement antiparlementaires et promouvant la restauration de la monarchie ainsi que les valeurs traditionnelles. En Espagne, elle a également eu ses adeptes parmi les partis monarchiques et est devenue plus combattive dans les derniers moments de la Seconde République sous la conduite de Calvo Sotelo qui était entré en contact avec la ligue antiparlementaire la plus puissante en France, Action Française, dirigée par Charles Maurras.

Cette orientation restauratrice a été très mal accueillie parmi les publicistes universitaires qui ont clairement averti que le cours de l'histoire ne permettait plus un retour en arrière. Certes, cela s'était produit à plusieurs reprises au XIXe siècle mais ils considéraient que cette situation n'était plus possible dans la perspective qui se dessinait au XXe siècle. La posture d'Heinrich Triepel et de Maurice Hauriou est à cet égard très significative : formés et confirmés en tant que professeurs au XIXe siècle et ayant une pensée traditionnelle et nostalgique de cette époque, ils étaient toutefois assez intelligents pour se rendre compte qu'un cycle historique se fermait. Ainsi, leurs contributions regardaient vers le futur, sur lequel ils ont fini par avoir un impact, sans revendiquer un retour au passé.

Une deuxième ligne d'attaque politique envers le régime parlementaire prétendait instaurer un nouvel ordre dans lequel cette institution n'existerait simplement pas ou n'aurait ni la même composition ni les mêmes fonctions que celles qui lui ont été assignées dans l'État libéral. Plusieurs propositions ont été formulées, toutes clairement antiparlementaires. Celles que présentèrent le parti fasciste en Italie et le parti national-socialiste en Allemagne l'emportèrent. Ce programme a été rejoint, en lui donnant un élan décisif, par une grande partie des groupes qui étaient, dans un premier temps, partisans de la voie auparavant exposée, celle de la restauration de l'ordre antérieur, lorsqu'ils s'aperçurent que ce retour n'était plus possible. Tel fut le cas en Allemagne quand des groupes qui s'étaient d'abord présentés comme traditionalistes finirent par soutenir le parti national-socialiste.

Cette ligne politique trouva une inspiration et un soutien parmi de célèbres publicistes. La position de Carl Schmitt est très claire lorsqu'il considère que le parlementarisme est une chose du système libéral passé et que la démocratie de masse moderne requiert d'autres institutions, avec une orientation décisionniste à la marge du débat et de la participation.

D'autre penseurs qui avaient ouvertement critiqué le système parlementaire et proposé des doctrines ainsi que des formules alternatives, surtout de type corporatiste, finirent par se démarquer des dérives fascistes et autoritaires que plusieurs régimes politiques avaient connues. Cela est le cas de Gaetano Mosca en Italie ou d'Adolfo Posada qui, à un moment donné, en sont venus à se demander avec humour si peut-être ils n'avaient pas été fascistes sans le savoir.

La troisième orientation critique proposait le maintien de l'institution parlementaire mais en introduisant des éléments susceptibles de la modérer, de l'améliorer à certains égards ou de limiter son rôle. Cette position n'a cependant pas eu beaucoup d'influence parmi les partis — elle ne s'est pas à proprement parler présentée comme une option politique définie — et a vraiment pris racine dans les milieux universitaires. Elle finit par apparaître comme le meilleur de la pensée antiparlementaire qui aboutit à la conclusion que le parlementarisme devait se maintenir — les modèles alternatifs étaient vus comme inacceptables — mais être placé dans un nouveau cadre conceptuel et institutionnel afin que le Parlement ne prenne pas un pouvoir excessif. Suivant cette perspective, les contributions doctrinales, qui seront analysées dans le prochain chapitre, furent nombreuses et ont eu une portée différente. Certaines ont laissé une forte empreinte dans l'ordre juridique et constitutionnel dans lequel nous sommes toujours installés. Des auteurs prirent cependant des positions opposées au parlementarisme comme c'est le cas de Carl Schmitt que nous rattachons pour cela à la deuxième orientation mentionnée. Certainement, la pensée de Carl Schmitt s'est en grande partie perdue dans les égouts du nazisme mais elle a également proposé, comme nous le verrons, des solutions qui sont encore pleinement opérationnelles aujourd'hui dans les régimes parlementaires. Toutefois, cette question nous situe sur le plan des contributions de la pensée antiparlementaire qui seront traitées dans un autre chapitre. Il convient à présent d'analyser les critiques que celle-ci a portées.

C. La critique doctrinale et académique

a) Les premières critiques d'universitaires sont venues de **France**, ce qui n'est guère étonnant compte tenu de la mise en œuvre précoce dans ce pays, au milieu du XIXe siècle, du suffrage universel masculin et de la suppression de la monarchie qui agissait comme un contrepoids au principe démocratique incarné par le Parlement. Il s'est alors ouvert une période de plus de cinquante ans durant laquelle le Parlement occupait une position tout à fait centrale qui rendit visibles ses dysfonctionnements et le transforma en cible de critiques lancées par les plus dynamiques courants de pensée philosophique d'alors, sur lesquelles s'appuyaient les piques des publicistes. Il convient de relever que cette pensée philosophique, qui lança les premières vagues critiques envers le système parlementaire, était radicalement scientiste, par conséquent ouvertement opposée à toute conception qui pourrait être qualifiée de métaphysique. Elle adressa aux notions politiques de la pensée des Lumières la même critique que celle-ci déversa sur les conceptions qui l'avaient précédée : il s'agit de pures fictions, de constructions métaphysiques qui ne peuvent être constatées empiriquement.

Telle est la pensée qui domina durant la seconde moitié du XIXe siècle en Europe et qui eut en France parmi ses célèbres précurseurs Proudhon, Comte ou Saint Simon. Pour eux, l'idée de représentativité démocratique qui sous-tend le Parlement est une notion métaphysique. Ils mirent également en question la démocratie elle-même et le suffrage universel, considérés comme fictifs et peu fiables, guère représentatifs de la volonté populaire. Ainsi, Proudhon n'hésitait pas à affirmer que « si la monarchie est le marteau qui écrase le peuple, la démocratie est la hache qui le divise ; l'une et l'autre concourent également à la mort de la liberté... (le suffrage universel) C'est l'athéisme politique, dans la plus mauvaise signification du mot, comme si de l'addition d'une quantité quelconque de suffrages pouvait jamais résulter une pensée générale !... Le moyen le plus sûr de faire mentir le peuple, c'est d'établir le suffrage universel... »[89].

Parmi les professeurs de droit public qui adoptèrent une position critique dans ce contexte philosophique, Léon Duguit se distingua. En effet, il reprit toutes les lignes d'attaque contre la pensée des Lumières, spécialement la pensée rousseauiste qu'il caractérisait par quatre éléments. Précisément, Léon Duguit critiquait les notions d'individu, de représentativité parlementaire, de loi issue du Parlement et de souveraineté populaire.

Léon Duguit considérait que l'idée de Rousseau selon laquelle le souverain est formé par les individus qui le composent et n'a donc, ni ne peut avoir, des intérêts opposés aux leurs était un « horrible sophisme ». Selon lui, la représentativité est une pure fiction : « le Parlement pourra très bien affirmer qu'il représente la volonté nationale ; mais la loi, en réalité, est l'œuvre individuelle de quelques députés ».

b) En **Italie**, s'est aussi manifestée de manière précoce, surtout durant la décennie 1880, une critique du parlementarisme de la part de professeurs de droit public et de science politique très renommés. Cette critique tira son inspiration de celle développée en France trente ans plus tôt sous l'impulsion de Comte et du socialisme utopique (Saint-Simon, Proudhon, Fourier), à laquelle nous avons déjà fait référence[90]. L'environnement politique singulier au sein duquel cette critique s'est développée était celui de la formation et de l'unification de l'État italien dans lequel de larges pans de la population ne se sentaient pas dûment représentés. Cette désaffection s'est clairement exprimée surtout dans le Sud, plus particulièrement en Sicile d'où sont issus les publicistes alors les plus critiques envers le parlementarisme. Nous avons déjà mentionné dans le chapitre dédié à l'histoire des régimes européens, italien dans ce cas, l'essai de Mauro Fotia sur ce qu'il appelle le *liberalismo*

---

[89] Cité par L. Duguit, in *Les transformations du droit public* (1913), *op. cit.*

[90] M. Delle Piane, « Il significato dell'antiparlamentarismo italiano del secolo scorso », in *Gaetano Mosca : classe politica e liberalismo*, Napoli, 1952, pp. 9-46.

incompiuto (libéralisme incomplet)[91], qui se concentre sur trois auteurs qui ont exposé des positions antiparlementaires, les trois d'origine sicilienne. Une autre étude sur le sujet, que l'on doit à Tommaso Edoardo Frosini, intitulée « *L'antiparlamentarismo e i suoi interpreti* », ajoute à ce trio un autre auteur célèbre du front antiparlementaire de cette époque : Giorgio Arcoleo, qui était aussi Sicilien. Tous ces auteurs ont cependant vécu la majeure partie de leur vie universitaire, et la terminèrent, hors de Sicile : Giorgio Arcoleo à Naples et les autres à La Sapienza de Rome. Cependant, tous se sentaient affectivement liés à la Sicile et dénonçaient sa marginalisation, l'échec de son autonomie en remémorant son passé médiéval caractérisé par un système parlementaire qu'ils disaient pionnier en Europe, antérieur à celui de l'Angleterre (Benedetto Croce précisa cependant qu'il avait été importé du Royaume d'Aragon[92]).

Durant cette période mélancolique et romantique ont été publiés plusieurs romans qui sont intéressants en raison de leur critique du régime politique qui se formait autour du Parlement italien ainsi que de l'immoralité de la vie politique de la capitale. Citons, notamment, le roman de Matilde Serao, *La conquista di Roma* (1885), celui d'Anton Giulio Barrili, *Il diamante nero* (1897), ou encore l'ouvrage d'Enrico Castelnuovo intitulé *L'Onorevole Paolo Leonforte* (1894). Deux romans de l'écrivain réaliste sicilien — bien qu'il soit né à Naples — Federico de Roberto peuvent aussi être mentionnés : un roman très long et connu, *I viceré* (écrit entre 1891 et 1904), et un autre qui insiste encore davantage sur la critique du parlementarisme et de son environnement, *L'Imperio* (débuté en 1895 et publié en 1929, deux ans après le décès de l'auteur). Il ne s'agit pas d'un traitement rare du climat politique caractéristique du parlementarisme italien. En effet, nombreux ont été les travaux littéraires critiques qui l'étudièrent et le dénoncèrent à tel

---

91 M. Fotia, *Il liberalismo incompiuto. Mosca, Orlando, Romano tra pensiero europeo e cultura meridionale,* Milano, Guerini e Associati, 2001.

92 B. Croce, *España en la vida italiana del Renacimiento,* Sevilla, Renacimiento, 2007, p. 56.

point qu'ils configurent un genre, celui de la littérature antiparlementaire[93].

La critique de professeurs de droit public est aussi née durant la décennie 1880. Le premier à s'y atteler fut Giorgio Arcoleo avec son livre *Il Gabinetto nei governi parlamentari*, publié en 1881, puis l'ouvrage *Diritto e Politica*, publié en 1883. Citons également un ouvrage très connu de Gaetano Mosca, *Teorica dei governi e governo parlamentare*, publié en 1884, la même année que la publication d'un livre de Vittorio Emanuele Orlando intitulé *La decadenza del regime parlamentare*, qui publia deux ans plus tard ses *Studi giuridici del governo parlamentare*. Gaetano Mosca reviendra à la charge dix ans plus tard, en 1896, avec ses *Elementi di scienza politica*. Il conviendrait d'y ajouter l'essai de nature sociologique de Scipio Sighele, *Contro il parlamentarismo*, publié en 1895.

Le front antiparlementaire que formèrent ces auteurs et d'autres ne se concentre pas à proprement parler sur l'institution même du Parlement, de manière abstraite, mais sur son implantation et son action dans l'Italie récemment unifiée. À partir de ce front commun, chaque auteur concentra sa critique sur des points ou aspects particuliers. Ainsi, Giorgio Arcoleo traita surtout des partis politiques, de leur organisation et du trafic d'intérêts qui les caractérisent. Gaetano Mosca critiqua la médiocrité de la classe politique parlementaire issue des partis politiques et soutint l'idée que la composition du Parlement soit le fait d'une élite caractérisée par un certain niveau culturel et une indépendance économique. Il considérait que le peuple, titulaire de la souveraineté, était incapable de s'organiser mais aussi qu'il était bloqué et capturé par des groupes d'intérêts ainsi que par des partis politiques de mieux en mieux organisés disciplinairement. Dans la même lignée que Léon Duguit et les utopistes français (Proudhon, Saint Simon), Gaetano Mosca mit

[93] Entre autres, mentionnons ceux de A. Briganti, *Il parlamento nel romanzo italiano del secondo Ottocento*, Firenze, 1972 ; C. Caltagirone, *Dietroscena. L'Italia post-unitaria nei romanzi di ambiente parlamentare (1870-1900)*, Roma, 1993 ; C. A. Madrignani, *Rosso e nero a Montecitorio : il romanzo parlamentare della nuova Italia (1861-1901)*, Firenze, 1980 ; C. Madrignani et G. Bertoncini, « Il Parlamento nel romanzo italiano », in « *Il Parlamento* », *Storia d'Italia*, Annali 17, Torino, 2001, pp. 91 et s.

également en cause la base scientifique, inexistante selon lui, des théories de la représentation et de la souveraineté populaire sur lesquelles, depuis Rousseau, l'on prétendait fonder le système parlementaire libéral.

Le mépris des partis politiques est aussi très présent chez Vittorio Emanuele Orlando. Sa thèse consista à considérer qu'il existe un « *diritto primitivo* » (« droit primitif ») ancré dans le peuple, qu'il revient au Parlement de découvrir et non de créer. Pour cela, le Parlement doit être composé de personnes préparées et cultivées, assez sensibles pour percevoir le droit tel qu'il est généré au sein de la société, dans le peuple. Il ne doit ainsi pas céder aux partis et à leurs transactions (à l'époque dominait en Italie le dénommé « transformisme parlementaire » auquel nous avons fait référence dans un chapitre précédent) afin de disposer d'une pleine liberté dans son action de création du droit. Il s'agit d'une conception très proche de l'idée de droit naturel ; un droit que le législateur doit reconnaître et respecter. Dans le même esprit, mais avec de nouveaux éléments et arguments, Maurice Hauriou élaborera un peu plus tard sa théorie de l'institution.

Vittorio Emanuele Orlando, qui compléta ses études à l'Université de Munich, a surtout été influencé par deux publicistes allemands parmi les plus importants à cette époque, Carl Friedrich von Gerber et Paul Laband. À l'instar de ces derniers, il prétendait proposer une approche scientifique du droit public — utilisant, en les adaptant, des concepts issus du droit privé — dans laquelle le pouvoir d'*imperium* reviendrait à l'État et non à la représentation politique de la société. Il visait de cette manière, à l'instar de Santi Romano plus tard, un État administratif.

Santi Romano poursuivit, au XXe siècle, la critique du parlementarisme qui se dirigeait à l'encontre de son fondement même, l'idée de représentation populaire ; une idée qui naquit avec l'État libéral, lorsque le peuple a été reconnu comme titulaire d'une souveraineté qu'il ne peut directement exercer. Toutefois, la représentation en droit privé requiert deux sujets, le représentant et le représenté, une dualité qui n'existe pas lorsque le peuple se représente lui-même. C'est ainsi que Santi Romano aboutit à l'affirmation selon laquelle le vice principal de l'État moderne est celui de la représentativité.

Par ailleurs, la trajectoire personnelle de Santi Romano après l'arrivée du fascisme ne fut pas très judicieuse. Le régime voulait capter des personnes de prestige et, probablement sur proposition d'Alfredo Rocco, il fut nommé président du Conseil d'État. Il ne bénéficia cependant d'aucune reconnaissance de son travail de la part des autorités — il était méprisé par le roi Victor-Emmanuel III — et, à la fin de la Seconde Guerre mondiale, fut soumis à l'examen de la Commission d'épuration qui le condamna. Néanmoins, les contributions de Santi Romano ont perduré. Il est moins connu pour sa critique du parlementarisme que pour les théories alternatives qu'il développa (que nous examinerons dans un chapitre dédié aux apports de la pensée antiparlementaire) : sa pensée institutionnaliste, sa conception de l'État administratif et sa théorie sur le pouvoir normatif de l'Exécutif, notamment exercé à travers des décrets-lois, en écartant le Parlement.

c) En **Espagne**, la critique du parlementarisme est aussi ancienne ; elle débuta durant la même décennie qu'en Italie, dans les années 1880. L'origine de la critique espagnole et le courant intellectuel qui l'a majoritairement nourrie sont aisément décelables.

L'élément déclencheur fut la crise du système parlementaire qui avait été implanté durant la période connue comme étant celle de la Restauration, après la Constitution de 1874. Un système — élaboré par Cánovas del Castillo qui s'était inspiré du parlementarisme britannique — bipartisan, avec une alternance politique, qui se montra stable durant ses premières années, ce qui suscita l'attention, voire une certaine admiration, en Europe, comme a notamment pu le constater Max Weber. Toutefois, vu de plus près, le système fit preuve d'insuffisances, en particulier quant à son enracinement démocratique. Il était, en réalité, proche du réseau de caciques qui l'avaient soutenu et était en contact avec le ministère de l'Intérieur, où furent célèbres les manœuvres du ministre Romero Robledo. Ainsi, « il n'y a pas de représentation — écrivait Lorenzo Benito de Endara, professeur à la Faculté de Droit de l'Université de Barcelone — parce que le député doit son investiture au ministre de l'Intérieur ou au chef du Gouvernement »[94]. Max Weber avait aussi une opinion de plus en plus négative du système parlementaire espagnol à mesure qu'il le connaissait mieux, le voyant se dégrader avec le temps. Si dans ses écrits du début du XXe siècle il manifestait une certaine admiration à son égard en raison de sa stabilité, en 1919, lorsqu'il prononça et publia sa fameuse conférence « La politique comme vocation »[95], il fit montre d'une bonne connaissance des dessous d'un système parlementaire frauduleux : « jusqu'à il y a peu, en Espagne, les deux grands partis alternaient au moyen d'"élections" fabriquées par le pouvoir et suivant un tour fixe conventionnellement établi pour fournir des postes à leurs partisans respectifs ». Quatre ans plus tard, le coup d'État du général Primo de Rivera mit fin à ce qui restait du système parlementaire.

L'on doit le premier ouvrage critique issu du milieu universitaire sur le sujet à Gumersindo de Azcárate, professeur de législation comparée à l'Universidad Central : *El régimen parlamentario en la práctica*, publié en 1885. Il y décrivit le système électoral lié au système des caciques qu'il qualifia de « féodalisme d'un nouveau genre... et en vertu duquel se cache sous l'habit du gouvernement représentatif une oligarchie »[96]. Mentionnons aussi l'ouvrage d'un alors jeune professeur de droit politique et administratif de l'Université d'Oviedo, Adolfo Posada Herrera, qui publia en 1891 ses *Estudios sobre el régimen parlamentario en España*[97]. Il s'agit de trois études développées

---

[94] M. Tuñón de Lara, *Medio siglo de cultura española (1885-1936)*, Pamplona, Urgoiti Editores, 2018, p. 162.

[95] Dans *Le savant et le politique* (1919), Paris, La Découverte, 2003. Ce changement d'opinion de Weber sur le parlementarisme dans l'Espagne de la Restauration me permet de développer ce qui a été écrit dans la première édition de cet ouvrage afin de tenter de résoudre le doute que suscita sa lecture pour le professeur Francisco Velasco, qu'il manifesta sur son Blog, le 19 juin 2019 ("Sur le livre de J. Esteve "El pensamiento antiparlamentario y la formación del Derecho público en Europa", disponible sur : https://franciscovelascocaballeroblog.wordpress. com/2019/06/19/sobre-el-libro-de-j-esteve-el-pensamiento-antiparlamentario-y-la-formacion-del-derecho-publico-en-europa-

[96] M. Tuñón de Lara, *Medio siglo de cultura española (1885-1936)*, *op. cit.*, p. 151.

[97] Réédités, avec une étude préliminaire de Francisco Rubio Llorente, par la Junta General del Principado de Asturias, Bilbao, 1997.

dans trois chapitres, dont deux plus véhéments à l'égard du parlementarisme : le premier, intitulé « La corruption électorale » et le troisième, intitulé « La décomposition parlementaire » ; des titres qui donnent une bonne idée du contenu du livre.

Le courant intellectuel qui a le plus contribué à cette critique est certainement celui du krausisme, auquel se rattachent clairement Gumersindo de Azcárate et Adolfo Posada. Le krausisme, un mouvement intellectuel difficile à définir, a conservé depuis son origine une position critique à l'égard de ce qu'il considère être les fictions des Lumières et de la Révolution française qui reconnaissaient seulement l'existence de l'individu et de l'État. En effet, Francisco Giner de los Ríos, considéré comme le krausiste le plus influent de la première heure, partageait une conception organiciste de la société que l'État doit respecter. Plusieurs juristes avec des positions politiques diverses rejoignirent cette position tel Antonio Maura, politicien important qui parvint à prendre la présidence du Gouvernement. Il critiquait l'État libéral parce qu'il laissait l'individu sans défense et isolé face à l'État. Pour Antonio Maura, il était nécessaire de protéger l'individu avec des structures corporatistes et associatives. Cette orientation organiciste, corporatiste, alternative à un régime que Francisco Giner de los Ríos qualifiait de démocratie grégaire et égalitaire, était déjà très répandue dans les années 1920. Y participaient des mouvements politiques très divers, allant des traditionalistes aux socialistes. Cela explique que durant la dictature de Primo de Rivera, des publicistes renommés comme Posada Herrera ou Fernando de los Ríos et d'autres intellectuels comme Julian Besteiro étaient dans l'expectative quant à l'expérience de formation d'une Assemblée nationale de structure corporatiste. Les trois avaient participé à une étude proposant une chambre de caractère corporatiste.

Au début des années 1920, le régime parlementaire libéral — en Espagne, le régime parlementaire de la Restauration — faisait donc l'objet d'une critique généralisée qui a même atteint ce qui a été considéré comme un organisme « aussi traditionnellement étranger à la vie espagnole que l'Académie des sciences morales et politiques »[98]. Y a été lu, parmi d'autres, le discours d'Adolfo

[98] F. J. Laporta, *op. cit.*, p. 171.

Pons y Umbert, en 1921, « La crisis del régimen parlamentario. El concepto del legislador », ou encore celui de José Sánchez Guerra, « La crisis del régimen parlamentario en España: la opinión y los partidos », exposé en 1923, peu de semaines avant la mise en place de la dictature de Primo de Rivera. L'année suivante, le 21 juillet 1924, paraissait dans le quotidien *El Sol* — dans lequel ont été publiés les articles de José Ortega y Gasset qui composeront ensuite son ouvrage *La révolte des masses* — un éditorial avec un titre lapidaire : « Ilegitimidad e ineficacia del Parlamento ». Le cours des événements en Italie (en 1922 eurent lieu la marche sur Rome et l'ascension au pouvoir de Mussolini qui est devenu président du Gouvernement) était suivi avec beaucoup d'expectatives tout comme les doctrines du fascisme. Pour autant, comme le soutiennent de manière pratiquement unanime les historiens, la dictature de Primo ne fut pas un régime fasciste[99]. Cependant, il est certain que les idées critiques à l'encontre du parlementarisme libéral y circulaient en ayant de l'influence. Elles proposaient de le remplacer par de nouveaux systèmes. Parmi ces idées, certaines étaient d'inspiration fasciste et commençaient à se matérialiser en Italie. Est à cet égard très représentative la réflexion que fit avec humour Adolfo Posada, en 1931, après sa lecture d'une étude de Corrado Gini, professeur d'économie politique à l'Université de Rome, qui considérait l'organicisme et le corporatisme, comme la « base scientifique du fascisme » : « En lisant l'étude de Monsieur Gini — écrivit Posada —, j'ai parfois ressenti une certaine perplexité qui pourrait être synthétisée dans cette question que, en effet, je me suis sincèrement formulée : serais-je — et tant d'autres ! —, en matière de fascisme, à l'image du célèbre personnage de Molière? Les krausistes auraient-ils fait du fascisme sans le savoir? Bien entendu, si on avait "fait" du fascisme — bien que ce fût sans le savoir —, il serait antérieur, mais très antérieur, à celui qui a triomphé à la marche sur Rome ». La réponse à cette question est dans tous les cas négative comme le suggère dans le même texte la partie intitulée

---

[99] G. Albanese, *Dittature mediterranee: Sovversioni fasciste e colpi di Stato in Italia, Spagna e Portogallo*, Roma-Bari, Laterza, 2017.

« Diversas concepciones organicistas. Krausismo frente a fascismo »[100].

Adolfo Posada, qui fut aussi professeur de droit politique à l'Universidad Central, a été la figure la plus importante du droit public en Espagne durant la période de l'entre-deux-guerres, lorsque le parlementarisme était sérieusement questionné et qu'à travers l'Europe, plusieurs groupes proposaient sa suppression[101]. Adolfo Posada n'est pas arrivé au point de suggérer la disparition de l'institution parlementaire mais il adopta une position très critique et souhaitait sa réforme. Disciple de Francisco Giner de los Ríos, sa solide formation et ses nombreuses lectures lui permirent de diagnostiquer — en s'appuyant sur les thèses de Gaetano Mosca, qu'il connaissait bien[102] — la crise du parlementarisme libéral en détectant ses causes historiques, parmi lesquelles ressort une conception défectueuse de la démocratie qui nous vient de Rousseau qu'il qualifia d'absolutiste tout comme Hobbes et à qui il imputa la principale responsabilité de l'origine de « la démocratie grégaire et égalitaire ». Sans le savoir, Adolfo Posada rejoignait ainsi le groupe de publicistes européens dont le trait commun était précisément une critique de Rousseau ainsi que des fictions et simplifications des Lumières françaises ; un trait qui, comme nous le savons, est commun aux penseurs antiparlementaires de premier rang de la période de l'entre-deux-guerres.

Dans son analyse des causes contemporaines de la crise du parlementarisme, Adolfo Posada rejoint donc le constat des penseurs européens que nous avons étudiés sur plusieurs points, notamment, « d'une part, le tragique dérèglement du capitalisme en crise, et d'autre part l'avancée démocratique déterminante

---

[100] A. Posada, *Hacia un nuevo Derecho Político*, pp. 108-109. La citation est issue du livre de E. Díaz, *La filosofía social del krausismo español,* Madrid, Cuadernos para el diálogo, 1973.

[101] F. J. Laporta relève à cet égard qu'« une partie de l'intelligentsia européenne de l'époque est passée, de manière hâtive et irresponsable, de la critique de l'inefficacité du parlementarisme libéral à la proposition de l'abolition pure et simple du Parlement », *Adolfo Posada: Política y sociología en la crisis del liberalismo español,* Madrid, Cuadernos para el diálogo, 1974, p. 145.

[102] A. Posada, *Estudios sobre el Régimen Parlamentario en España*, *op. cit.*, pp. 43 et s.

de l'avènement des masses, avec leurs péremptoires et parfois aveugles exigences »[103]. L'irruption des masses sur la scène politique est alors, comme nous l'avons déjà vu, la grande nouveauté en Europe qui met en question le parlementarisme libéral élitiste développé tout au long du XIXe siècle. En Espagne, le phénomène ne passa pas inaperçu. On y dénombre plusieurs contributions très pertinentes au niveau européen : bien sûr l'essai de José Ortega y Gasset, *La révolte des masses*, qui a été beaucoup diffusé en Europe, mais également des analyses issues de la sociologie juridique, avec Adolfo Posada lui-même ou Joaquín Costa, ainsi que du débat politique, avec en particulier les appréciations de Manuel Azaña, dernier président de la Deuxième République espagnole à qui l'on doit un texte intitulé *La responsabilidad de las multitudes* (La responsabilité des foules)[104].

Cependant, les positions de ces auteurs quant aux effets du phénomène des partis de masse sur le parlementarisme étaient divergentes : José Ortega y Gasset le considérait difficilement compatible avec le parlementarisme libéral ; Joaquín Costa glissait vers des positions autoritaires et avait la réputation d'agir avec une main de fer tandis que Manuel Azaña était partisan de l'intégration de ces partis à l'activité parlementaire.

d) Au **Portugal**, la critique politique du parlementarisme libéral est apparue au sein des groupes monarchiques et réactionnaires avec la chute de la monarchie, en 1910. Cependant, la critique venue de l'université et des cercles intellectuels a connu dans ce pays des singularités qui s'expliquent surtout par la formation limitée d'une société de masse. Ainsi, on n'y constata pas un éloignement ou un retrait des professeurs de l'institution parlementaire mais ces derniers mirent en œuvre un programme d'affaiblissement de celle-ci à travers le renforcement d'un corporatisme autoritaire et la

---

[103] F. Rubio Llorente, "Estudio preliminar", in *Estudios sobre el Régimen Parlamentario en España de Adolfo Posada*, Bilbao, Junta General del Principado de Asturias, 1996, p. LXX.

[104] M. Azaña, *La responsabilidad de las multitudes,* (1926), Sevilla, Athenaica, 2018. Manuel Azaña s'exila en France où il mourut 1940, un an après la fin de la guerre civile espagnole, à Montauban.

formation d'un État technocratique qu'ils aspiraient à diriger, ce qu'ils réussirent à faire. Ce programme fut conçu par Oliveira Martins et exécuté, entre autres, par des professeurs tels que António de Oliveira Salazar, Teotónio Pereira, Marcelo Caetano ou Mário de Figueiredo.

e) La critique du parlementarisme fut plus tardive en **Allemagne** étant donné que l'acquisition par le Parlement d'une position de suprématie absolue, non partagée avec la monarchie constitutionnelle qui finit par disparaître de la scène politique, date de la République de Weimar. C'est vraiment à cette époque que la nouvelle position et la fonction du Parlement ont été analysées de manière critique dans un environnement social qui s'était aussi transformé en profondeur : il ne s'agissait déjà plus de la société bourgeoise représentée à travers le système censitaire mais de celle de la démocratie de masse.

La critique du système parlementaire s'est particulièrement manifestée durant la décennie 1920, lorsque devint pleinement manifeste le fonctionnement défectueux de l'institution en raison notamment des problèmes générés par la diversité et la volatilité des partis politiques détenant une représentation parlementaire. Durant la décennie suivante, l'activité parlementaire se rétrécit face au pouvoir détenu par d'autres organes constitutionnels, particulièrement le président de la République, qui exerçait alors d'importantes prérogatives prévues dans la Constitution, surtout celle de déclarer l'état d'exception indiquée dans son fameux article 48 ; ce qui conduisit finalement à l'instauration d'un régime dictatorial et à une marginalisation totale du Parlement qui, après l'incendie du bâtiment du *Reichstag* en 1933, fut transféré dans un théâtre de variétés, le Théâtre Kroll, où il vécut la tragi-comédie de sa décadence devant la société berlinoise qui l'appelait ironiquement « le chœur le plus cher du monde ».

L'expérience d'un régime dominé par le Parlement ayant été si tardive en Allemagne, il ne s'est pas formé dans ce pays d'organisations politiques manifestement antiparlementaires comme l'étaient les ligues qui agissaient en France. En Allemagne, la critique politique du parlementarisme était, dans un premier temps, issue de cercles intellectuels minoritaires, comme l'étaient ceux qui encourageaient la « révolution conservatrice » ; un mouvement mal défini qui bénéficia de la participation d'écrivains dotés d'un talent indiscutable comme l'étaient Hugo von Hofmannstahl, Thomas Mann ou le jeune Ernst Jünger. À leurs activités, débats et conférences étaient aussi invités des professeurs de droit qui partageaient leurs positions.

L'opposition au parlementarisme n'est pas née dans les années 1920 à partir d'organisations politiques. Ce fut surtout une critique qui partit des cercles intellectuels, particulièrement des cercles universitaires, et qui se manifesta dans des textes de nature académique. Parmi ceux-ci, la monographie de Carl Schmitt sur la situation spirituelle du parlementarisme (*Die geistesgeschichtliche Lage des heutigen Parlamentarismus*) occupe certainement une place centrale. Il s'agit d'un écrit emblématique de la critique du parlementarisme au regard de l'expérience de Weimar. Au texte initial, publié en 1923, a été ajoutée une introduction, dans la seconde et dernière édition de 1926, qui répondit aux réactions que l'ouvrage avait suscitées, surtout à une recension très critique de son collègue Richard Thoma. Certaines idées de ce livre seront ensuite développées dans son ouvrage *Théorie de la Constitution* (*Verfassungslehre*)[105], publié pour la première fois en 1928.

Carl Schmitt a pu souligner que dans le modèle de parlementarisme libéral dominant au XIXe siècle — dont les principaux représentants furent Burke, Guizot, Bentham, ou encore Stuart Mill — le sens et l'axe de l'activité parlementaire reposaient sur la discussion consistant en l'échange d'opinions ayant pour finalité que l'opposant politique puisse être convaincu avec des arguments objectifs et rationnels, ce qui présuppose une disponibilité réciproque pour se laisser convaincre par les arguments solides et cohérents qui peuvent être invoqués dans le cadre d'un débat. La caractéristique principale des systèmes représentatifs est ainsi qu'en leur sein, la loi résulte en principe de la confrontation d'opinions et non de la confrontation d'intérêts[106].

---

[105] C. Schmitt, *Théorie de la Constitution* (1928), Paris, PUF, 2013.
[106] C. Schmitt, *Die geistesgeschichtliche Lage des heutigen Parlamentarismus*, *op. cit.*, p. 9.

Selon Carl Schmitt, dans les années 1920, la situation du parlementarisme était devenue très critique parce qu'avec le développement de la démocratie de masse moderne, ce qui était sa dynamique propre d'argumentation et de débat avait perdu son sens. Plusieurs prescriptions du droit parlementaire, comme celles relatives à l'indépendance des députés ou à la publicité des sessions, n'étaient guère effectives. Les partis politiques (qui n'étaient pas traités dans la Constitution de Weimar) se présentaient comme des organisations détentrices d'un pouvoir social ou économique agissant en défense de leurs intérêts ou luttant pour atteindre des positions de pouvoir. Les masses étaient convaincues à travers des appareils de propagande qui sollicitaient, de manière très efficace, leurs intérêts matériels et leurs émotions. Ainsi, l'argumentation, élément caractéristique du débat, disparut. À sa place s'installa la négociation (*Verhandlung*, ce qui de manière familière pourrait se traduire par « marchandage ») des partis en considération de leurs intérêts et options de pouvoir[107].

Pourtant, au regard de sa position et de ses fonctions indiquées dans la Constitution de Weimar, le Parlement disposait d'une forte capacité d'influence quant à la formation de l'Exécutif et la nomination à de hauts postes dans plusieurs instances publiques.

Complétant ce constat critique, Carl Schmitt évoluera vers un autre ordre de considérations. Il affirma que la croyance dans le parlementarisme conçu en tant que *government by discussion* appartenait au monde des idées (*Gedankenwelt*) du libéralisme ; elle ne relevait pas de la démocratie. Une distinction claire entre libéralisme et démocratie était dès lors nécessaire afin de percevoir leurs éléments caractéristiques que la démocratie de masse moderne aurait dilués. Partant, Carl Schmitt développa un concept de démocratie qui requiert deux éléments : l'homogénéité et l'exclusion ou négation des hétérogènes[108].

Plusieurs idées ont acquis des tons plus radicaux dans son ouvrage *Legalidad y legitimidad*, paru à la fin des années 1920, précisément en 1928, qui marqua un glissement vers des

[107] *Ibidem*, pp. 10-11.
[108] *Ibid.*, pp. 13-14.

positions décisionnistes finissant par dériver en postures autoritaires et dictatoriales.

Cependant, cela ne relevait pas, strictement parlant, de la critique du parlementarisme ; il s'agissait d'une position parmi les propositions alternatives que nous étudierons plus loin.

Sa réflexion se poursuivit, comme cela est bien connu, dans sa *Théorie de la Constitution.* Dans cet ouvrage de caractère général, son opposition à un parlementarisme inscrit dans la démocratie de masse moderne devint plus manifeste. Il y souligna, par contraste, le caractère aristocratique du Parlement suivant la conception libérale dominante durant tout le XIXe siècle. Le Parlement bourgeois du XIXe siècle, écrivait Carl Schmitt, « est, du fait de l'idée à laquelle il répond, une assemblée d'homme érudits, qui représentent la culture et la raison » ; plus loin, il invoqua Hegel en affirmant que « pour devenir représentants du peuple ne doivent pas être pris les premiers qui se trouvent sur le chemin, mais les plus sages »[109].

Ainsi, l'attention de Carl Schmitt se portait moins sur les représentés, les électeurs et le système censitaire que sur les représentants, les élus caractérisés par le principe de distinction qui, comme l'a démontré Bernard Manin[110], était très affirmé dans tous les États européens ayant adopté le régime parlementaire au XIXe siècle. Ce politologue a pu constater que les exigences pour obtenir la condition d'éligible ou de représentant ont été rarement étudiées en comparaison de l'abondante bibliographie portant sur les limitations du suffrage fondées sur des raisons de genre ou économiques, comme l'était le suffrage censitaire. Cependant, selon cet auteur, « nous devons signaler une exception. Carl Schmitt est probablement l'unique auteur contemporain chez lequel nous trouvons une analyse aristocratique des élections parlementaires »[111].

Au regard de ces éléments, il ne semble pas difficile de noter derrière cette revendication aristocratique — une aristocratie de la culture — un sentiment mélancolique. En effet, Carl Schmitt

---

[109] C. Schmitt, *Théorie de la Constitution*, *op. cit.*, p. 300.
[110] B. Manin, *Les principes du gouvernement représentatif*, Paris, Flammarion, 2019.
[111] *Ibidem*, p. 187.

appartenait à une aristocratie qui ne s'était pas fondée sur le pouvoir militaire ou le pouvoir économique mais sur une reconnaissance intellectuelle et professionnelle : l'aristocratie des mandarins de la communauté universitaire allemande à laquelle nous avons eu l'occasion de nous référer en détail, caractérisée par une aversion manifeste envers la société de masse mais également le régime parlementaire qui la représentait.

Il n'est donc pas étonnant que l'autre ouvrage qui expose aussi directement une critique du parlementarisme dans le cadre de la société de masse soit celui qui a été écrit par un autre illustre « mandarin », Heinrich Triepel, professeur à l'Université de Berlin, dont il sera le recteur entre 1926 et 1927. Vingt ans plus âgé que Carl Schmitt, sa trajectoire universitaire s'inscrivit encore plus pleinement dans la tradition des mandarins qui vécurent à une époque caractérisée par ce qu'ils considéraient être une crise et une décadence au regard de l'essor de la technique, de la société de masse, des partis politiques et de la république parlementaire. Tels sont les sujets qui ont été analysés, directement ou indirectement, par Heinrich Triepel dans un texte bref — celui de Carl Schmitt sur le parlementarisme n'était pas non plus très long, publié en 1928 sur la Constitution et les partis politiques[112] —.

Il peut être intéressant de s'attarder sur le profil et la trajectoire de ces deux auteurs qui ont publié des monographies sur le parlementarisme et la démocratie de masse dans l'Allemagne des années 1920.

Les deux étaient ouvertement critiques à l'égard du rôle excluant des partis et de leur mode d'action au sein d'un Parlement qui, selon Heinrich Triepel, détenait un pouvoir pratiquement absolu et qui, pour Carl Schmitt, avait complètement été dénaturé.

Cependant, les orientations de leurs projets d'alternatives au parlementarisme républicain étaient bien distinctes. Heinrich Triepel prenait comme référence la monarchie constitutionnelle au sein de laquelle il avait été formé. Il ne postulait pas sa

---

[112] C. Schmitt, *Die Staatsverfassung und die politischen Parteien* (1927), Humboldt-Universität, Berlin, 2017.

restauration mais, comme succédané, un modèle de contrepoids au pouvoir parlementaire qu'il façonnera durant la dernière période de sa vie universitaire. En étaient des éléments importants le contrôle judiciaire de la constitutionnalité des lois, la notion de mandat constitutionnel du législateur ainsi que la conception matérielle, institutionnelle, des droits fondamentaux conçus en tant que valeurs constitutionnalisées.

Au contraire, Carl Schmitt considérait que le modèle de la monarchie constitutionnelle, ou n'importe quel autre qui prétendait se construire sur des schémas similaires, était totalement inadapté ; il ne s'accordait pas avec la société d'alors dans laquelle les masses s'étaient converties en sujets politiques de premier ordre. En ce sens, Carl Schmitt était plus moderne et en aucune manière réactionnaire — il regardait vers l'avenir —, très au courant des nouveaux courants de pensée. Il est à noter que pour renforcer ses thèses, Carl Schmitt chercha un soutien — comme le faisaient les publicistes les plus reconnus à cette époque de changements — dans de nouvelles disciplines scientifiques qui, à cette époque, se trouvaient en plein essor, telles la psychologie et la sociologie. Elles lui servirent à se plonger dans l'analyse de la société de masse et de ses composantes émotionnelles sur lesquelles agissaient si efficacement les partis. Dans son étude sur le parlementarisme, il invoqua des livres qui adoptèrent une perspective psychologique comme celui de Walter Lippman, *Public Opinion*, publié en 1922 ou celui de Wyndham Lewis, *The Art of Being Ruled*, paru en 1920, dans lequel, selon Carl Schmitt, est analysée la transition de l'intellectuel à l'affectif et au sensuel[113].

Il est à noter que la critique de Carl Schmitt se déployait dans un cadre philosophique et scientifique plus avancé que celui qui avait caractérisé les contributions d'autres auteurs qui l'ont précédé. S'appuyant sur de nouvelles sciences, comme la psychologie ou la sociologie, il se montra plus sévère envers la pensée des Lumières. Toute la critique de Carl Schmitt employant ces outils est très précise, éclairante, à certains

---

[113] C. Schmitt, *Die geistesgeschichtliche Lage des heutigen Parlamentarismus*, *op. cit.*, p. 11.

moments éblouissante. Ce qui fut dramatique est son orientation vers l'idée d'ordre nouveau qui conduisit ses théories à s'accorder avec le nazisme. Elle se retrouvèrent ainsi, de fait, invalidées sur de nombreux aspects.

Au contraire, Heinrich Triepel maintint un éloignement élégant à l'égard du nazisme en s'opposant aux prétentions de ce dernier d'instrumentaliser les principaux forums de débat des publicistes allemands comme l'était la revue *Archiv des öffentlichen Rechts*, publiée depuis 1886, ou l'Association des professeurs allemands de droit public créée sous son égide personnelle (Heinrich Triepel convoqua ses collègues à sa première session qui eut lieu en 1922 à Berlin). Lorsqu'Hitler fut nommé chancelier, il n'avait cependant plus les moyens de s'opposer à l'influence des nazis, parmi lesquels figuraient certains de ses collègues comme Otto Koellreutter, Reinhard Höhn, ou Carl Schmitt lui-même, qui plaidèrent d'abord pour la dissolution de l'Association et ensuite pour son instrumentalisation au service du régime. C'est alors qu'Heinrich Triepel dit à Otto Koellreutter : « maintenant je sais où conduit le voyage et je ne veux pas y prendre part »[114] à propos de la dissolution de l'Association en mars 1938, qui ne se reconstituera qu'après la guerre. Elle reprit ses sessions en 1949. Heinrich Triepel adopta aussi une posture ferme en défendant des personnes harcelées ou poursuivies par le nazisme, surtout ses principaux disciples, Erich Kaufmann et Gerhard Leibholz.

Le principal transmetteur des idées d'Heinrich Triepel fut Gerhard Leibholz à travers notamment la première jurisprudence du Tribunal constitutionnel fédéral au sein duquel il exerça en tant que magistrat lorsque cet organe fut constitué en 1951.

Mais cela relève d'une autre étape de la pensée antiparlementaire, celle de son influence. Revenons à présent à sa première phase, celle de la critique du système parlementaire.

Comme nous l'avons vu, Carl Schmitt et Heinrich Triepel se retrouvaient sur de nombreux points mais se différenciaient quant à leurs trajectoires personnelles et leurs propositions. En effet, Heinrich Triepel visait finalement un parlementarisme modéré,

---

[114] Il est fait état du dialogue dans F. Sosa Wagner, *Maestros alemanes de Derecho público*, *op. cit.*, p. 528.

avec des éléments et des dispositifs qui, partiellement ou à certaines occasions, auraient pu le neutraliser tandis que Carl Schmitt ne trouvait aucun espace approprié pour le Parlement dans son modèle décisionniste et dictatorial de démocratie par acclamation.

Un autre apport critique d'intérêt, bien qu'il ait un ton scientifique moindre (il venait d'une publication politique partisane)[115], nous est donné par un article d'Otto Kirchheimer sur la transformation du sens du parlementarisme[116]. Otto Kirchheimer obtint un doctorat avec Carl Schmitt la même année que la parution de l'article de ce dernier, en 1928. Il connaissait ainsi bien l'étude critique de Carl Schmitt sur le parlementarisme dont il fit un large usage. Otto Kirchheimer reprit la critique schmittienne du parlementarisme bourgeois et la nécessité de distinguer parlementarisme et démocratie[117], avant d'adopter une orientation marxiste et de proposer une nouvelle signification du parlementarisme inscrite dans la dynamique de la lutte des classes[118]. Il s'agit de l'une des premières manifestations de la polyvalence de la pensée de Schmitt ; surtout de sa critique de l'État bourgeois libéral qui a été utilisée autant par les mouvements fascistes que par la gauche la plus radicale, même le courant maoïste dans les années 1970.

---

[115] « Feuilles de la jeunesse socialiste », *Jungsozialistiche Blätter* VII, octobre 1928, pp. 305-308.

[116] O. Kircheimer, « Bedeutungswandel des Parlamentarismus » ; publié dans sa compilation : *Von der Weimarer Republik zum Faschismus: Die Auflösung der demokratischen Rechtsordnung*, Frankfurt am Main, Suhrkamp, 1976, pp. 58 et s.

[117] *Ibidem*, p. 60.

[118] Son militantisme socialiste d'inspiration marxiste et son origine juive sont deux caractéristiques de son identité qui ont sérieusement mis en danger la vie d'Otto Kirchheimer. Il a dû émigrer très jeune aux États-Unis sans avoir obtenu de poste d'enseignant dans une université allemande. À New York, il a travaillé dans des organismes publics et, en 1955, il obtint un poste de professeur de sciences politiques à la New School of Social Research. Puis, en 1962, il rejoint l'Université Columbia en tant que professeur de droit public. Enfin, ka proposition tardive d'un poste en Allemagne, à l'Université de Fribourg, n'a pas se concrétiser, Kirchheimer étant décédé en 1965 à l'âge de soixante ans. Voir le portrait qu'en fait J. Perels dans l'ouvrage collectif *Streitbare Juristen: Eine andere Tradition*, Baden-Baden, Nomos, 1988, pp. 401 et s.

Revenant au contexte de la République de Weimar, nous pouvons relever que les critiques du parlementarisme venant de professeurs de droit public trouvèrent une confirmation dans les analyses politiques et sociologiques les plus autorisées, comme celle de Max Weber. Dans son livre *Œuvres politiques*, Max Weber souligna la perte dans la vie politique de la discussion et du débat d'idées et d'arguments « qui avaient été auparavant établis par les idéologues, diffusés dans la presse et lors de rassemblements ouverts »[119]. Il constata également la mise à l'écart progressive, voire l'abandon, de l'élite intellectuelle tandis que « l'appareil des partis prend de l'importance et, corrélativement, décroît celle des notables »[120]. Transposé à la scène parlementaire, cela signifie que « l'ample masse des députés agit seulement comme des partisans du leader »[121].

Le lien des nouveaux partis politiques avec l'émergence d'une société de masse fut aussi relevé par Max Weber qui put ainsi affirmer que « la propagande de masse moderne fait de la rationalisation du fonctionnement du parti la base de succès électoraux : fonctionnaires du parti, discipline de parti, trésorerie et presse du parti, propagande du parti »[122]. Dans la même lignée, il put noter une tendance qui au cours du temps n'a fait que se confirmer : « le fonctionnaire de parti passe au premier plan comme l'élément dynamique de la tactique de parti. Et avec lui, la collecte de fonds. En cas de difficultés financières il est nécessaire de compter avec des mécènes, outre les contributions régulières qui, en raison de leur nature propre, remplissent un rôle relativement plus important dans les organisations de masse basées sur les classes »[123]. Jouant le visionnaire — ses pronostics n'ont cependant pas toujours été vérifiés — Max Weber perçut avec beaucoup d'avance le problème — de manière surprenante et significative non encore résolu aujourd'hui, ni même soulevé de manière sérieuse — du financement des partis.

Il est, en effet, à noter que les textes de Max Weber qui composent ses *Œuvres politiques* ont été écrits entre 1895 et

---

[119] M. Weber, *Œuvres politiques (1895-1919)*, Paris, Albin Michel, 2004.
[120] *Ibidem*, p. 195.
[121] *Ibid.*, p. 139.
[122] *Ibid.*, p. 194.
[123] *Ibid.*, p. 196.

1918, soit avant la Constitution de Weimar et les premières expériences de son activité parlementaire que Max Weber n'arrivera pas à voir puisqu'il disparut en juin 1920 à Munich. Mais cela n'empêcha pas son constat de l'existence dans la communauté universitaire — chez les mandarins — d'une aversion généralisée quant à l'évolution du parlementarisme qui était l'expression de leur dédain envers la société de masse dans laquelle il s'insérait. Ainsi, Max Weber se référait aux « professeurs universitaires et non universitaires qui, en ce qui concerne leurs sentiments, étaient attachés à des souvenirs de l'ère de Bismarck »[124].

Généralement, les professeurs de droit public ne voyaient effectivement pas d'un très bon œil l'implantation d'un parlementarisme fort et décisionnel auquel cependant, pour des raisons purement tactiques et de nécessité, ils « ont dû s'accrocher » comme le reconnut Erich Kaufmann. Les publications orientées vers une critique ouverte du système parlementaire étaient, il est vrai, peu nombreuses sous Weimar : comme on l'a vu, essentiellement celles de Carl Schmitt et Heinrich Triepel ou, de manière moins développée, l'article d'Otto Kirchheimer.

Pour autant, la critique du parlementarisme se retrouva, à la même époque et également dans le milieu universitaire allemand, nuancée par d'autres auteurs renommés. Trois d'entre eux méritent d'être relevés en les présentant dans l'ordre chronologique de leurs contributions : Richard Thoma, Hans Kelsen et Gerhard Leibholz.

Richard Thoma, qui fut professeur à Heidelberg, incarnait à la perfection l'esprit élitiste et aristocratique de la communauté universitaire allemande qui assista avec un écœurement manifeste à l'accès des masses aux institutions politiques, en particulier les institutions parlementaires qui s'étaient auparavant trouvées sous la domination d'une aristocratie de notables dans laquelle les mandarins étaient largement représentés[125].

---

[124] M. Weber, « Parlamento y Gobierno en una Alemania reorganizada », *op. cit.*, p. 198.

[125] Francisco Sosa Wagner décrit Thoma comme « un esprit fin et aristocratique, qui a toujours eu peur à ce qu'il appelait "le piétinement du patriciat par la plèbe". C'est pourquoi, surtout au début des années républicaines, il s'est montré

Néanmoins, malgré l'aversion que lui inspira le parlementarisme des deux premières étapes de la République de Weimar, Richard Thoma se rendit compte qu'au sein du Parlement, les partis politiques remplissaient une fonction importante, car ils mettaient en contact les classes sociales et minoraient leurs tensions, ce qui pouvait permettre d'arriver à une pacification ou « domestication » des masses. Richard Thoma exposa notamment ces idées dans une étude critique[126] de l'analyse de Carl Schmitt sur le parlementarisme dont nous avons précédemment rendu compte[127], en concluant que le parlementarisme n'était en aucune manière dépassé et disposait d'une marge d'adaptation à la démocratie de masse ; à la différence de Carl Schmitt qui rattachait l'institution parlementaire au libéralisme qu'il considérait comme fini en envisageant des modèles décisionnistes de démocratie par acclamation.

Hans Kelsen prit une posture clairement favorable à la démocratie parlementaire en 1925 dans son étude intitulée *Das Problem des Parlamentarismus* et surtout dans son ouvrage sur la démocratie qui a été largement diffusé[128].

Hans Kelsen envisageait les partis comme des organes de formation de la volonté étatique et considérait la position ainsi que les fonctions du Parlement, pensé en tant qu'espace au sein

---

très dissident à l'égard du parlementarisme », *Maestros alemanes..., op. cit.*, p. 497.

[126] Publiée dans *Archiv für Sozialwissenschaften und Sozialpolitik*, n° 53, 1925.

[127] C. Schmitt, *Die geistesgeschichtliche Lage des heutigen Parlamentarismus*, *op. cit.* La seconde et dernière édition de cet ouvrage, en 1926, apporte comme principale nouveauté une réponse à la critique de Thoma. Dans cette même note, il annonce la publication imminente d'un livre qui inclura dans ses textes la controverse entre Carl Schmitt et Richard Thoma. Ce livre, qui n'était pas encore disponible à l'époque, vient d'être publié dans la collection « Clásicos del Pensamiento », dirigée avec succès par le professeur Eloy García dans la maison d'édition Tecnos : C. Schmitt, *Los fundamentos histórico-espirituales del parlamentarismo en su situación actual y la polémica con Thoma sobre el significado de la democracia*. Avec une étude préliminaire de Manuel Aragón, une étude de contextualisation d'Ellen Kennedy et une traduction des nouveaux textes incorporés à cette édition confiée à Pedro Madrigal, Madrid, 2018. La traduction du commentaire critique de Thoma cité dans la précédente note figure aux pages 103 et s. de cet ouvrage.

[128] H. Kelsen, *La démocratie. Sa nature, sa valeur.* Paris, Dalloz, 2e éd., 2004.

duquel des compromis peuvent être trouvés entre différents intérêts, comme indispensables. Il était pour lui impossible dans la société de masse d'organiser un système démocratique qui ne tournerait pas autour de l'activité parlementaire[129].

Pour sa part, Gerhard Leibholz publia en 1929 son travail d'habilitation pour accéder à une chaire universitaire sur le thème de l'essence de la représentation et du système représentatif[130]. Gerhard Leibholz rejoignait pour l'essentiel Carl Schmitt s'agissant de son analyse du parlementarisme du XIXe siècle qu'il rattachait au système libéral alors dominant, caractérisé par l'autonomie des députés titulaires d'un mandat non-impératif qui leur accordait une grande liberté dans le cadre des débats et des votes. Les conditions étaient alors réunies pour que le Parlement soit une chambre de notables avec ses propres critères comme une bonne formation et des aptitudes pour le débat. Ce modèle parlementaire se transforma avec la démocratie de masse dont les notables n'étaient plus participants et agents ; les grands partis s'étant substitués à eux avec leur organisation bureaucratique et leur forte discipline interne. Cependant, Gerhard Leibholz ne critiquait pas, comme Carl Schmitt le fit, ce nouveau modèle de parlementarisme et reconnut les partis politiques comme des mandataires et des porte-voix de la volonté populaire.

4. LA CRITIQUE DU POSITIVISME LÉGALISTE

La critique du Parlement, sans surprise, se dirigea contre sa principale production : la loi. L'époque était propice à cette position étant donné que depuis le début du XXe siècle, un très large et fort courant anti-positiviste circulait à travers l'Europe ; un mouvement qui naquit avec la crise ou révolution intellectuelle qui toucha le continent européen à la fin du XIXe siècle, lorsque la philosophie et les sciences empiriques

---

129 On peut noter qu'est particulièrement intéressant sur ce sujet ainsi que sur d'autres fronts de débat et de controverse entre ces deux auteurs le récent livre de J. de Miguel Bàrcena et J. Tajadura Tejada, *Kelsen versus Schmitt. Politica y Derecho en la crisis del constitucionalismo*, Madrid, 2018.

130 G. Leibholz, *Das Wesen der Repräsentation unter besonderer Berücksichtigung der Repräsentativsystems* (1929), Berlin, Walter de Gruyter, 2019.

questionnèrent les fondements rationalistes et positivistes jusqu'alors dominants. Les noms, entre autres, de Friedrich Nietzsche, Henri Bergson, Sigmund Freud, ou encore Émile Durkheim, que nous avons déjà mentionnés, se rattachaient à cette nouvelle orientation critique qui laissa une empreinte dans la science du droit, sans compter, comme nous le verrons, l'influence personnelle de ces auteurs.

En France, l'anti-positivisme compta dans ses rangs des juristes éminents : Maurice Hauriou, Léon Duguit, Léon Michoud, François Gény. En Allemagne, la majeure partie des juristes de l'époque de Weimar adoptèrent cette posture, bien qu'avec des orientations politiques divergentes : Herman Heller, Rudolf Smend, Erich Kaufmann, Carl Schmitt, Heinrich Triepel, pour ne citer que quelques noms. En Italie, en firent de même Santi Romano, Gaetano Mosca, ou encore Vittorio Emanuele Orlando. En Espagne, Giner de los Ríos, Adolfo Posada et Gumersindo Azcárate s'orientèrent clairement vers une analyse sociologique du droit.

Il convient de préciser que le positivisme mis en question était le positivisme légaliste, dominant au XIXe siècle, caractérisé par une conception formelle du droit considérant ce dernier comme une pure expression de la loi, détaché de toute considération philosophique, historique ou sociologique[131]. Ce positivisme légaliste a été complétement contesté durant la période de l'entre-deux-guerres par la grande majorité des auteurs que nous examinons ici, qui se distinguèrent, comme nous l'avons amplement constaté, par l'incorporation dans leur pensée et leur conception du droit des contributions de la philosophie et plus singulièrement de nouvelles sciences alors émergentes comme la sociologie ou la psychologie.

Seuls certains auteurs ont gardé la prétention d'un système juridique dénué de toutes interférences sociologiques, idéologiques, ou pouvant dériver d'un droit naturel, comme cela fut le cas, de manière notable et significative, d'Hans Kelsen.

Cette posture anti-positiviste, était en accord avec l'époque et l'environnement, caractérisés par une forte composante

---

[131] E. W. Böckenförde, *Gesetz und gesetzgebende Gewalt*, 2e éd., Berlin, Duncker & Humblot, 1981, pp. 213 et s.

philosophique et politique. La critique ou dépassement du positivisme légaliste fut le fait de plusieurs auteurs qui se sont appuyés sur des disciplines auxquelles on reconnaît une rigueur scientifique, donc également rattachables au courant positiviste, Cependant, il s'agit d'autres types de positivisme, tel le positivisme sociologique de Maurice Hauriou. Nous nous concentrerons ici sur la critique du positivisme légaliste qui se centra sur la loi entendue comme une expression de la volonté générale matérialisée à travers l'action du Parlement.

En tout état de cause, il ne peut en aucune manière être établi une association nette entre l'anti-positivisme légaliste et l'antiparlementarisme. Il existe une pensée anti-positiviste qui n'a aucune matrice antiparlementaire, cela s'observe chez un certain nombre de privatistes.

Cependant, il est aussi certain que la pensée antiparlementaire a alimenté le courant anti-positiviste et sa critique du légalisme. L'environnement anti-positiviste de l'époque favorisa certainement la mise en cause de la loi (entendue comme l'émanation d'une volonté exprimée à travers des représentants) par diverses lignes de pensée antiparlementaire.

A. La critique de la loi entendue en tant qu'expression de la raison et manifestation de la souveraineté

La critique du parlementarisme à l'époque de l'entre-deux-guerres dénonçait la manière dont, avec l'avènement de la démocratie de masse, le Parlement avait cessé d'être centré sur la discussion, et par conséquent la recherche de la raison, pour devenir un lieu de défense et de négociation des intérêts de partis. Disparaissait ainsi la caractéristique rousseauiste de la loi (conçue en tant que manifestation de la raison humaine) tandis que de nouvelles conceptions accordant une autre portée à celle-ci étaient élaborées.

En France, on assista à l'élaboration de projets radicaux d'élimination de concepts du droit public — mais également du droit privé — pour les remplacer par d'autres plus en accord avec l'époque et de nouvelles idées. Les deux publicistes français alors les plus importants se sont engagés dans cette entreprise : Léon Duguit, avec une approche très novatrice, et Maurice Hauriou, qui combina les concepts traditionnels avec de nouvelles et suggestives propositions.

L'œuvre de Léon Duguit fut totalement engagée dans la construction d'un ordre nouveau rejetant les principaux concepts d'alors. Il qualifia certains d'entre eux de métaphysiques : la loi en tant qu'énoncé rigoureusement rationnel ; la notion de souveraineté nationale ; le concept de loi lié à cette dernière ; les théories de la légitimité *a priori* — dans le passé de nature dynastique et liée à la monarchie, puis issue de la victoire à une bataille électorale —. Les explications des prérogatives des gouvernants furent aussi considérées comme métaphysiques par Léon Duguit qui prétendait leur substituer de nouvelles notions correspondant davantage à la réalité sociale d'alors : la règle sociale comme alternative à la loi ; la notion de service public et la solidarité comme alternatives à la souveraineté nationale ; la légitimité du pouvoir *a posteriori* à travers la prestation de services publics en tant que réponse à la légitimité *a priori*, qu'elle soit monarchique ou démocratique ; les obligations des gouvernants comme une nuance à leurs importantes prérogatives.

Léon Duguit questionnait avant tout le système hérité des Lumières en visant à le remplacer par un autre ; la critique du concept de loi qui occupait une position centrale dans celui-ci était inéluctable. La loi, en effet, était considérée comme la manifestation par excellence de la souveraineté. En ce sens, comme l'écrivit Rousseau à plusieurs reprises, la loi était entendue comme l'expression de la volonté générale. Cependant, pour Léon Duguit, qui invoquait fréquemment « les progrès de l'esprit critique » de son époque, il s'agissait d'une conception métaphysique étant donné que selon lui la loi est simplement l'expression de la volonté individuelle des individus qui la font : les fonctionnaires des ministères et les députés du Parlement. Le reste, selon Léon Duguit, n'est rien de plus qu'une fiction.

À l'appui de sa critique de la loi positive émanant du Parlement, Léon Duguit se prévalut des contributions et concepts de deux sciences alors innovantes et très dynamiques : la sociologie et la psychologie. La sociologie, surtout à partir des travaux de son collègue à l'Université de Bordeaux, Émile Durkheim, le conduisit à envisager le fait social comme la source de la production des normes et des règles de conduite qui doivent s'ajuster à celui-ci.

L'élément psychologique lui apparut aussi comme générateur de normes. Ainsi, il affirma, par exemple, qu'il est évident que les règles qui interdisent les homicides, les pillages, les incendies ou les violences, quelles qu'elles soient, existent en tant que règles de droit avant d'être formulées en lois positives. En ce sens, il expliqua : « La conscience humaine perçoit facilement le caractère obligatoire d'une telle règle et ne voit pas en elle l'obligation transcendante correspondant à un devoir métaphysique, sinon une nécessité sociale qui s'impose à tous les hommes qui vivent en société »[132]. Il ne s'agit pas d'un simple et pieux appel à la conscience dans la mesure où il affirma à plusieurs reprises que le droit est avant tout une « création psychologique de la société, déterminée par les nécessités d'ordre matériel, intellectuel et moral »[133].

Bien que ces critiques de l'ordre juridique et ses propositions alternatives n'aient pas exercé une grande influence, à la différence de sa théorie du service public, les éclairs visionnaires de Léon Duguit perçurent des évolutions qui se sont confirmées très récemment. Ainsi, lorsqu'il prédisait que « dans un avenir peut-être pas si lointain, les gouvernants feront de moins en moins de lois, parce que les relations des individus et des groupes seront régies, surtout, à travers des règlements conventionnels, c'est-à-dire à travers des règlements qui résultent d'une entente entre deux ou plusieurs groupes, les gouvernants ne devant intervenir sauf pour leur affliger une sanction, en contrôlant et inspectant »[134]. Léon Duguit avait déjà perçu la force expansive de l'autorégulation dans les sociétés post-industrielles complexes, plus précisément celle qui est connue sous le nom d'autorégulation régulée, avec une intervention des pouvoirs publics pour garantir les normes conventionnelles d'origine privée.

La critique de Maurice Hauriou avait de claires connotations jusnaturalistes, ouvertement contraires au positivisme légaliste,

---

[132] L. Duguit, *Les transformations du droit public* (1913), *op. cit.*, p. 47.
[133] *Ibidem*, p. 25.
[134] *Ibid.*, p. 280.

selon lesquelles le droit, les normes, sont antérieures à la loi qui doit ainsi accueillir et refléter une réalité préexistante. Il s'agit d'une conception initiée par la philosophie médiévale qui se reconstituait à cette époque (la récupération de la pensée de Thomas d'Aquin par Maurice Hauriou et même Léon Duguit en fut une manifestation) avec de nouveaux éléments, certains apportés par les sciences qui émergeaient alors. Vittorio Emanuele Orlando affirmait ainsi la présence au sein du peuple d'un « droit primitif » que le législateur doit découvrir et non créer, depuis le Parlement. La même idée est présente dans la théorie de l'institution de Maurice Hauriou. Vittorio Emanuele Orlando partagea cette conviction durant l'avant-dernière décennie du XIXe siècle ; Maurice Hauriou durant la période de l'entre-deux-guerres au XXe siècle. Entre ces deux moments, les sciences de l'esprit - la psychiatrie et la psychologie sociale - ont ouvert de nouveaux panoramas. C'est ainsi que Maurice Hauriou a pu se référer au subconscient, collectif pour y rechercher l'institution qui génère la norme. Vittorio Emanuele Orlando, quelques décennies auparavant, ne put se référer à ce concept bien qu'il regardât dans la même direction que Maurice Hauriou. En tout état de cause, la théorie de l'institution, même si elle eut un aspect critique indéniable, fut davantage une contribution constructive – et très influente – qu'une véritable critique. Elle sera analysée en détail dans le prochain chapitre.

B. La critique du caractère général et intangible de la loi. La revendication de son caractère subordonné à la Constitution

À la différence de ce que l'on peut relever dans les critiques et théories des plus éminents publicistes français, il n'existait pas en Allemagne de critique frontale de la loi ayant pour objet de la remplacer par de nouvelles notions et expressions de contenu normatif comme ont pu l'être la règle sociale de Léon Duguit ou l'institution de Maurice Hauriou qui aura un retentissement important en Allemagne mais sur un autre front ; celui de la conception objective des droits fondamentaux et des garanties institutionnelles. Dans la sphère germanique, durant la période de l'entre-deux-guerres, il s'est également développé une critique très sévère à l'encontre de la loi qui avait souvent un caractère antiparlementaire. Toutefois, cette critique n'aspirait pas à éliminer la loi mais à la redimensionner et la contrebalancer. Les publicistes allemands ont à cet égard fondamentalement suivi deux voies : la première les a conduits à une tâche de dissection, de délimitation, de différenciation et de classification de la loi en tenant compte de divers éléments ; l'autre voie les a menés à resituer la loi dans sa relation avec d'autres pouvoirs et instances, surtout avec la Constitution et les tribunaux. Le contrôle judiciaire des lois était alors le point vers lequel convergeaient tous les regards face à la dissolution matérielle de la République et de ses libertés les plus élémentaires.

La première ligne de critique mentionnée, celle qui visait à distinguer diverses manifestations normatives ayant une origine et un objet différents, était profondément enracinée en Allemagne comme cela a notamment été mis en évidence dans le livre d'E. W. Böckenförde sur la loi et le pouvoir législatif[135] qui est un voyage à travers une histoire pleine de distinctions. Parmi celles qui arrivèrent jusqu'à la période de Weimar, la plus connue est certainement la distinction entre loi formelle et loi matérielle. Cependant, ces catégories, créées par Paul Laband, n'étaient déjà plus généralement admises sous Weimar et se sont retrouvées qualifiées de positivistes par une partie importante de la doctrine au sein de laquelle se distingua Hermann Heller, notamment lorsqu'il prononça son fameux discours dans le cadre de l'Association des professeurs allemands de droit public lors de sa session de 1927 organisée à Munich. Il y traita précisément du concept de loi dans la Constitution de Weimar[136].

L'autre ligne critique, visant à resituer la position de la loi, prétendait la placer en-dessous de la Constitution pour l'y soumettre. Ce courant conduisit inexorablement à la question du contrôle judiciaire de la constitutionnalité des lois, comme cela a effectivement été le cas sous Weimar[137]. En réalité, cette question

---

[135] E. W. Böckenförde, *Gesetz und Gesetzgebende Gewalt*, *op. cit.*

[136] H. Heller, "Der Begriff des Gesetzes in der Reichsverfassung", in *Veröffentlichungen der Vereinigung der Deutschen Staatsrechtlehrer,* Berlin, Walter de Gruyter, 1928.

[137] Selon l'opinion personnelle de P. Cruz Villalón, « la question du contrôle judiciaire n'était rien de moins que la question doctrinale par excellence durant

s'était déjà manifestée à l'égard de la Constitution de 1871 et la doctrine acceptait alors de manière pratiquement unanime la théorie selon laquelle la promulgation de la loi de la part du président du Reich lui octroyait une présomption de constitutionnalité *iuris et de iure* ; une théorie que Gerhard Anschütz pensait parfaitement applicable au régime constitutionnel instauré sous Weimar dans lequel le président de la République disposait d'un pouvoir similaire de promulgation des lois. Comme l'affirma cet auteur avec une formule devenue célèbre : « la Constitution ne se trouve pas au-dessus du législateur, sinon à la disposition de celui-ci ». Cette posture s'est finalement avérée incapable de contenir les excès et les attaques du législateur contre l'ordre constitutionnel. C'est ainsi que Francisco Sosa Wagner a pu faire remarquer, avec une certaine ironie, qu'il est étonnant qu'en 1933, lorsque Gerhard Anschütz publia la quatorzième édition de son traité et commentaire sur la Constitution de Weimar[138], « il n'ait pas fait la moindre observation sur l'illégalité de la loi de mars qui avait livré l'État à Hitler »[139].

Les critiques à l'encontre de la thèse qui place sur un pied d'égalité la loi et la Constitution provenaient essentiellement d'Heinrich Triepel qui fut considéré comme l'un des défenseurs les plus illustres d'un contrôle judiciaire de constitutionnalité des lois en affirmant à ce sujet que « la majorité de nos politiciens et juristes n'ont pas encore suffisamment remarqué que des institutions qui pouvaient être supportables sous la monarchie constitutionnelle peuvent simplement être insupportables sous la république parlementaire »[140]. La position d'Heinrich Triepel avait ainsi une claire matrice antiparlementaire ou, plus précisément, opposée à l'absolutisme parlementaire qu'il critiquait de manière très sévère. Cependant, ne pouvant lui opposer le contrepoids de la monarchie constitutionnelle dont il était nostalgique, il proposait le contrôle de constitutionnalité en

---

la République de Weimar », *La formación del sistema europeo de control de constitucionalidad (1918-1939)*, Madrid, CEC, 1987, p. 92.

[138] G. Anschütz, *Die Verfassung des Deutschen Reiches*, Berlin, Scientia Verlag, 14e éd., 1934.

[139] F. Sosa Wagner, *Maestros alemanes...*, *op. cit.*, p. 554.

[140] P. Cruz Villalón, *La formación del sistema europeo...*, *op. cit.*, p. 94.

tant que mécanisme limitant et évitant les possibles excès du pouvoir du législateur parlementaire. Comme nous l'avons déjà signalé, la pensée d'Heinrich Triepel disposa, également à ce sujet, d'un puissant circuit de transmission à travers ses disciples : Erich Kaufmann et Gerhard Leibholz manifestement très actifs dans l'Allemagne de l'après-guerre sous l'empire de la Loi fondamentale de Bonn. Sur le contrôle de la constitutionnalité des lois, l'influence d'Heinrich Triepel se diffusa surtout à travers Gerhard Leibholz : tout d'abord sous Weimar, lorsqu'il publia l'ouvrage sur l'égalité devant la loi[141] ayant pour origine sa thèse doctorale dirigée par Heinrich Triepel dans laquelle il défendait le contrôle judiciaire des lois afin d'éviter l'arbitraire du législateur ; puis, lorsqu'en 1951, après un difficile exil pour sauver sa vie, il accepta la proposition qui lui avait été faite de faire partie du Tribunal constitutionnel fédéral qui débutait ses travaux à l'époque et dont la première jurisprudence a laissé une forte empreinte juridique. Mais il s'agit ici de la question des contributions et réalisations que nous traiterons plus avant ; revenons à celle des critiques qui nous occupe à présent.

La critique la plus efficace du pouvoir illimité de la loi est celle qu'offrit l'expérience même de la République de Weimar dans laquelle, à travers plusieurs lois, l'ordre constitutionnel se retrouva matériellement démantelé. La loi qui le fit complètement tomber fut celle dite des pleins pouvoirs (*Ermächtigungsgesetz*) de mars 1933. L'un des éléments les plus importants de la Constitution de 1919 est la reconnaissance de droits fondamentaux avec un contenu très développé. Cependant, ceux-ci ont d'abord été laissés sans protection, puis sauvagement mis à mal par un régime criminel auquel la loi précitée a donné naissance. Cette expérience traumatique motiva deux principales propositions qui se sont rapidement matérialisées après la fin de la Seconde guerre mondiale : la sujétion des lois à un contrôle judiciaire de constitutionnalité et l'affirmation des droits fondamentaux en tant que limite infranchissable par le législateur qui, en outre, doit développer les mandats découlant de la

[141] G. Leibholz, *Die Gleichheit vor dem Gesetz* (1925), 2e éd., München-Berlin, Liebmann, 1959.

dimension objective ou institutionnelle des droits reconnus comme fondamentaux dans la Constitution.

La critique de l'intangibilité de la loi, de sa position à la marge de tout contrôle, était plus ancienne en France qu'en Allemagne, comme le fut également la critique du « parlementarisme absolu », évoquée notamment par Carré de Malberg, qui s'installa sous la Troisième République, surtout à partir de 1879.

Ce courant critique fut initialement impulsé en France par les administrativistes. Mentionnons, tout d'abord, un article de Gaston Jèze datant de la fin du XIXe siècle dans lequel il postula un contrôle judiciaire des lois par voie d'exception[142].

À l'aube de ce nouveau siècle, la question se posa en termes politiques au regard de la législation anti-religieuse de la gauche républicaine — avec laquelle elle prétendait camoufler son manque de politique sociale — qui a pu être considérée comme attentatoire à des droits et libertés supérieurs. Un autre cas intéressant, avec de surprenantes répercussions, fut celui de la loi roumaine du 18 décembre de 1911 sur la « Société municipale des tramways de Bucarest » par laquelle les actions de cette société, qui était sous propriété privée, avaient été expropriées ; un cas aujourd'hui qualifié d'expropriation législative. L'opinion des professeurs Gaston Jèze et Henry Berthélemy fut alors sollicitée. Ceux-ci notèrent une inconstitutionnalité manifeste qui devait être déclarée par le tribunal compétent, comme le fit effectivement le Tribunal Ilfov dans son arrêt en date du 2 février 1912. Le cas reçut un grand écho au sein de la communauté universitaire française : la *Revue du Droit Public* et le *Recueil Sirey* lui accordèrent une grande attention et sept professeurs de la Faculté de droit de Paris se déclarèrent en faveur des thèses de leurs deux collègues.

La controverse critique à l'égard de la primauté de la loi, qui empêche un quelconque type de contrôle judiciaire, s'est aussi manifestée devant l'opinion publique à l'occasion de l'*affaire* Ratier en 1925. En l'espèce, Antony Ratier, un haut fonctionnaire devenu vice-président du Sénat, se retrouva soumis à une procédure correctionnelle au motif d'avoir refusé de témoigner

---

[142] G. Jèze, « Du contrôle des délibérations des assemblés délibérantes », *Revue générale d'administration*, 1895, II.

devant une commission parlementaire à propos d'un scandale de financement de partis politiques. Sa défense fit valoir que la loi qui accordait à la commission parlementaire des facultés de nature judiciaire portait atteinte à la Constitution et au principe de séparation des pouvoirs. Le débat que cette affaire provoqua dans l'opinion publique convainquit le quotidien *Le Temps* de réaliser une enquête afin de connaître à ce sujet la position de cinq professeurs renommés de droit public : Berthélemy, Duguit, Mestre, Rolland et Hauriou. Les cinq se déclarèrent en faveur d'un contrôle judiciaire des lois en se montrant très critiques à l'égard de la notion de primauté absolue de la loi d'inspiration rousseauiste qui rejette tout type de contrôle à son encontre ; une notion qui était pleinement en vigueur sous le régime de parlementarisme absolu de la Troisième République. À cette époque, Henry Berthélemy donna une conférence à l'Académie des sciences morales et politiques sur « Le contrôle judiciaire de la constitutionalité des lois ».

Ainsi se forgea en France un courant critique à l'encontre de la position supérieure de la loi. La raison d'être et l'élaboration d'un système de contrôle judiciaire figurent dans les contributions de la pensée critique du parlementarisme étudiées dans le chapitre suivant.

CHAPITRE V

LES CONTRIBUTIONS

1. LES PROFESSEURS GAGNENT EN IMPORTANCE. LES AXES DE LEURS PROPOSITIONS

La pensée antiparlementaire n'est pas restée figée dans une critique brillante mais en fin de compte stérile. Elle donna, en effet, naissance à des idées et des théories qui ont fini par se concrétiser dans des conceptions et des dispositifs pleinement opérationnels à l'heure actuelle. Cela est certainement son aspect le plus intéressant ; un élément qui lui a concédé une incontestable force. En réalité, un nouveau droit public s'est configuré sous son empreinte, avec une redéfinition complète de nombre de ses concepts qui s'est accompagnée d'une recomposition en profondeur des relations entre pouvoirs ainsi que des relations de ceux-ci avec la société et les citoyens.

Durant la période de l'entre-deux-guerres, les projets politiques et constitutionnels qui trouvèrent leur origine dans les idées des Lumières se sont pleinement réalisés dans une grande partie des pays d'Europe. Cela fut le résultat d'un processus qui s'est développé tout au long du XIXe siècle, marqué par une confrontation entre de nouvelles idées à caractère démocratique et les monarchies ainsi que les régimes césaristes, tel celui de Napoléon III, qui prétendaient les imiter et recomposer leurs principes. Au XXe siècle, le programme démocratique s'est imposé dans toute sa radicalité avec la reconnaissance du suffrage universel et de la primauté absolue du Parlement, sans aucun contrepoids important. Cette configuration est particulièrement visible durant la période qui courra entre les deux grandes guerres, caractérisée par la chute de la monarchie en Allemagne, en Espagne, un peu auparavant au Portugal et à sa marginalisation effective en Italie. De façon significative, c'est surtout durant cette période que la critique antiparlementaire s'est manifestée, bien qu'elle ait déjà eu d'importants précédents sachant qu'elle visait au fond les principaux postulats politiques et juridiques conçus par les Lumières.

Le programme politique et institutionnel des Lumières fut ainsi pour la première fois soumis à une sévère et judicieuse critique. Jusqu'alors — à l'exception de la période post-Révolution française avec des penseurs célèbres tels qu'Edmund Burke, Joseph de Maistre, ou encore Alexis de Tocqueville — elle n'avait pas fait l'objet d'une rigueur suffisante. Il y eut, bien sûr, une opposition à ces nouvelles idées au XIXe siècle mais ce fut une contestation simplement réactionnaire de groupes très attachés à l'Ancien régime et à la monarchie et qui ne revendiquaient rien de moins que la restauration du système antérieur. Edmund Burke et Joseph de Maistre partageaient en grande partie cette position.

La critique à laquelle nous prêtons attention — qui se développa à un moment historique dont l'épicentre est la période de l'entre-deux-guerres — n'est absolument pas réactionnaire ; elle n'est pas enveloppée de nostalgie ni n'aspire à la restauration de l'ordre antérieur. Il s'agit d'une critique à laquelle participèrent, comme nous avons déjà pu le constater, les meilleures têtes pensantes du droit public d'Europe continentale qui, à partir d'une position intellectuelle privilégiée, avertirent très clairement qu'il n'était pas possible de faire machine arrière, notamment parce que la société avait complètement changé ; le trait le plus remarquable de son évolution étant sa transformation en une société de masse. Il s'agissait, par conséquent, d'une critique qui regardait vers l'avenir en proposant de nouveaux concepts, dispositifs et structures en vue de construire un nouvel édifice, un nouveau système de droit public ; celui avec lequel nous vivons encore aujourd'hui.

Durant la seconde moitié du XIXe siècle, ce sont surtout des politiciens, parlementaires, juristes praticiens, magistrats ou hauts fonctionnaires, comme l'étaient les membres du Conseil d'État, qui contestèrent les principes de l'ordre qui s'était instauré après la Révolution française. Cependant, ils le firent sans argumentation particulière et sans fondement critique, généralement à partir d'une simple revendication restauratrice de l'ordre antérieur. Il faudra attendre le XXe siècle pour que les deux conditions qui permirent une forte critique de l'idéologie juridique et constitutionnelle des Lumières soient réunies. Premièrement, la formation sur le plan philosophique d'un courant, qui va de Nietzsche à Bergson, ouvertement opposé à celles-ci, qui s'est enrichi des contributions de nouvelles sciences comme la sociologie ou les sciences de l'esprit. Deuxièmement, l'émergence d'une génération de publicistes, de professeurs universitaires qui, exploitant ces courants scientifiques et philosophiques, développa une critique séduisante capable d'offrir des alternatives qui finirent par configurer un nouveau système. Il ne s'agissait donc pas d'une critique de juristes praticiens, elle ne venait pas non plus des bancs parlementaires ni de factions politiques — dont ces professeurs, en général, se distancièrent —, mais disposait d'une base académique et scientifique qui se fondait sur de nouveaux prémisses et concepts. Il n'y avait guère de distinction entre ce qui constituait une critique proprement dite et ce qui était un apport ou proposition de celle-ci. Nous avons, certes, employé cette distinction à des fins purement illustratives mais le lien étroit et constant entre les critiques présentées dans le précédent chapitre et les propositions analysées dans celui-ci nous semble manifeste.

La critique offerte par la pensée antiparlementaire, ses propositions mais également ses concrétisations en droit positif ont connu plusieurs étapes. Cette pensée a requis deux générations pour se consolider. Une première et très remarquable génération de publicistes, à laquelle nous nous sommes référés jusqu'à présent, a offert le meilleur de ses critiques et contributions durant la période de l'entre-deux-guerres, voire un peu avant. Puis, après la dernière guerre européenne, est apparue une seconde génération — majoritairement composée des disciples de ces professeurs — qui développa et matérialisa dans le droit positif les idées et les doctrines de la première génération. Dans le présent chapitre, au fil de l'exposé des apports et des réalisations de la pensée antiparlementaire, nous analyserons de quelle manière a émergé cette seconde génération sur laquelle nous nous arrêterons en détail, en précisant dès à présent que notre étude s'étendra jusqu'à la décennie 1970, sans préjudice de la possibilité de proposer quelques considérations ponctuelles se référant à des moments plus récents.

Nous pourrons approfondir les idées, les propositions et les contributions dogmatiques liées à la pensée antiparlementaire, qui furent nombreuses et connurent un sort très différent. Il peut à cet égard être établi une distinction très simple entre celles qui ont perduré, en laissant leur empreinte dans l'ordre juridique encore en vigueur, et les autres qui ne résistèrent pas au rythme de l'histoire ou ne firent pas la preuve d'une capacité nécessaire d'adaptation aux transformations politiques et sociales qui se sont produites. Ces dernières, celles qui n'ont pas perduré, seront traitées à la fin de ce livre.

Nous allons à présent nous pencher sur les théories, les doctrines et les contributions qui ont marqué l'ordre politique et juridique dans lequel nous vivons encore. À des fins systématiques et d'exposition, elles peuvent être synthétisées en trois grandes lignes ou orientations qui tendent vers un objectif commun : réduire la marge de disposition du Parlement et modérer ou diminuer son rôle.

Une première ligne de pensée visait le maintien, ou le retour, de l'ordre dualiste propre à la monarchie constitutionnelle. Dans le débat universitaire, qui a finalement eu une influence décisive sur le parlementarisme et l'ordre institutionnel dans lequel il s'inscrivait, la restauration de la monarchie n'a jamais été sérieusement envisagée (à la différence de ce qui était postulé par certaines positions strictement politiques[143] et partisanes) mais ont été exposées des théories qui prétendaient délimiter deux espaces d'une manière semblable au dualisme de la monarchie constitutionnelle du XIXe siècle, avec un « match nul » technique entre le principe démocratique et le principe monarchique : un espace dominé par le Parlement et un autre sous le pouvoir direct de la monarchie ou, là où elle avait disparu, du Gouvernement ou pouvoir exécutif. Il était ainsi proposé une recomposition d'un espace fermé à l'intervention et à la régulation du Parlement ; un espace qui se trouvait sous l'emprise de l'administration publique et du pouvoir exécutif. La théorie des relations spéciales de sujétion, la réserve en matière d'administration, les pouvoirs normatifs autonomes et réservés de l'Administration, ou encore la

---

143 Surtout en France, où la monarchie a disparu de tôt, au milieu du XIXe siècle, de la part des partis monarchiques, puis durant la période de l'entre-deux-guerres par Action française, la ligue monarchique et antiparlementaire menée par Charles Maurras.

théorie des normes ayant rang de loi édictées par le Gouvernement (décrets-lois) se rattachent à cette orientation.

Il existe une deuxième orientation, certainement plus innovante dans son approche puisqu'elle ne postulait pas la recomposition du dualisme du XIXe siècle tout en visant un objectif similaire : réduire la marge de régulation parlementaire. Ce faisant, elle n'a pas tant recouru à des dispositifs de limitation des espaces — certains sous l'orbite du Parlement et d'autres sous l'égide de pouvoirs différents — qu'à des procédés de sujétion du législateur parlementaire. La conception objective des droits fondamentaux, les garanties institutionnelles, les mandats constitutionnels à destination du législateur figurent parmi ces nouvelles références inscrites dans un courant de pensée qui s'est fortement développé durant la période de l'entre-deux-guerres en ayant une orientation institutionnaliste très prononcée.

Une troisième conception est venue recomposer l'architecture institutionnelle, surtout la position occupée par le Parlement au sein de celle-ci, et la loi entendue comme la principale expression de ce dernier. A été redéfini en profondeur sa relation avec l'Exécutif, particulièrement avec l'Administration publique, et affirmé le bien-fondé d'une instance de contrôle judiciaire de la constitutionnalité des lois. Cela a favorisé le développement aussi bien du droit administratif que du droit constitutionnel qui ont alors été complètement reconfigurés autour de nouveaux paradigmes.

Ces trois voies canalisèrent les principales propositions qui ont finalement été largement acceptées parce qu'elles étaient le plus en phase avec le cours de l'histoire, en laissant une forte empreinte sur l'ordre juridique et constitutionnel qui est toujours perceptible de nos jours.

En tout état de cause, les contributions qui ont fini par être retenues, et les critiques qui les ont précédées, n'ont à aucun moment proposé l'élimination de l'institution parlementaire — comme de fait le souhaitaient les positions de caractère fasciste ou dictatorial — ni même la suppression d'aucune de ses fonctions caractéristiques. En réalité, nombre des propositions ne se référaient pas à l'institution parlementaire mais à des éléments extérieurs à celle-ci qui gagnaient en densité dans le cadre d'une nouvelle corrélation de pouvoirs et hiérarchisation de valeurs : une nouvelle institutionnalité. Cela fut le cas, par exemple, de celles concernant les droits fondamentaux qui acquirent une nouvelle texture lorsque l'accent a été mis sur leur dimension objective, ce qui les a convertis en limites en même temps qu'en éléments inspirateurs de l'activité législative.

2. LA RECHERCHE DE LÉGITIMITÉS ET D'ESPACES DE RÉGULATION EN MARGE DE LA LÉGISLATION PARLEMENTAIRE

Furent en cause des propositions et argumentations doctrinales qui prétendaient justifier l'existence d'espaces dans lesquels règnerait une autre légitimité, distincte de celle de la représentativité parlementaire. En cela, ils se situeraient hors de la portée de la législation parlementaire. Ce sont des théories et doctrines qui se caractérisent par le fait d'exprimer des conceptions dualistes reflétant d'une manière ou d'une autre le dualisme caractéristique du XIXe siècle : monarchie et principe monarchique, d'une part ; Parlement et souveraineté populaire, d'autre part. Néanmoins, elles ne proposaient pas une restauration du régime du XIXe siècle mais prenaient en compte le nouveau panorama qui se dessinait dès le début du XXe siècle.

A. La doctrine des relations spéciales de pouvoirs en tant qu'espace exempt d'intervention du législateur parlementaire

La théorie qui a adopté le plus manifestement une approche dualiste fut celle qui distinguait entre relations générales et relations spéciales de sujétion ; elle peut aussi être énoncée à travers la différenciation entre relations générales et relations spéciales de pouvoir.

Il s'agit d'une construction forgée sur le dualisme de la monarchie constitutionnelle allemande au sein de laquelle deux espaces étaient distingués : l'un dominé par la législation parlementaire et l'autre placé sous le pouvoir de commandement de la monarchie et de son appareil administratif. Les juristes les plus éminents qui soutenaient un tel ordre, tels que Carl

Friedrich von Gerber ou Paul Laband, contribuèrent à la première étape d'élaboration de la théorie des relations de sujétion. Cependant, ce sera finalement Otto Mayer qui lui donnera sa formulation définitive.

En effet, il esquissa les catégories relations générales et relations spéciales de sujétion dans son traité *Le droit administratif allemand* dont la première édition allemande a été publiée à la fin du XIXe siècle, précisément en 1896. La réalité principalement envisagée par Otto Mayer et Paul Laband — dont il fut un compagnon et un ami à l'Université de Strasbourg — était celle de la bureaucratie. Il s'agissait de clarifier la situation juridique des fonctionnaires et, surtout, les pouvoirs que le Parlement pouvait détenir à leur égard. Cette question sera de nouveau exposée de manière polémique dans le cadre de la République de Weimar, marquée par de fortes tensions, et donnera naissance à des solutions innovantes, comme la garantie institutionnelle d'une bureaucratie professionnelle, qui ont perduré comme nous aurons l'occasion de le vérifier.

Cependant, à la fin du XIXe siècle, l'opinion d'Otto Mayer, qui développait des positions également adoptées par Friedrich von Gerber, Heinrich Rosin et Paul Laband, consistait à considérer que les fonctionnaires sont sujets à une relation spéciale de pouvoir. Si la relation générale de pouvoir (*allgemeine Gewaltverhältnis*) peut être caractérisée comme la situation de dépendance juridique dans laquelle se trouve n'importe quelle personne face à l'État[144], la relation spéciale de pouvoir (*besonderes Gewaltverhältnis*) comporte une dépendance renforcée qui se fonde sur la finalité de l'Administration publique à laquelle sont soumis les individus intégrés dans un cadre préalablement établi[145], comme cela est le cas bien caractéristique du fonctionnaire mais aussi du soldat. La relation spéciale de pouvoir, ce point est déterminant, est exercée directement par l'Administration publique sans qu'aucune habilitation légale de la part du Parlement ne soit nécessaire. Il

---

[144] O. Mayer, *Deutsches Verwaltungsrecht*, 3e éd. (1924) édition fac-similé, Berlin, Dunker & Humblot, 1969, vol. 1, p. 101. Otto Mayer employait encore le concept de sujet (*Untertan*), non celui de citoyen.

[145] *Ibidem*, pp. 101 et 102.

a ainsi été reconnu un pouvoir interne et autonome de l'Administration dissocié de la législation issue du Parlement.

En réalité, avec cette catégorie, il s'est agi de délimiter l'espace sujet aux normes juridiques, sujet au droit, et celui qui ne l'est pas ; une question qui avait été posée par la doctrine allemande du XIXe siècle avec une certaine intensité. Le champ dominé par les relations spéciales de pouvoir se trouve ainsi à la marge du droit : seuls les ordres et prescriptions de l'Administration (*Verwaltungsvorschriften*), auxquels se référait Otto Mayer, s'imposent dans ce cercle centré sur l'Administration.

L'acte administratif est une catégorie qui a été traitée de manière célèbre et très influente par cet auteur. Pour lui, dans les domaines sujets à une relation spéciale de pouvoir, il existe une manifestation de volonté de l'Administration qui se produit à travers l'ordre ou l'instruction (*Anweisung*) en liant le destinataire sujet de cette relation spéciale. Toutefois, cette manifestation de volonté n'est pas un acte administratif étant donné qu'il ne remplit pas les exigences procédurales et les formalités propres à ce type de procédé destinées à fixer et limiter le pouvoir de l'Administration ainsi qu'à le conditionner au respect de garanties au bénéfice des destinataires des actes.

Cette conception des relations spéciales de pouvoir fera l'objet d'un élargissement significatif par Otto Mayer dans la troisième édition de son Traité, qui est toutefois passé inaperçu dans les versions française et espagnole de cet ouvrage, établies sur la base de sa première édition[146]. Il ne s'agit pas ici d'une simple et pédante donnée d'érudition bibliographique ; il convient de mentionner la situation d'Otto Mayer lorsqu'il remit à l'imprimerie, en 1923, cette troisième édition. L'auteur avait pris sa retraite à la fin de la Première Guerre mondiale, qui eut pour

---

[146] La première édition allemande de *Deutsches Verwaltungsrecht* d'Otto mayer date de 1896. L'édition française, *Le droit administratif allemand*, Paris, Giard et Brière, de 1904. C'est cette édition française de 1904 qui a été traduite en espagnol : *Derecho Administrativo Alemán*, Ediciones, 2e ed., 4 vols., Buenos Aires, Depalma, 1982. Ainsi, les éditions française et espagnole ne contiennent pas le large développement que donna Otto Mayer au traitement des relations spéciales de sujétion dans la troisième édition allemande de son ouvrage, à l'époque de la République de Weimar, en 1924.

lui des conséquences particulièrement traumatiques. Il envisagea de se retirer à Strasbourg, ayant développé une grande partie de son activité académique dans l'université de cette ville, mais celle-ci ne se trouvait plus en Allemagne après le Traité de Versailles. Il s'installa donc à Heidelberg, une ville dont l'université lui fit une offre pour enseigner en tant que professeur émérite. Cependant, se sentant à bout de force, il finit par la décliner. Cette proposition avait été promue par son compagnon Gerhard Anschütz qui, en 1922, prononça une conférence à l'occasion de sa prise de fonction en tant que recteur (*Rektoratsrede*) de l'Université d'Heidelberg ayant pour intitulé « Trois principes inspirateurs de la Constitution de Weimar » (*Drei Leitgedanken der Weimarer Reichverfassung*) dans laquelle il se référa aux principes de cette, alors, très jeune Constitution qui coïncidaient pleinement, comme le proclama Gerhard Anschutz lui-même, avec ses firmes convictions personnelles : démocratie, libéralisme et parlementarisme. Il est très probable qu'Otto Mayer ait assisté à la conférence de son collègue et ami. Cependant, l'événement est devenu embarrassant en raison de huées et de railleries des étudiants dans leur majorité opposés aux orientations politiques caractéristiques de la République de Weimar. C'est dans ce cadre qu'Otto Mayer publia la troisième édition de son Traité qui ne contenait pas de grandes innovations au regard des précédentes bien qu'il s'était produit entre temps des transformations fondamentales comme la chute de la monarchie et la promulgation de la Constitution de 1919 par laquelle a été instaurée la République de Weimar. En effet, dans la brève introduction à cette troisième édition, il affirma que rien d'important ne s'était produit ces dernières années et écrivit sa fameuse et catégorique phrase : « Le droit constitutionnel passe, le droit administratif reste » (*Verfassungsrecht vergeht, Verwaltungsrecht besteht*). On ne sait pas si ce fut une ruse habile pour se libérer de la lourde tâche de rendre compte des innovations importantes découlant de la Constitution de Weimar ou l'expression d'un franc mépris envers les changements constitutionnels qui avaient eu lieu dans des circonstances traumatiques pour lui.

La théorie des relations spéciales de pouvoir a offert la possibilité de placer sous l'orbite de l'Administration toute une série de sujets et d'institutions en excluant l'intervention du Parlement. C'est précisément ce à quoi prétendait Otto Mayer lorsque dans la troisième édition de son Traité, publiée sous la République de Weimar, il étendit les relations spéciales de pouvoir à d'autres domaines et personnes comme les usagers des établissements publics (ce qui sera d'une grande importance lorsque s'implantera l'État social), les contribuables, ou encore les pouvoirs de contrôle et d'inspection que l'Administration détient à leur égard.

L'analyse d'Otto Mayer sur les relations spéciales de pouvoir fut bien accueillie par la grande partie de la doctrine de l'espace linguistique allemand avant et après cette troisième édition. Elle a notamment été acceptée par Richard Thoma, Fritz Fleiner, Erwin Jacobi et Walter Jellinek, parmi d'autres auteurs. Sa théorie a également été employée afin de justifier un pouvoir normatif réglementaire et autonome de l'Administration, ne requérant par conséquent pas d'habilitation juridique parlementaire. D'une certaine manière, Georg Jellinek (le père de Walter Jellinek) s'était déjà fondé sur une idée similaire dans son ouvrage *Gesetz und Verordnung*[147] (Loi et ordonnance) en vue de justifier un pouvoir normatif propre à l'Administration s'agissant de son organisation interne.

La théorie des relations spéciales de pouvoir n'a pratiquement pas été critiquée de manière frontale sous la République de Weimar. Son aspect le plus discutable était celui de la nature non-juridique de ce type de relations. Toutefois, la critique la plus ferme et juste sur ce point fut sans aucun doute celle formulée par Hermann Heller qui a pu affirmer qu'il était évident qu'une théorie du droit ayant comme objet des relations non-juridiques s'annulait d'elle-même[148].

La critique commença à s'implanter avec plus de rigueur après-guerre, dans les années 1950. Cependant, malgré cela, la catégorie des relations spéciales de pouvoir — également

---

[147] G. Jellinek, *Gesetz und Verordnung* (1887), Tübingen, Mohr Siebeck, 1964.

[148] L'affirmation d'Heller est contenue dans son exposé « Der Begriff des Gesetzes in der Reichsverfassung » présentée à la session annuelle de l'Association des professeurs allemands de droit public, qui a eu lieu à Munich en 1927. Elle a été publiée dans *Veröffentlichungen der Vereinigung der Deutschen Staatsrechtslehrer*, Berlin, Walter de Gruyter, 1966, p. 110.

qualifiées, plus récemment, de relations spéciales de sujétion — finit par être largement admise. Bien qu'elle fasse l'objet de critiques de manière récurrente, elle demeure opérationnelle de nos jours au-delà de la sphère germanique où elle a vu le jour. Nous analyserons son influence effective dans le chapitre dédié aux réalisations, toujours actuelles, de la pensée antiparlementaire.

B. La théorie de la réserve d'administration

Les conceptions dualistes, comme celle qui est latente dans la théorie des relations générales et spéciales de sujétion, ont connu diverses expressions quant à la relation entre l'Exécutif et le Parlement. Le courant antiparlementaire qui s'est développé durant la période de l'entre-deux-guerres a pris à cet égard deux orientations : l'une tendait à établir un espace propre à l'Exécutif et, par conséquent, exclu du domaine de la législation parlementaire ; l'autre prétendait justifier dans des circonstances spéciales un pouvoir normatif du Gouvernement ayant la même force et les mêmes effets que celui du Parlement et donc avec la capacité de déroger aux lois. Nous ne pouvons réaliser ici une étude détaillée de ces orientations, entre autres raisons parce que leur traitement suivant la perspective qui nous intéresse pourrait être éclipsé par le débat qu'elles suscitent actuellement. Cependant, il convient de relever certains éléments importants.

Prétendant délimiter un espace réservé à l'Exécutif, dans la même lignée que la théorie des relations spéciales de sujétion et dans une grande mesure tributaire de celle-ci, il convient de mentionner la notion de réserve d'administration (*Verwaltungsvorbehalt*) tout d'abord formulée par Erich Kaufmann[149] qui envisagea un espace exclu de l'intervention du législateur. Le sujet a été repris en Allemagne durant les années 1980[150], en Espagne dans les années 1990 et a également été

[149] Surtout dans son étude *Verwaltung und Verwaltungsrecht,* contenu dans la compilation *Gesammelte Schriften*, Tübingen, Mohr Siebeck, 1960.

[150] L'Association des professeurs allemands de droit public a traité le sujet de la réserve d'administration (*Verwaltungsvorbehalt*) en 1984, avec des exposés de Maurer et Schnapp, Voir le texte de ces présentations dans les publications de cette association (VVDStRL), Berlin, Walter de Gruyter, 1985.

abordé dans le domaine du droit européen. Bien qu'il ait été reconnu qu'il n'existe pas d'espaces fermés à la régulation du législateur parlementaire sur la base d'une supposée position propre, autonome[151], de l'Administration, il a été admis un pouvoir normatif inhérent d'organisation (auto-organisation, si l'on peut dire) sans nécessité d'habilitation parlementaire. Cette théorie a fini par imposer des limitations — et contraintes — objectives au législateur parlementaire non fondées sur la position subjective de l'Administration mais sur des catégories institutionnalistes bâties autour des droits fondamentaux et des garanties institutionnelles ; des catégories qui ont précisément été construites durant la période de l'entre-deux-guerres et qui remplissent une fonction antiparlementaire, ce pourquoi nous les traiterons plus avant. Mais arrêtons-nous auparavant sur un autre mécanisme qui se présente sur le plan de l'action normative.

C. L'état de nécessité et le pouvoir du Gouvernement de prendre des décrets-lois

Durant la période de l'entre-deux-guerres, la pratique des Gouvernements de prendre des décrets ayant force de loi, communément connus sous le nom de décrets-lois, s'est généralisée en Europe continentale. Cette période a particulièrement été propice à ce type d'acte en raison de la crise qui dévastait alors le parlementarisme et de la position critique que d'importants auteurs adoptèrent à son encontre. Le premier d'entre eux, si l'on suit un ordre chronologique, fut Santi Romano qui, prenant appui sur l'exemple du tremblement de terre de 1908 qui détruisit une grande partie des villes de Messine et Reggio de Calabre, offrit une première appréhension

[151] *Eigenständig* est le terme utilisé par la doctrine allemande, qui signifie propre, indépendant. Sur la prétention, suivant une perspective historique, de reconnaître à l'Administration une position propre, indépendante, voir : H. Dreier, « Zur "Eigenständigkeit" der Verwaltung », in *Die Verwaltung*, 25, 1992, pp. 137 et s. Plus ancienne, l'étude suivante est aussi d'un intérêt particulier : H. Peters, *Die Verwaltung als eigenständige Staatsgewalt*, Köln, Krefeld, 1965.

conceptuelle des décrets-lois, en employant cette terminologie, et de l'état de nécessité en tant que justification de tels actes[152].

En Allemagne, la Constitution de Weimar de 1919, dans son fameux article 48, attribua au président de la République la faculté imprécise d'adopter des mesures d'exception, qui se manifesta par l'édiction de décrets ayant force contraignante et matériellement assimilés aux lois émanant du Parlement. Plus de deux cents décrets furent édictés sur ce fondement afin de réguler toutes sortes de matières ; de questions économiques liées aux temps de crise à des sujets très sensibles en termes de libertés et de droits fondamentaux.

En France, la crise économique qui affecta gravement la stabilité de la monnaie motiva le vote, en 1924, d'une loi attribuant au Gouvernement de Raymond Poincaré la faculté d'édicter des décrets-lois. Cette habilitation était initialement limitée à une période de six mois mais il en a été fait un large usage durant cette décennie et, davantage encore, dans les années 1930 par des Gouvernements de tout type.

Dans l'Italie fasciste, avec un Parlement matériellement désactivé, l'usage du décret-loi était une pratique habituelle, comme ce fut également le cas en Espagne durant les années 1920, lorsque la dictature de Primo de Rivera dissout le Parlement. Après la Seconde Guerre mondiale, la faculté d'édicter des décrets-lois a été reconnue aux Gouvernements dans les nouvelles constitutions alors votées ; par exemple dans la Constitution italienne de 1947, ou encore, dans des termes très similaires, dans la Constitution espagnole de 1978, pour ne mentionner que deux pays.

Le pouvoir normatif du Gouvernement d'édicter des décrets et des dispositions ayant force de loi ne disposait pas d'un cadre doctrinal spécifique qui le justifiait, au-delà de catégorisations de certaines notions tel l'état de nécessité ; il n'était pas non plus assimilable à la faculté que la Constitution de Weimar reconnaissait au président de la République — directement élu par l'ensemble de la population en tant que contrepoids

---

[152] S. Romano, « Sui decreti-legge e lo stato di assedio in occasione dei terremoto di Messina e di Reggio Calabria » (1909), in *Scritti minori*, Milano, Giuffrè, 1990.

démocratique au Parlement — et non au Gouvernement. Ce sont les Gouvernements européens qui virent en ce procédé une voie pour s'imposer et se maintenir même lorsqu'ils ne pouvaient compter que sur un soutien parlementaire minime. Pure opportunité politique pour certains, il a été dans un premier temps critiqué, comme le fit Léon Blum en France en dénonçant ce qu'il qualifiait de « pratique fasciste » avant d'y avoir recours lui-même à maintes reprises lorsque la coalition du Front populaire forma un Gouvernement. Depuis lors, aucune critique politique n'a véritablement remis en cause ce procédé qui, de cette manière, s'est généralisé en acquérant une certaine légitimité. Or, un observateur éloigné de la pratique juridique, comme l'est le philosophe Giorgio Agamben, a pu considérer qu'avec ce procédé le principe de séparation des pouvoirs avait été altéré, que la République n'était plus parlementaire mais gouvernementale avant d'ajouter que « la culture politique de l'Occident ne se rend pas compte qu'elle a complètement perdu son canon »[153].

3. LA PENSÉE INSTITUTIONNALISTE. LE LÉGISLATEUR LIÉ

A. La théorie de l'institution de Maurice Hauriou. Ses racines scientifiques et philosophiques

La théorie de l'institution, tout d'abord élaborée par Maurice Hauriou puis développée dans différentes directions par d'éminents publicistes et penseurs européens, est une contribution dogmatique et conceptuelle qui a laissé une empreinte profonde.

Maurice Hauriou débuta son étude intitulée *La théorie de l'institution et de la fondation. Essai de vitalisme social* en ces termes : « Les institutions représentent, dans le droit comme dans l'histoire, la catégorie de la durée, de la continuité et du réel ; l'opération de leur fondation constitue le fondement juridique de la société et de l'État ».

[153] G. Agamben, *État d'exception,* Paris, Seuil, 2003.

La notion d'institution a été forgée dans le cadre d'un débat qui s'est développé dans le premier quart du XXe siècle mais, de fait, Maurice Hauriou lui avait déjà dédié le troisième chapitre de ses *Principes de droit public*[154] dans lequel il en offrit un exposé pratiquement complet. Il s'agit du débat, dont Maurice Hauriou rendit compte de manière détaillée, entre le subjectif et l'objectif en droit. Il était considéré que le subjectif relevait de la volonté *consciente*[155] (attention à ce terme[156]) des sujets. La conception subjectiviste s'articula ainsi initialement autour des sujets privés mais au XIXe siècle, surtout en Allemagne avec l'œuvre de Friedrich Gerber et de Georg Jellinek, elle a été étendue au droit public avec l'affirmation de la personnalité juridique de l'État et d'autres entités publiques qui ont ainsi été reconnus en tant que titulaires de droits et de pouvoirs. Après la diffusion de la doctrine des Lumières reposant notamment sur l'autonomie de l'être humain, les approches subjectivistes ont consacré une grande autonomie et capacité de disposition à la personne en matière de configuration du droit. En premier lieu, à la personne privée à laquelle il a été reconnu, entre autres, une liberté de contracter pratiquement illimitée ; puis, à l'État personne, avec une liberté également absolue en matière d'élaboration normative du droit que le libéralisme a quasi exclusivement attribué au Parlement.

En plaçant dans l'institution ce qui est immuable en droit, Maurice Hauriou a reconnu l'existence de limites à la liberté de disposition des personnes, privées comme publiques ; des limites qui s'imposent aux parties à un contrat qui ne peuvent librement disposer sur l'institution ; des limites, aussi, au pouvoir du législateur étant donné qu'il ne peut dénaturer l'institution en altérant son noyau essentiel et caractéristique.

---

[154] M. Hauriou, *Principes de droit public*, 1910, édition fac-similé pour son centenaire, Paris, Dalloz, 2010, pp. 124-176. Maurice Hauriou reprit ici des éléments de la 6e édition de son *Précis de droit administratif.*

[155] L'italique est ajoutée par nous.

[156] En effet, comme nous aurons l'occasion de le vérifier, cette volonté *consciente* des individus se différencie de la volonté *inconsciente* collective. Sans le développement des sciences de l'esprit, cette catégorisation de Maurice Hauriou n'aurait pas été possible.

Il s'agit de conclusions auxquelles Maurice Hauriou n'aboutit pas de manière explicite bien que sa théorie les préfigurât clairement. D'autres y arriveront en les appliquant sur le plan politique, constitutionnel et administratif.

Maurice Hauriou participa ainsi du courant objectiviste du droit qui était déjà fort au début du XXe siècle. Il mit en échec l'individualisme et le subjectivisme libéral en mettant en cause son principal rempart, le droit subjectif, allant même jusqu'à nier son présupposé : l'existence réelle de l'individu, une fois de plus considéré comme l'une des fictions de Rousseau. Comme Maurice Hauriou l'a lui-même reconnu, le chef alors incontesté de ce courant objectiviste en France n'était autre que Léon Duguit qui a su tirer parti de la puissante critique de l'individualisme lancée par la sociologie, qui commença chez Auguste Comte et culmina chez Émile Durkheim, pour bâtir le système de la règle objective de droit.

Cependant, Maurice Hauriou se distancia ostensiblement de Léon Duguit en ce que sa théorie de l'institution ne se fonda pas sur les faits sociaux tel que Durkheim les avait caractérisés. Assurément, Maurice Hauriou prêta beaucoup d'attention à la sociologie — son concept d'institution a souvent été perçu comme une catégorie faisant le lien entre la sociologie et le droit —, cependant il n'a pas fondé l'institution sur le tissu social mais sur un subtil consensus psychologique en affirmant de manière réitérée l'existence du subconscient collectif.

La théorie de Maurice Hauriou s'inscrit dans le cadre philosophique et intellectuel de la fin du XIXe siècle et du début du XXe siècle qui vit naître la critique d'une autre période phare de la pensée, celle qui s'initia un siècle auparavant avec les Lumières. La théorie de l'institution se rattache ainsi à la pensée et à la science du début du XXe siècle qui questionnèrent ouvertement l'ancien matérialisme des Lumières françaises. Trois pensées en particulier présentes dans l'œuvre de Maurice Hauriou, principalement dans sa théorie de l'institution, méritent à nos yeux d'être relevées.

a) La philosophie vitaliste d'Henri Bergson

Une première influence est très explicite, puisqu'elle figure dans le sous-titre de son étude « La théorie de l'institution et de la fondation (Essai de vitalisme social) ». Cela nous renvoie à la notion d'« élan vital » élaborée par le philosophe Henri Bergson, essentiellement dans son ouvrage *L'évolution créatrice* publié en 1907 et largement diffusé à l'époque, ce qui fut décisif pour l'attribution à cet auteur du prix Nobel de littérature. Dans ce texte philosophique, Henri Bergson développa la notion d'« élan vital » dans laquelle il plaça la cause de l'évolution et du développement des organismes. Cet élan n'est sujet ni au pouvoir de la cause efficiente ni à celui de la cause finale. Cette idée a été d'un grand intérêt pour Maurice Hauriou au regard de la tension causale qu'il exposa entre les règles de droit et les institutions : « c'est là tout le problème : il s'agit de savoir où se trouve, dans la société, le pouvoir créateur ; si ce sont les règles du droit qui créent les institutions ou si ce ne sont pas plutôt les institutions qui engendrent les règles du droit, grâce au pouvoir du gouvernement qu'elles contiennent »[157]. Maurice Hauriou penchait clairement pour la seconde proposition : ce qui génère la règle de droit est l'institution qu'il a définie comme « une idée d'œuvre ou d'entreprise qui se réalise et dure juridiquement dans un milieu social ; pour la réalisation de cette idée, un pouvoir s'organise qui lui procure des organes ; d'autre part, entre les membres du groupe social intéressé à la réalisation de l'idée, il se produit des manifestations de communion dirigés par les organes du pouvoir et réglées par des procédures »[158]. De plus, pour Maurice Hauriou, « l'idée directrice et le pouvoir organisé de l'institution est très supérieur en vertu juridique à la règle de droit, parce que ce sont les institutions qui déterminent les règles de droit, et non les règles de droit qui créent les institutions »[159].

[157] M. Hauriou, « La théorie de l'Institution et de la fondation. Essai de vitalisme social » (1925), in M. Hauriou, *Aux sources du droit. Le pouvoir, l'ordre et la liberté*, Caen, Centre de philosophie juridique et politique de Caen, 1986 [1933], p. 89.

[158] *Ibidem*, p. 96.

[159] *Ibid.*, p. 122.

Les idées directrices de l'institution sont liées à la notion d'« élan vital » dans la mesure où elles « passent d'un esprit à un autre sans perdre leur identité et par leur propre attraction sont le principe vital des institutions sociales, elles leur communiquent une vie propre séparable de celle des individus, dans la mesure où les idées elles-mêmes sont séparables de nos esprits et réagissent sur eux »[160]. C'est ainsi que Maurice Hauriou conclut son étude sur l'institution en dévoilant la raison du sous-titre « Essai de vitalisme social » aux résonances bergsoniennes évidentes.

En réalité, Maurice Hauriou avait déjà utilisé une notion très similaire à celle d'« élan vital » ; celle de tradition sociale. Sa position traditionnaliste était très répandue parmi les intellectuels et artistes de sa génération — en France et dans d'autres pays européens — qui contemplaient avec mécontentement les profondes transformations sociales dérivées de l'industrialisation, de l'émigration vers les grandes villes, de l'apparition de la société de masse et de la perte des valeurs traditionnelles. Maurice Hauriou rejoignait ici l'écrivain Maurice Barrès, référent des mouvements traditionnalistes français qui a décrit de manière très imagée cette sensation de déracinement, entre autres textes, dans son roman *Les déracinés* relatant l'expérience de plusieurs jeunes gens de la France « de province », bien décrite par Balzac dans sa *Comédie humaine* et à laquelle il appartenait à l'instar de Maurice Hauriou, qui déménageaient à Paris où ils rencontraient une autre société et d'autres références, en constante transformation.

L'intérêt de Maurice Hauriou pour la préservation de valeurs, d'institutions et de structures basiques de la société trouva plusieurs soutiens philosophiques dès le début de son activité en tant que professeur à l'Université de Toulouse. Parmi ses amis et compagnons de débat au « Café de la Paix » à Toulouse figurait le jeune philosophe Georges Dumesnil qui, en 1892, publia sa thèse intitulée *Du rôle des concepts dans la vie intellectuelle et morale*. Pour Maurice Hauriou, ce livre était l'une des œuvres philosophiques fondamentales de son temps. Il reconnut son influence sur le traitement de l'institution qu'il proposa dans son

---

[160] *Ibid.*, p. 122.

premier travail à caractère philosophique, *La science sociale traditionnelle*, publié en 1896.

Dans cet ouvrage, Maurice Hauriou expliqua qu'il partageait les positions de Karl Marx sur certaines questions importantes. Il le rejoignait notamment sur la constatation de la socialisation de la vie, d'une volonté d'améliorer ses conditions matérielles, ou encore sur la conception des sociétés en tant qu'organismes. La connaissance de l'œuvre de Karl Marx arriva à Maurice Hauriou à travers un autre jeune professeur compagnon de débat au « Café de la Paix » ; Jean Jaurès, traducteur de l'édition française du *Capital* parue en 1873 et qui aura une remarquable carrière politique en tant que leader du socialisme français brusquement interrompue par son assassinat en 1914.

Ce premier ouvrage important de Maurice Hauriou, *La science sociale traditionnelle*, fut une cause de scandale dans les cercles libéraux et positivistes alors dominants qui rejetaient autant l'affirmation de valeurs morales traditionnelles, d'inspiration fondamentalement chrétienne, que la forte orientation sociale, dans laquelle ils décelaient des tendances socialistes. Cette réaction n'était pas du tout surprenante étant donné qu'aussi bien le libéralisme, surtout dans sa version individualiste, que le positivisme, firent l'objet d'une critique frontale de la part de Maurice Hauriou, Léon Duguit et la quasi-totalité des publicistes et des penseurs auxquels nous accordons une attention particulière. Maurice Hauriou et Léon Duguit se sont résolument éloignés des approches subjectivistes caractéristiques du libéralisme qui laissaient tout à la libre disposition des sujets, privés et publics. Tous deux ont clairement opté pour des systèmes objectifs, plus solides et pérennes. Léon Duguit prétendait les fonder et les construire sur la règle de droit tandis que Maurice Hauriou les faisait reposer sur l'idée d'institution[161] qui s'est finalement avérée avoir le plus grand potentiel constructif et, en conséquence, a exercé une plus grande influence.

---

[161] Comme le conclut Maurice Hauriou à la fin de son étude sur l'institution, « L'erreur de Léon Duguit, lorsqu'il édifia son système de droit objectif, consista à le fonder sur le droit objectif ou, ce qui est la même chose, sur la règle de droit. Le véritable élément objectif du système juridique est l'institution » (*ibid.*, p. 122).

b) Les sciences de l'esprit et le subconscient collectif

Il ne suffit pas de relever l'environnement philosophique, dominé par la figure d'Henri Bergson, dans lequel a été conçue la théorie de l'institution. D'autres sciences ont bouleversé le milieu intellectuel européen au début du XXe siècle. Il s'agit des sciences de l'esprit : la psychologie et la psychiatrie. La figure la plus connue à laquelle on pense invariablement est bien sûr Sigmund Freud, pourtant ces sciences ont connu leur premier grand élan et développement en France. En effet, c'est dans ce pays que Sigmund Freud réalisa un séjour d'étude, après avoir été diplômé de l'Université de Vienne en 1891, qui marquera de manière décisive l'orientation de ses recherches. Plusieurs de ses importants travaux se sont appuyés sur des auteurs français tel Gustave Le Bon dont il a repris, comme nous l'avons déjà vu, les contributions sur la psychologie des masses. Il a même été reproché à Sigmund Freud de s'être approprié des théories qui circulaient déjà en France lorsqu'il s'y rendit pour étudier. Il s'agit d'une accusation qui a été lancée par le psychologue français Pierre Janet, qui revendiquait d'être l'auteur originel de théories qu'il publia dans divers articles entre 1886 et 1893, avant que Sigmund Freud, selon lui, les fasse siennes. Tout cela ne doit en aucun cas faire oublier l'originalité des contributions de Sigmund Freud, surtout s'agissant de l'intéressante fusion de la science et de l'humanisme qui se montra particulièrement fascinante dans les sciences sociales, les humanités et la littérature.

Cependant, la place centrale occupée par Sigmund Freud ne peut occulter le fait que les sciences de l'esprit avaient accompli en France des progrès importants en introduisant des concepts et des catégories qui firent l'objet d'une large acceptation. Henri Bergson lui-même accorda une attention particulière à la conscience et à la connaissance à travers l'étude de l'intuition. Ces notions, ainsi que d'autres, étaient alors en plein essor et furent exploitées par des penseurs perspicaces dans différentes disciplines. L'un deux fut Maurice Hauriou. Sa théorie de l'institution ne se comprend pas sans l'apport d'éléments et de concepts issus de la psychologie, invoquée de manière répétée. Il s'est ainsi référé, de façon toute naturelle, à la psychologie positiviste ainsi qu'à la psychophysique et s'est intéressé à confronter la psychologie collective et la psychologie individuelle, en déduisant des arguments de ce que nous révèle l'introspection en psychologie individuelle pour aider à développer une analyse sur la psychologie collective. Maurice Hauriou étudia de cette manière la présence et la construction du droit au-delà de la volonté consciente, en nous faisant entrer dans des espaces intérieurs qui n'avaient jusqu'alors pas été explorés. On pourrait ainsi dire que l'institution prend vie et de l'envergure dans le subconscient.

Si le système subjectif du droit est, selon Maurice Hauriou, celui qui se maintient par « la volonté de conscience des sujets », il en résulte que l'institution, paradigme de la conception objective du droit pour cet auteur, se configure à travers l'acceptation et l'adhésion dans le subconscient des individus et des entités. Maurice Hauriou affirma ainsi — la citation ci-dessous est longue mais très instructive — que

« si l'on va au fond des choses, les situations juridiques qui semblent se maintenir par elles-mêmes sont, en réalité, liées à des idées qui persistent d'une façon subconsciente dans les esprits d'un nombre indéterminé d'individus. Les idées subconscientes sont celles qui vivent dans les cadres de notre mémoire sans être actuellement, pour nous, des volontés conscientes ; ce sont des idées que nous avons perçues, que nous avons emmagasinées, puis que nous avons perdues de vue ; elles vivent cependant en nous et même elles influent à notre insu sur nos jugements et sur nos actes, de la même façon que peut agir l'ambiance des objets familiers. Ce sont des objets qui habitent en nous. Ainsi, le subjectif se maintient par nos volontés conscientes et l'objectif par nos idées subconscientes »[162].

Ce ne sont plus seulement des échos freudiens qui se dégagent de ce texte ; la référence aux idées qui vivent dans notre mémoire évoque Marcel Proust, éminent représentant de cette période très culturelle et créative.

La position centrale accordée aux idées subconscientes, à la connaissance par l'intuition, à la mémoire — il ne manque que la référence aux rêves — nous éloigne complètement de

---

[162] *Ibid.*, p. 89.

l'empirisme et du matérialisme qui convergeaient dans le positivisme jusqu'alors dominant et nous placent dans un nouveau paradigme de la pensée et de la perception dont sont d'éminents représentants certains philosophes tel Henri Bergson, des psychologues comme Gustave Le Bon ou Sigmund Freud, ou encore plusieurs écrivains à l'instar de Marcel Proust, explorateur perspicace de l'esprit et de la mémoire[163].

c) Thomas d'Aquin revisité

La pensée de Maurice Hauriou incorpore ainsi les contributions les plus avancées de son époque ; celles qui viennent de nouvelles et dynamiques sciences que sont la psychologie et la sociologie, la philosophie d'Henri Bergson et en partie le marxisme, qui était alors une pensée encore originale. Toutes ont en commun une opposition au libéralisme bourgeois, individualiste, et au matérialisme primaire issus de la pensée des Lumières françaises.

Cependant, il existe une autre contribution très importante de la philosophie classique que les Lumières françaises pensaient aussi, de manière erronée, dépassée : la philosophie aristotélicienne et, surtout, la lecture et la reformulation de celle-ci par Thomas d'Aquin dans sa *Somme théologique*. Maurice Hauriou reconnut de manière claire et réitérée l'influence qu'eut cette œuvre sur sa pensée, comme nous l'avons déjà relevé : « Je dois rendre témoignage, une fois pour toutes, que le trésor des réflexions sociales accumulé dans les sommes théologiques m'a rendu les plus importants services »[164]. Cette influence est également explicite chez son principal contradicteur, Léon Duguit, avec qui il partageait, comme nous le savons, une conception objectiviste du droit limitant la marge de disposition individuelle et subjective. Ainsi, tous les deux ont accordé une attention particulière à la notion de bien commun de Thomas

[163] Par ailleurs, Marcel Proust avait un lien de parenté, assez lointain, avec Henri Bergson.

[164] M. Hauriou, *Principes de droit public*, *op. cit.* Comme le rappelle aussi Arturo A. Sampay dans son étude préliminaire à *La teoría de la institución y de la fundación*, de M. Hauriou, Buenos Aires, Abeledo-Perrot, 1968, p. 15.

d'Aquin, qui n'est pas la somme du bien des individus comme le libéralisme envisagé depuis Adam Smith le suggérait.

Avec sa théorie de l'institution, Maurice Hauriou prétendait articuler et consolider cet espace supra-individuel et stable dans le temps. Une institution, écrivait-il, désigne tout élément de la société dont la durée ne dépend pas de la volonté subjective d'individus déterminés.

Sa pensée institutionnaliste a été tout d'abord prolongée et développée par l'un de ses éminents disciples, Georges Renard, professeur de droit public à l'Université de Nancy, qui lui dédia deux importantes monographies : la *Théorie de l'institution*, publiée en 1930 et la *Philosophie de l'institution*, parue en 1939. Georges Renard a pu souligner que l'une des principales composantes de l'institution était la philosophie sociale d'Aristote et Thomas d'Aquin, surtout sa conception du bien commun. En ce sens, le droit n'est pas la distinction de ce qui est à moi et de ce qui est à toi mais le discernement de ce qui est à nous. Mais avant de s'arrêter sur l'ouvrage de Georges Renard publié en 1930 et de suivre l'expansion de la pensée institutionnaliste durant les décennies postérieures, il convient de prêter attention à une application très précoce et effective de cette théorie dès les années 1920, dans un contexte politique particulier et convulsif.

B. L'application pratique de la théorie de l'institution en Allemagne. L'élaboration par Carl Schmitt de la catégorie de la garantie institutionnelle avec une fonction véritablement antiparlementaire

Paru en 1925 en France, « La théorie de l'institution et de la fondation (Essai de vitalisme social) » a connu son plus grand retentissement dans l'Allemagne de la République de Weimar, jusqu'à la fin de la décennie 1920. Deux éminents professeurs allemands de droit public ont alors invoqué et développé des conceptions reconnues comme institutionnalistes.

Le premier fut Erich Kaufmann qui se prononça notamment sur le sujet lors de la session annuelle de l'Association des professeurs allemands de droit public de 1926, organisée à Münster. Le débat se polarisa autour d'une controverse intéressante entre positivistes et antipositivistes[165]. Rejoignant ces derniers, Erich Kaufmann revendiquait la pensée aristotélicienne et thomiste, avec une claire orientation chrétienne, en citant expressément Maurice Hauriou. Son discours relevait surtout de la philosophie du droit qu'il développera dans des travaux postérieurs en adoptant une conception institutionnaliste à laquelle il fit aussi appel dans ce débat. Nous reviendrons ultérieurement sur ces diverses réceptions et évolutions doctrinales de la pensée institutionnaliste. Il nous intéresse à présent de nous pencher sur le cadre politique agité de la République de Weimar.

Comme l'a observé Francisco Sosa Wagner, Erich Kaufmann lui-même, lors de cette session de 1926, visait « une relativisation (politiquement calculée) de la législation parlementaire favorisant le contrôle judiciaire de celle-ci »[166], ajoutant ainsi de l'eau au moulin du débat qui s'ouvrait alors et qui sera très intense. Cependant, celui qui capta le plus les possibilités ouvertes par la théorie de l'institution de Maurice Hauriou, pour se lancer sur elle tel un félin, fut Carl Schmitt.

Ce dernier accueillit la pensée institutionnaliste tout d'abord dans la première édition de sa *Verfassungslehre* (Théorie de la Constitution) parue en 1928. Il y plaça résolument l'institution sous l'orbite et la protection constitutionnelle ; une protection qui se soulève principalement à l'encontre du législateur. Son traitement du sujet dans cette œuvre ne peut être plus éloquent : « la régulation constitutionnelle peut garantir une protection spéciale à certaines institutions. La régulation constitutionnelle a ainsi la finalité de rendre impossible une suppression par la voie législative ordinaire »[167].

Carl Schmitt offrira un traitement plus complet des garanties institutionnelles dans un article intitulé *Freiheitsrechte und institutionelle Garantien der Reichsverfassung* (Droits et garanties institutionnels dans la Constitution de Weimar) publié en 1931 dans un ouvrage collectif à l'occasion de la célébration

---

[165] Le sujet, qui a été débattu dans une conférence d'Erich Kaufmann et une autre d'Hans Nawiasky, était : « La igualdad ante la ley según el art. 109 de la Constitución » (« L'égalité devant la loi selon l'art 109 de la Constitution »).

[166] F. Sosa Wagner, *Maestros alemanes...*, *op. cit.*, p. 542.

[167] C. Schmitt, *Théorie de la Constitution,* (1928), Paris, PUF, 2013, p. 183.

des vingt-cinq ans de la fondation de l'École supérieure de commerce (*Handelshochscule*) de Berlin[168]. Il est à noter que la même année, son jeune disciple, Ernst Forsthoff, publia un opuscule sur les garanties institutionnelles en suivant de très près la position de Carl Schmitt mais ce texte se concentrait sur les entités publiques, particulièrement les municipalités[169].

Selon Carl Schmitt, la garantie institutionnelle protège une institution formée, organisée et différenciée en fonction de traits caractéristiques qui ont été formés de manière continue par le droit public[170]. La Constitution se limite à nommer ces institutions en opérant une sorte de renvoi aux traits issus de leur traitement normatif stable et de leur acceptation continue par la conscience collective. La fonction de la garantie institutionnelle est très claire ; il s'agit d'un système défensif qui se lève contre un potentiel, mais parfaitement identifié, ennemi : le législateur parlementaire. La loi peut certainement réguler l'institution garantie, cependant elle ne peut en aucun cas ni la dissoudre ni la dénaturer[171]. La garantie institutionnelle opère ainsi comme une limite infranchissable à la capacité de disposition du législateur.

Il est important de souligner que cette affirmation de l'existence de garanties institutionnelles a été réalisée par Carl Schmitt — en opposition aux lectures positivistes comme celle proposée par Gerhard Anschütz[172] — dans le cadre de la Constitution de Weimar qui attribua un plein pouvoir législatif au Parlement, en dépassant le système antérieur de la monarchie constitutionnelle marqué par un dualisme entre monarchie et Parlement reprenant le dualisme entre principe monarchique et principe démocratique, reflet à son tour du dualisme entre État

---

[168] L'article sera ensuite publié dans une compilation de ses études sur des sujets constitutionnels : *Verfassungsrechtliche Aufsätze*, Berlin, Duncker & Humblodt, 1958. L'auteur du présent livre a dirigé la réimpression de cet ouvrage en 1985.

[169] E. Forsthoff, *Die öffentliche Körperschaft im Bundesstaat: eine Untersuchung über die Bedeutung der institutionellen Garantie in den Artikeln 127 und 137 der Weimarer Verfassung*, Tübingen, Mohr, 1931.

[170] C. Schmitt, *Freiheitsrechte und institutionelle Garantien*, *op. cit.*, p. 149.

[171] Plus tard, sous l'empire de la loi fondamentale de Bonn, se développera l'idée, de la part surtout du Tribunal constitutionnel fédéral, de contenu essentiel de l'institution qui ne peut se voir affecté par le législateur parlementaire.

[172] C. Schmitt, *Freiheitsrechte und institutionelle Garantien*, *op. cit.*, p. 146.

et société civile qui avait marqué le XIXe siècle ainsi que le modèle de l'État libéral de droit. La Constitution de Weimar dépassa ce dualisme en excluant la monarchie, en établissant le principe démocratique comme unique source de légitimité du pouvoir et en reconnaissant pour la première fois les droits sociaux et l'action de l'État pour corriger les déséquilibres sociaux. Ce texte visa en ce sens une intégration de l'État et de la société annonçant déjà ce qui sera l'État social.

Les garanties institutionnelles tendaient ainsi à préserver une série d'institutions, les unes s'articulant dans la société civile et les autres dans la structure de l'État, afin que dans le processus d'intégration de l'État et de la société qui s'initiait alors elles ne finissent par être dissoutes. Ainsi, parmi les garanties qui s'étaient formées dans la société, en l'organisant d'une certaine manière, figurait le mariage en tant que base de la vie familiale (article 119) et l'auto-administration ou autonomie municipale (*gemeindliche Selbstverwaltung*, article 127), un principe confirmant que les municipalités s'étaient formées au sein de la société civile à la marge de l'État (la Constitution de Francfort de 1948 inscrit l'autonomie municipale dans le catalogue des droits fondamentaux). Une fois les municipalités intégrées au sein de l'État, leur autonomie s'est retrouvée protégée en tant que garantie institutionnelle. Ce n'est pas l'existence singulière de chaque municipalité mais l'institution de l'auto-administration comme telle (« *Einrichtung der Selbstverwaltung als solche* »[173]) qui a été garantie et protégée. La garantie institutionnelle de l'autonomie municipale laissera une empreinte décisive sur la répartition territoriale du pouvoir en Allemagne et, de manière aussi soudaine que retentissante, en Espagne à partir des années 1980, comme nous pourrons le constater ultérieurement.

Cependant, sous la République de Weimar, ce sont les garanties d'institutions présentes au sein de la structure de l'État, venant par conséquent de la monarchie, qui se retrouvèrent au centre du débat politique. Parmi elle la bureaucratie professionnelle qui s'était formée sous le régime monarchique et qui maintenait une attitude très distante à l'égard de la

---

173 *Ibidem*, p. 197.

République de Weimar, surtout l'élite des hauts fonctionnaires qui détenaient une position très similaire à celle des mandarins universitaires auxquels nous avons déjà fait référence. Ici, l'utilisation de la catégorie des garanties institutionnelles par Carl Schmitt avait pour claire intention politique d'empêcher que le Parlement puisse altérer le statut de la bureaucratie, généralement opposée au régime républicain et de parti. Dans sa *Théorie de la Constitution*, Carl Schmitt a ainsi affirmé que les « garanties institutionnelles assurent le maintien d'une bureaucratie professionnelle qui doit être au service de la communauté et non d'un parti... une loi qui supprimerait en principe la bureaucratie professionnelle serait aussi inconstitutionnelle qu'une loi qui supprimerait l'administration municipale autonome, la famille ou le droit de tester »[174].

La catégorie des garanties institutionnelles, telle que Carl Schmitt l'a finalement esquissée, sera largement acceptée, tout d'abord en Allemagne puis en Espagne après l'approbation de la Constitution de 1978 et la pleine reconnaissance de véritables garanties institutionnelles par la jurisprudence du Tribunal constitutionnel. Mais avant d'évaluer leur pertinence et projection actuelles, nous devons suivre le chemin de la pensée institutionnaliste au sein de laquelle elles ont pris naissance et qui eut Maurice Hauriou pour premier et principal inspirateur.

Dans son article de 1931 auquel nous venons de faire référence, Carl Schmitt ne cita pas la théorie de Maurice Hauriou sur l'institution, même si sans aucun doute il la connaissait. Il le fera trois ans plus tard, lorsqu'il publiera sa brève monographie *Les trois types de pensée juridique* (*Über die drei Arten des rechtswissenschaftlichen Denkens*) parmi lesquels figure, à une place importante, la pensée institutionnaliste (sous le nom de « pensée de l'ordre concret »). Les deux autres types de pensée juridique étaient, selon Carl Schmitt, le normativisme et le décisionnisme auquel il se rattachait.

Puis, en 1958, a été publiée une compilation de ses études sur des sujets constitutionnels (*Verfassungsrechtliche Aufsätze*) dans laquelle il ajouta une annexe à son article sur les garanties institutionnelles de 1931 attribuant la théorie de l'institution à

---

[174] C. Schmitt, *Théorie de la Constitution*, *op. cit.*, p. 182.

Maurice Hauriou et relevant déjà l'importance du livre, qu'il disait très connu, de Georges Renard, *L'institution.* Par ailleurs, cette brève annexe contenait une conclusion de Carl Schmitt sur l'institutionnalisme, à laquelle il paraissait ainsi aboutir vingt-cinq ans après avoir commencé à traiter cette question à l'époque de la République de Weimar. Ainsi, la pensée institutionnaliste lui apparut comme étant la plus appropriée pour comprendre l'essence de la Constitution et les catégories constitutionnelles. Enfin, Carl Schmitt fit référence au rayonnement de la pensée institutionnaliste dans la culture juridique latine, surtout à travers Santi Romano, et dans la sociologie où, selon lui, elle s'était largement répandue. En effet, cette pensée a laissé une trace importante dans la sphère latine, notamment dans les années 1940 et 1950.

C. La pensée institutionnaliste en Italie et en Espagne

Santi Romano figure également dans la liste restreinte des publicistes de haut niveau qui se sont exprimés de manière critique à l'égard du parlementarisme durant la période de l'entre-deux-guerres, en questionnant ouvertement ce qu'il considérait être une fiction de la représentation politique[175]. Cette position critique à l'endroit de la pensée de Rousseau et des fictions, des mythes disaient-ils, des Lumières françaises était partagée par tous les penseurs du courant antiparlementaire.

L'auteur italien rechercha ce qui est stable et continu dans le droit, qui ne se trouve pas exposé à l'inconstance et la légèreté des parlementaires. Il adopta ainsi une ligne de pensée qui peut être qualifiée d'institutionnaliste — Carl Schmitt le rattacha à ce courant en le considérant comme l'un de ses représentants les plus remarquables — bien qu'avec une orientation particulière qui le singularisa au regard des initiateurs et principaux représentants de ce courant, Maurice Hauriou et Georges Renard[176]. La pensée institutionnaliste de Santi Romano a été

[175] M. Fotia, *Il liberalismo incompiuto. Mosca, Orlando, Romano tra pensiero europeo e cultura meriodionale*, Milano, Guerini e Associati, 2001, p. 12.
[176] *Ibidem*, p. 121.

synthétisée dans son ouvrage *L'ordinamento giuridico*[177] à propos duquel il a pu être dit : « dans ce petit grand livre on peut arriver à comprendre la doctrine de l'institution mieux que chez les auteurs français eux-mêmes (Hauriou, Renard), dont les travaux ont été étudiés par tous ceux, parmi nous, qui se sont sentis attirés par cette doctrine »[178].

Pour Santi Romano, la matrice du droit et de l'ordre juridique se trouve dans le comportement régulier et uniforme (l'idée de continuité caractéristique de l'institution) de ce qu'il appela le corps social. Cependant, il s'agit d'une phase pré-juridique, non normative. La normativité est atteinte à travers l'organisation qui transforme la réalité vivante en réalité juridique. Il se produit ainsi ce que son disciple Cesarini Sforza qualifia de transition du *diritto vita* au *diritto norma*. Toutefois, Santi Romano ne s'est pas livré au normativisme et n'identifia par l'ordre juridique avec l'État, comme cela est caractéristique chez Hans Kelsen. Il considéra une trame sociale, une sociabilité, un droit qui ne se trouve pas sous le contrôle de l'État. En cela, Santi Romano a également pris ses distances avec la position normativiste de Léon Duguit centrée sur son idée de *règle de droit.*

En Espagne, la pensée institutionnaliste s'exprima dans une œuvre importante et précoce, antérieure à la fin de la Seconde Guerre mondiale. Il s'agit du livre de Joaquín Ruiz-Giménez intitulé *La concepción institucional del Derecho*[179], un ouvrage dans lequel sont évoquées la formation et l'évolution de la théorie de l'institution ainsi que de la pensée institutionnaliste avec les diverses contributions philosophiques qui les alimentent. Une attention y est portée aux auteurs et courants de pensée qui

---

[177] Édition française : *L'ordre juridique,* 2e éd., Paris, Dalloz, 1976.

[178] S. Sentís Melendo dans l'introduction à l'édition en espagnol des *Fragmentos de un diccionario jurídico*, de S. Romano pour l'éditeur argentin Ediciones Jurídicas Europa-América, Buenos Aires, 1964. Il est ainsi mis en évidence l'intérêt que suscitait dans les années 1960 en Argentine la pensée institutionnaliste qui explique l'édition, en 1968, par la maison éditoriale Abeledo-Perrot de l'étude de M. Hauriou : *La teoría de la institución y de la fundación. (Ensayo de vitalismo social)*, avec une traduction et une excellente introduction d'Arturo E. Sampay.

[179] J. Ruiz-Giménez, *La concepción institucional del Derecho*, Madrid, Instituto de Estudios Políticos, 1944.

circulaient à travers l'Europe, chose remarquable dans un livre qui a été écrit durant les premières et plus difficiles années de la post-guerre civile espagnole.

Joaquín Ruiz-Giménez prit comme première référence l'étude de Carl Schmitt, « illustre professeur de Berlin » (il n'avait pas encore été jugé à Nuremberg), sur les trois types de pensée juridique[180] en considérant « Maurice Hauriou et ses collaborateurs immédiats comme les militants d'un courant opposé au positivisme normatif »[181]. Pour le professeur espagnol, la pensée institutionnaliste s'est élevée contre l'idéologie individualiste qui s'était imposée avec la Révolution française, une idéologie qui était « adaptée pour se matérialiser dans l'absolutisme inorganique de la volonté générale »[182]. La critique de la pensée des Lumières, en particulier de Rousseau, se manifesta une fois de plus. L'attaque contre l'individualisme — comme le nota avec justesse Joaquín Ruiz-Giménez — était initialement venue de la sociologie, tout d'abord d'Auguste Comte puis d'Émile Durkheim, et avait donné lieu aux approches objectivistes du droit qui eurent en Léon Duguit leur principal défenseur, bien que Joaquín Ruiz-Giménez n'en fasse pas mention. Néanmoins, il rendit très bien compte de la position de Maurice Hauriou qui dépassa ces approches objectivistes et se situa dans un nouvel environnement philosophique : « Il a fallu attendre — écrivait-il — d'arriver au seuil du nouveau siècle pour qu'une forte direction, aux racines spirituelles profondes et à l'ambition philosophique authentique, se libéra, qui devait ouvrir, par répercussion logique, de nouvelles et larges perspectives aux professionnels de la science juridique. Henri Bergson fut l'un des plus importants promoteurs de cette renaissance, et son œuvre ne peut rester dans la poussière de l'oubli pour l'historien de la philosophie juridique »[183]. La philosophie bergsonienne s'est ouverte à des courants spirituels et intuitifs qui se distinguaient du froid scientisme analytique et matérialiste. C'est ainsi que Joaquín Ruiz-Giménez releva

---

180 C. Schmitt, *Über die drei Arten des rechtswissenschaftlichen Denken*, Hamburg, 1934.
181 J. Ruiz-Giménez, *La concepción institucional del Derecho*, *op. cit.*, p. 75.
182 *Ibidem*, p. 77.
183 *Ibid.*, p. 81.

notamment la formulation de la théorie de l'institution par Georges Renard qui avait été marqué par les conceptions chrétiennes et la philosophie thomiste, également présentes dans l'œuvre de Maurice Hauriou, bien que de manière moins explicite. Cela lui permit de critiquer les conceptions libérales à caractère individualiste présentes aussi bien dans les Lumières françaises que chez Emmanuel Kant qui, selon Georges Renard, avait une représentation purement individuelle du droit. En revanche, l'approche institutionnaliste du droit, tel que Georges Renard l'avait formulée, était dominée par le principe d'adaptation nominale des parties au tout, du tout aux parties et des parties entre elles en relation au tout. Pour Joaquín Ruiz-Giménez, cela constituait, au fond, l'éternelle « conception chrétienne du droit » qui ne se centre ni sur la liberté « à la mode révolutionnaire » ni sur le pouvoir, en particulier le pouvoir de l'État « à la mode germanique rafraîchie par Kelsen, mais sur le bien commun, récapitulation du pouvoir et de la liberté dans l'ordre »[184].

La conception institutionnaliste qu'il fit sienne conduisit Joaquín Ruiz-Giménez, en toute logique et cohérence, à rejeter le normativisme positiviste ; selon lui, le droit n'est pas une pure et arbitraire création du législateur. Néanmoins, il ne se montra pas ouvertement opposé au législateur parlementaire, ce qui s'explique — comme chez d'autres auteurs évoluant dans un environnement similaire — par le fait que son ouvrage a été écrit et publié durant la période la plus rigoureuse d'une dictature militaire qui a été précédée par trois années de guerre civile. Par conséquent, il n'a pas connu le parlementarisme libéral et républicain à l'origine de cette critique à laquelle ont adhéré des publicistes qui le vécurent dans leur propre pays.

La traçabilité de la théorie de l'institution que Joaquín Ruiz-Giménez réussit à percevoir nous intéresse particulièrement. En effet, il rendit compte des critiques qui ont été émises en Italie par Giorgio del Vecchio et Norberto Bobbio, auxquelles nous avons déjà fait référence, mais également de l'influence et de la réception de la théorie de l'institution dans la doctrine espagnole de son temps. Il nomma en particulier trois professeurs issus de

[184] *Ibid.*, p. 99.

différentes disciplines : Joaquín Garrigues, en droit du commerce ; Javier Conde, en droit politique ; Eugenio Pérez Botija, en droit du travail.

Dans ses *Tres conferencias en Italia sobre el Fuero del Trabajo*, Joaquín Garrigues souligna la fécondité du concept d'institution, celui qui expliquait le mieux, selon lui, « la transition de la conception privatiste de l'entreprise comme organisation économique s'en remettant à l'autonomie exclusive du propriétaire à la conception publiciste de l'entreprise, qui nie sa qualification comme objet ou comme sujet du droit et affirme le caractère social de l'entreprise comme institution »[185]. Javier Conde consacra à la « théorie de l'institution » tout un chapitre de son livre *Introducción al Derecho político actual* dans lequel il considéra, également d'un point de vue sociologique, que la théorie de Maurice Hauriou « est peut-être l'œuvre la plus originale et profonde de la pensée catholique contemporaine »[186]. Pour sa part, Eugenio Pérez Botija maintint que la relation de travail n'était pas à proprement parler un contrat mais une institution : bien que son origine immédiate pût être perçue dans une relation, puisqu'en arrière-plan se trouve une communauté permanente d'intérêts entre les collaborateurs à la production au sein de laquelle s'insèrent et s'expliquent toutes les relations contractuelles concrètes[187].

Il est en tout cas à relever que ces professeurs espagnols, issus de diverses disciplines au sein desquelles ils occupaient une position de leadership, ne donnèrent à aucun moment à la théorie de l'institution une orientation antiparlementaire. Cela s'explique en grande partie par le régime dictatorial franquiste dans lequel ils vivaient et avec lequel ils se sont accordés durant ses premières années. Nous pouvons en dire de même de Santi Romano en ce qui concerne le fascisme en Italie. Il s'agit de deux environnements politiques dans lesquels le parlementarisme a été

---

[185] J. Garrigues, *Tres conferencias en Italia sobre el Fuero del Trabajo*, 1939, p. 41. Aussi dans sa monographie *Nuevos hechos, nuevo Derecho de sociedades anónimas*, Madrid, Editorial Revista de Derecho Privado, 1933.

[186] F. J. Conde, *Introducción al Derecho político actual* (1942), Granada, Comares, 2006, p. 247.

[187] E. Pérez Botija, « Las nuevas doctrinas sobre el contrato de trabajo », *Revista general de Legislación y Jurisprudencia*, juillet 1942, p. 10.

neutralisé et où l'emploi, pour le limiter, de techniques et de dispositifs comme le permet l'institutionnalisme n'avait donc pas de sens. La situation de Carl Schmitt, Erich Kaufmann, Heinrich Triepel et d'autres sous la République de Weimar, qui avait résolument choisi le parlementarisme, est bien différente : ils se servirent de la pensée institutionnaliste pour habilement proposer des procédés et des catégories ayant une fonction clairement antiparlementaire comme le sont les garanties institutionnelles.

4. UNE NOUVELLE ARCHITECTURE DU POUVOIR. LA RECOMPOSITION DES RELATIONS DU LÉGISLATEUR PARLEMENTAIRE AVEC D'AUTRES POUVOIRS DE L'ÉTAT

Un autre front de concrétisation des contributions importantes de la pensée critique à l'égard du parlementarisme fut celui des relations du législateur avec d'autres instances de l'État, essentiellement avec le pouvoir judiciaire et le pouvoir exécutif, en particulier avec l'Administration publique. C'est ainsi que le contrôle judiciaire des lois se développa tandis que sur le plan administratif, une série de théories et d'institutions s'imposèrent, d'une certaine manière, au législateur parlementaire en limitant ou dirigeant son intervention.

A. Le contrôle judiciaire des lois. Le rôle de la pensée antiparlementaire dans sa revendication et sa configuration

En Europe continentale, les Constitutions adoptées après la Seconde Guerre mondiale consacrèrent de manière détaillée un contrôle judiciaire de constitutionnalité des lois qui paraît désormais irréversible. Cependant, le débat doctrinal sur le sujet s'était déjà ouvert, dans une large mesure, durant la période de l'entre-deux-guerres au cours de laquelle s'établirent des positions qui deviendront ensuite récurrentes[188]. Le débat débuta

[188] Il s'agit précisément de la période sur laquelle P. Cruz Villalón concentre son attention dans son étude intitulée *La formación del sistema europeo de control de constitucionalidad (1919-1939)*, Madrid, Centro de Estudios Constitucionales, 1987.

dans les années 1920 et se renforça pendant la décennie suivante. Il devint indispensable au regard de lois qui avaient été votées par les Parlements, surtout en Allemagne et en Italie, et qui portaient une grave atteinte aux droits les plus essentiels inhérents à la dignité humaine.

En France, comme nous l'avons déjà noté, le débat critique s'est ouvert avec l'avis d'Henry Berthélemy et Gaston Jèze sur la loi roumaine du 18 décembre 1911 ; un cas typique de ce qui serait qualifié aujourd'hui d'expropriation législative puisqu'il s'agissait d'une loi qui opérait directement une expropriation des actions de la « Société municipale de tramways de Bucarest », lesquelles étaient entre les mains de particuliers. L'argumentation des deux professeurs, à laquelle il convient de prêter attention dans ce chapitre — davantage centré sur les contributions que sur la critique — n'était pas très sophistiquée dans la mesure où selon eux, la faculté des tribunaux d'annuler une loi inconstitutionnelle dont ils auraient à connaître dans le cadre d'un procès ne requiert pas une reconnaissance expresse ; au contraire, une interdiction constitutionnelle expresse serait nécessaire pour empêcher les juges de vérifier la constitutionnalité des lois, lorsque cette vérification ne serait rien de plus qu'une conséquence logique, naturelle, de la fonction juridictionnelle[189]. Il s'agit d'une thèse à laquelle souscrivirent dans les années 1920 d'autres professeurs tels que Roger Bonnard, Louis Rolland, Achille Mestre, ou encore Julien Laferrière[190].

Maurice Hauriou rejoignait également cette approche en la rattachant à sa théorie de l'institution (le permanent dans le droit, l'enracinement dans la communauté et le subconscient collectif) sur laquelle il travaillait alors. Il participa ainsi à ce débat en affirmant que les déclarations de l'État, principalement les déclarations constitutionnelles, réitérées et acceptées par des

---

[189] Le texte de l'avis d'H. Berthélemy et G. Jèze a été publié dans la *Revue du droit public et de la science politique,* 1912 ; référence pris de J.-P. Machelon, « Parlementarisme absolu, État de droit relatif », *op. cit.*, p. 56.

[190] H. Berthélemy s'est rallié à ce mouvement en se montrant clairement favorable à la doctrine du contrôle juridictionnel des lois dans son article « Les limites du pouvoir législatif », *Revue politique et parlementaire*, vol. CXXV, 1925, pp. 355 et s.

générations successives, ne peuvent être enfreintes par le législateur et que cela peut être mis en évidence, le cas échéant, par les tribunaux[191].

Pour sa part, Léon Duguit adopta une position très prudente dans les années 1920 avant de se prononcer de manière plus catégorique : « un pays dans lequel il n'est pas reconnu cette faculté à la juridiction ne vit pas réellement dans un régime d'État de droit »[192]. Il était partisan d'un système de contrôle diffus exercé par n'importe quel tribunal ayant compétence en la matière concernée et rejetait l'idée d'une juridiction constitutionnelle spécialisée qui aurait conduit, selon lui, à un gouvernement des juges.

Néanmoins, cette proposition en faveur d'un contrôle judiciaire de constitutionnalité des lois n'a alors pas dépassé le cadre universitaire dans lequel elle a été formulée. Les premières propositions d'Henry Berthélemy et Gaston Jèze eurent un écho immédiat et effectif dans les tribunaux de ... Roumanie (!)[193] mais aucun juge, ni tribunal français n'osa déclarer, ni même soulever, l'inconstitutionnalité d'aucune loi. Le légicentrisme, la primauté intangible de la loi et la méfiance envers les juges qui se manifestèrent durant la Révolution française sont fermement restés en place durant la Troisième République. Ainsi, Raymond Carré de Malberg put considérer que le contrôle de constitutionnalité des lois était seulement dans la conscience des parlementaires qui les votaient.

Sous la République de Weimar, aucune production bibliographique importante centrée sur le contrôle de constitutionnalité ou la juridiction constitutionnelle ne peut être relevée ; ce sujet ne constitua pas non plus l'un des thèmes abordés dans le cadre des sessions de l'Association des professeurs allemands de droit public créée en 1922. Cependant,

---

[191] M. Hauriou, *Précis de droit constitutionnel*, Paris, Sirey, 1923.

[192] L. Duguit, *Traité de droit constitutionnel*, 2e éd., vol. III, Paris, De Boccard, 1923, p. 675 ; cité par J.-P. Machelon, « Parlementarisme absolu, État de droit relatif », *op. cit.*, p. 59.

[193] Tout d'abord avec l'arrêt du Tribunal de Ilfov, du 2 février 1912, qui déclara l'inconstitutionnalité de la loi roumaine de 1911, par laquelle il a été établi l'expropriation immédiate et directe des actions de propriété privée de la « Société municipale de tramways de Bucarest ».

dès le début[194], un vif débat apparut à la croisée d'autres controverses portant sur des questions connexes qui furent traitées dans le cadre de diverses sessions annuelles de cette Association portant, par exemple, sur le concept de loi dans la Constitution de Weimar[195], le fédéralisme[196], l'égalité devant la loi[197], ou encore, plus directement, l'essence et l'évolution de la juridiction étatique[198]. Tous ces thèmes pouvaient rejoindre, et cela fut effectivement le cas lors des discussions qui se tinrent, celui du contrôle de constitutionnalité qui fit ainsi finalement l'objet d'une attention plus spécifique[199]. De plus, plusieurs débats sur des matières liées à cette question, à l'intérieur et à l'extérieur de l'Association, finirent par converger vers une discussion récurrente relative au contrôle judiciaire de constitutionnalité à tel point qu'il a pu être affirmé que « la question du contrôle judiciaire fut rien de moins que la question doctrinale par excellence durant la République de Weimar. Pratiquement depuis le début, la doctrine se divisa entre partisans et adversaires du contrôle judiciaire des lois du *Reich* »[200].

Trois axes fondamentaux de controverse et de débat qui donnèrent une impulsion à la discussion sur le contrôle de constitutionnalité des lois peuvent être mis en évidence. L'un deux se concentra sur les conflits qui peuvent survenir entre les

---

194 Déjà en 1919 a été publié à Berlin le livre d'A. Friedmann, *Revolutionsgewalt und Notstandrecht*, dans lequel il demandait l'attribution à un Haut tribunal de la faculté « de déclarer nulle une loi qui contredit la Constitution et prétend supprimer des droits que la Constitution a fondé », p. 182 ; cité par C. Schmitt dans *Le Tribunal du Reich comme gardien de la Constitution* (1931), Paris, Dalloz, 2017, p. 37.

195 En 1927, à Munich, avec des exposés d'H. Heller et M. Wenzel.

196 En 1924, à Iéna, avec en toile de fond le conflit entre la Prusse et le Reich. Avec des exposés d'Anschütz et Bilfiger.

197 En 1926, à Münster, avec des exposés de Kaufmann et Nawiasky.

198 « Wesen und Entwicklung der Staatsgerichtsbarkeit », à Vienne, en 1928, avec des exposés de deux « poids lourds » : Heinrich Triepel et Hans Kelsen. Voir le texte des exposés et le débat dans : *Veröffentlichungen der Vereinigung der Deutschen Staatsrechtslehrer*, Berlin, Walter de Gruyter, 1928.

199 Cela fut le sujet du 33e *Deutscher Juristentag* (Congrès des juristes allemands), en 1924, un forum plus ouvert et moins élitiste, qui compta avec un important exposé d'Heinrich Triepel.

200 P. Cruz Villalón, *La formación del sistema europeo de control de constitucionalidad (1918-1939)*, *op. cit.*

Länder et le *Reich*, entre les États et la Fédération, comme cela se produisit de manière particulièrement aiguë durant le conflit entre la Prusse et le *Reich* à propos duquel intervinrent d'éminents professeurs de droit public. Dans un modèle d'État caractérisé par une répartition territoriale du pouvoir sur la base d'un système de distribution de compétences, qui peut être complexe et controversé dans son application, il paraissait inévitable que des conflits surviendraient et que ceux-ci devaient être résolus par une instance supérieure et totalement étrangère au processus de production normative. Pour cela, l'on pensa à un organe judiciaire dont les fonctions ont tout d'abord été exercées sous la République de Weimar par le *Staatsgerichtshof* qui a notamment traité le retentissant procès ayant abouti au règlement du conflit entre la Prusse et le *Reich*, avec une participation, au soutien des parties intervenantes, de très célèbres professeurs de droit public : entre autres, Carl Schmitt pour le *Reich*, Gerhard Anschütz pour la Prusse, Theodor Maunz pour la Bavière, Hans Peters pour le groupe parlementaire prussien du *Zentrum*, ou encore Hermann Heller pour le groupe parlementaire prussien socialiste.

Un autre débat sur le sujet du contrôle de constitutionnalité tournait autour de la nature et de la place de la Constitution elle-même, notamment au regard de sa relation avec les lois.

Néanmoins, c'est certainement le troisième front de controverse, qui militait pour un contrôle judiciaire des lois, qu'il nous intéresse de connaître ici plus en détail en raison des contributions qu'il généra ; il s'agit du courant critique sur lequel se concentre notre attention parce qu'il visait le parlementarisme. En effet, il n'est pas difficile de percevoir, de manière manifeste durant la période de Weimar, une pression de la pensée antiparlementaire en faveur de la mise en place d'un contrôle judiciaire de constitutionnalité des lois. Avec différentes intensités, cela se produisit à deux moments bien distincts.

Le premier eut lieu sous la République de Weimar, dans le cadre de laquelle est née la critique, selon une expression courante, de l'absolutisme parlementaire ; un parlementarisme sans contrepoids ni éléments correcteurs, à la différence de ce qui se produisait dans le précédent régime, celui de la monarchie constitutionnelle, dont certains étaient nostalgiques, même s'ils ne voyaient pas comment la continuer. Tout un front se forma ainsi autour de personnalités qui adoptèrent une attitude de rejet de la nouvelle « tyrannie parlementaire » dont l'exercice pouvait, à leurs yeux, comporter des risques pour les libertés et l'ordre constitutionnel lui-même. Le remède possible déjà invoqué consistait dans un contrôle judiciaire du législateur. Comme a pu le relever Pedro Cruz Villalón, l'auteur le plus illustre de ce courant fut Heinrich Triepel qui n'hésita pas à affirmer que « la majorité de nos politiciens et juristes n'ont pas encore suffisamment remarqué que des institutions qui pouvaient être supportables sous la monarchie constitutionnelle peuvent simplement être insupportables sous la république parlementaire »[201].

Le second moment se produisit plus tard, au début de l'application de la Loi fondamentale de Bonn ; nous le traiterons donc dans le chapitre suivant sur les réalisations. Il est toutefois intéressant ici de relever qu'il ne se concentra pas sur la revendication d'un contrôle judiciaire, qui avait été satisfaite avec la création d'un Tribunal constitutionnel, mais sur les paramètres matériels de vérification qui se fondent sur des concepts et des théories élaborés sous la République de Weimar, surtout par la pensée institutionnaliste qui envisageait déjà de limiter l'action du législateur. Parmi ces paramètres, on peut mentionner les garanties institutionnelles, la dimension objective et institutionnelle des droits fondamentaux, les mandats faits au législateur, ou encore les droits fondamentaux qui forment tout un système de valeurs.

Le sujet du contrôle judiciaire des lois retint peu à peu l'attention de la doctrine sous la République de Weimar. Carl Schmitt publia un ouvrage — une compilation de textes — intitulé *Der Hüter der Verfassung* (Le gardien de la Constitution)[202]. Il s'y montra critique envers le contrôle judiciaire de constitutionnalité des lois, pour deux principales

---

[201] Citation prise dans P. Cruz Villalón, *ibidem*, p. 94, qui relève que les propositions revendiquant un contrôle judiciaire de la constitutionnalité des lois comportent, entre autres, une critique politico-constitutionnelle de ce qui était considérée comme une nouvelle « tyrannie parlementaire ».

[202] Traduction française de ces textes dans C. Schmitt *Le Tribunal du Reich comme gardien de la Constitution* (1931), *op. cit.*

raisons : tout d'abord, il existerait des limitations intrinsèques propres aux instances judiciaires s'agissant de contrôler l'adéquation de la législation à la Constitution ; ensuite, si l'on admettait un contrôle judiciaire de constitutionnalité, cela ne devrait pas être l'unique moyen de protection de la Constitution. Ainsi, Carl Schmitt ne refusa pas totalement un contrôle judiciaire de constitutionnalité ; il lui concéda simplement un rôle limité dans le cadre d'un système de protection de la Constitution qui s'articulerait autour de diverses instances, l'une d'elles étant le Tribunal constitutionnel ; un système auquel il octroya une fonction très claire : « Avant tout le besoin se fait sentir de se protéger contre le législateur, c'est-à-dire, contre le Parlement »[203]. Les thèses de Carl Schmitt furent contestées et générèrent une réplique, devenue célèbre, d'Hans Kelsen avec son article « *Wer soll der Hüter der Verfassung sein?* » (« Qui devrait être le gardien de la Constitution ? ») dans lequel il maintint sa thèse de la nécessité d'un organe de contrôle unique agissant comme un législateur négatif[204].

Cependant, l'auteur clé sur la question du contrôle judiciaire de constitutionnalité jusqu'à sa reconnaissance généralisée après la Seconde Guerre mondiale fut, certainement, Heinrich Triepel. Formé durant la monarchie constitutionnelle dont il regrettait nombre d'aspects, il fut le prototype du mandarin universitaire caractéristique de cette période. Il obtint tout d'abord une chaire à l'Université de Tübingen, puis en 1913, il devint professeur à l'Université de Berlin. Il avait ainsi atteint et consolidé une position reconnue des années avant l'instauration de la République de Weimar. Il n'adopta toutefois pas une posture réactionnaire mais accepta la République sans questionner sa légitimité, ce qui ne l'empêcha pas de se montrer très critique envers certains de ses développements, surtout en ce qui concerne la fonction importante accordée au Parlement et

---

[203] *Ibidem*, p. 31.

[204] Le débat est parfaitement restitué et contextualisé dans les ouvrages *La polémica Schmitt/ Kelsen sobre la justicia constitucional,* avec une préface de Giorgio Lombardi et *Estudio de contextualización de G. Gómez Orfanel*, Madrid, Tecnos, 2e éd. 2019. Voir la dernière édition du texte de Kelsen, *Wer soll der Hüter der Verfassung sein?*, Tubinga, Mohr Siebeck, 2e éd., 2019.

l'action en son sein des nouveaux partis de masse[205]. Il fut ainsi l'une des principales têtes pensantes d'une pensée antiparlementaire[206] qui ne dégénéra jamais en positions anti-démocratiques ou dictatoriales. Il a toujours ouvertement maintenu une attitude de distance face à la montée du nazisme comme le montrent certaines actions de mérite, voire de risque personnel, comme la défense engagée et la promotion de deux de ses disciples parmi les plus doués qui étaient d'origine juive, Erich Kaufmann et Gerhard Leibholz ; ou encore le refus de mettre au service des nazis et des professeurs ayant le plus de pouvoir dans ce parti — notamment Reinhard Höhn et Otto Koellreuter — l'Association des professeurs allemands de droit public qu'il avait lui-même fondée en organisant ses premières sessions en 1922.

La critique du parlementarisme de Weimar proposée par Heinrich Triepel a fini par se concrétiser en propositions et conceptions qui ont perduré, en inspirant des réalisations toujours en vigueur à l'heure actuelle. Cette critique partait de la perte des équilibres entre le Parlement et le pouvoir articulé autour de la monarchie qui avaient été atteints sous la monarchie constitutionnelle. Selon lui, le régime de Weimar concédait au Parlement un rôle trop important, sans contrepoids ou limites effectives ; une situation qui pouvait facilement déboucher sur un absolutisme parlementaire. Il commença à proposer un contrôle de l'action du législateur parlementaire en 1924, lors d'un exposé présenté à l'occasion du 33e Congrès des juristes allemands qui se tint à Heidelberg. Il y présenta une conclusion et un objectif : l'élaboration d'un document dans lequel serait conçu un système de contrôle préalable de constitutionnalité des lois avant leur promulgation ; un projet qui ne se réalisa toutefois pas.

L'année suivante, Heinrich Triepel promut une étude apparemment sans intérêt que l'on doit à l'un de ses disciples mais qui exercera une grande influence ; il s'agit de la thèse doctorale de Gerhard Leibholz, *Die Gleichheit vor dem*

---

[205] L'auteur traite du sujet dans son bref essai, originellement un discours, *La Constitución y los partidos políticos*. Édition récente en espagnol avec une étude préliminaire de Ramón Punset et une traduction de P. Madrigal, Madrid, Tecnos, 2015.

[206] Comme le souligne P. Cruz Villalón, *op. cit.*

Gesetz (L'égalité devant la loi) écrite sous sa direction. Il s'y impliqua très directement. En effet, ses idées sont si présentes dans cette thèse qu'après la Seconde Guerre mondiale, en 1961, Ernst Forsthoff[207] attribua conjointement à Heinrich Triepel et Gerhard Leibholz l'interprétation originelle du principe d'égalité devant la loi duquel découle une contrainte pour le législateur qui ne peut adopter des lois arbitraires, ce qui justifie l'intervention d'une instance judiciaire de contrôle de constitutionnalité. Cette conception s'inspirait de la jurisprudence de la *Supreme Court* des États-Unis d'Amérique — à laquelle Heinrich Triepel s'était déjà référé en reprenant sa doctrine des pouvoirs implicites, *implied powers* — et du Tribunal fédéral suisse. Ernst Fortshoff put relever dans les travaux d'Heinrich Triepel, mais aussi de Gerhard Leibholz, les prémices de la doctrine de la protection judiciaire des droits fondamentaux face à des régulations arbitraires ou abusives du législateur. Ainsi, il put noter que « ce n'était pas une coïncidence, puisqu'il manifestait la même méfiance à l'égard du législateur parlementaire dominé par les partis » au même moment, au milieu des années 1920, où le *Reichsgericht* reconnaissait sa faculté d'apprécier l'adéquation des lois aux dispositions de la Constitution[208].

Heinrich Triepel s'alignera ensuite sur des auteurs qui proposaient une conception objective des droits fondamentaux, en tant que valeurs reconnues par le droit, qui lient le législateur et lui imposent des mandats. Il développera cependant la théorie du mandat dans la sphère publique et constitutionnelle beaucoup plus tard, en 1942, lorsque sera publié son ouvrage intitulé *Delegation und Mandat im öffentlichen Recht* (Délégation et mandat en droit public) écrit lors de son exil intérieur : il prit sa retraite en 1935, se libérant de la pression croissante qu'exerçaient les nazis, dont Carl Schmitt, sur les professeurs de l'Université de Berlin.

L'ombre portée d'Heinrich Triepel se projeta sur la configuration de la juridiction constitutionnelle allemande et sa première jurisprudence à travers son disciple, Gerhard Leibholz,

---

[207] E. Forsthoff, *Deutsche Verfassungsgeschichte der Neuzeit*, 4e éd., Stuttgart, 1972, p. 184.
[208] *Ibidem*, p. 185.

qui a été nommé membre de la première configuration du Tribunal constitutionnel créé par la Loi fondamentale de Bonn. Ce poste était surprenant parce que Gerhard Leibholz, issu d'une famille juive aisée et cultivée, avait été obligé d'abandonner sa chaire à l'Université de Göttingen en 1935 après une campagne diffamatoire des étudiants nazis. Il s'exila en 1938, tout d'abord en Suisse puis en Angleterre, où il s'établit, sa vie et celle de sa famille étant en danger. Six de ses proches payèrent en effet de leur vie leur opposition au régime nazi, parmi eux le fameux théologien Dietrich Bonhoeffer, frère de sa femme, Sabine, et membre de la résistance, exécuté par le régime nazi en 1945. Nous reviendrons ultérieurement sur la trajectoire de Gerhard Leibholz qui le conduisit donc à ce poste de grande influence.

B. Le rôle nouveau et renforcé de l'Administration publique et le renouvellement du droit administratif

Les contributions importantes qui ont eu une incidence sur le pouvoir exécutif ont fondamentalement modifié l'Administration et conduit à la formation d'un nouveau droit administratif.

Le principal moteur de cette évolution fut probablement la transition de l'État libéral à l'État social, qui débuta précisément durant la période de l'entre-deux guerres en trouvant dans la République de Weimar certaines de ses premières expressions constitutionnelles. La transformation du droit administratif, de ses finalités et de ses dispositifs au fil de l'émergent État social a été importante, au point de transformer sa compréhension.

Toutefois, ce ne sont pas les contributions qui traitent de ce sujet qui nous intéressent ici mais celles qui fondent leurs explications sur des théories ou approches dans lesquelles on peut relever la présence d'un courant de pensée antiparlementaire. Le fait est que certains mouvements qui se sont développés en même temps que le nouvel élan et l'extension de l'activité des Administrations publiques ont été une réaction face au parlementarisme libéral. Avec diverses nuances, la phrase « moins de politique et plus d'Administration » a été entendue à plusieurs reprises durant cette période dans tous les pays auxquels nous avons prêté attention. Habituellement prononcée par des politiciens — rarement par des universitaires — elle dénonçait l'inutilité de l'activité politique au sein du Parlement, avec ses intrigues et arrangements qui l'éloignaient d'une société qui devait être servie par une Administration efficace à laquelle il a été reconnu à cette époque une importante et croissante activité de prestations qui n'avait pas été admise dans l'État libéral. La critique du parlementarisme libéral était donc implicite mais sans équivoque. Dans un tel environnement, les voies par lesquels le droit administratif chemina avec de nouvelles et remarquables contributions ont été diverses. Nous en relèverons ici trois : la première conduisit à un « exil » dans le droit administratif ; la deuxième rechercha un nouveau fondement de légitimation du pouvoir public, en particulier de l'activité en expansion de l'Administration ; la troisième mena, dans le cadre de régimes dictatoriaux avec des institutions parlementaires neutralisées, à un développement des dispositifs procéduraux de protection et de garantie des citoyens avec lesquels il était prétendu compenser le déficit de légitimité en raison d'une absence d'habilitation du législateur parlementaire qui manquait d'une nécessaire représentativité et couverture démocratique.

a) L' « exil » dans le droit administratif

Un phénomène qui s'observa en Europe durant les périodes dominées par des régimes dictatoriaux — lorsque disparurent ou se dénaturèrent complètement les traits constitutionnels caractéristiques de l'État de droit, la démocratie et la séparation des pouvoirs — est l'attention croissante prêtée au droit administratif au détriment, surtout, d'un droit constitutionnel qui perdit sa matière première d'étude étant donné que les régimes dictatoriaux éliminèrent les Constitutions — surtout celles qui prévoyaient une limitation du pouvoir — ou les neutralisent entièrement, comme cela eut lieu avec la Constitution de Weimar à partir de 1933.

Cette tendance était particulièrement visible en Allemagne. Lorsque la Constitution de Weimar était en vigueur, on avait assisté à une impressionnante production de textes et de débats en matière de droit constitutionnel, théorie de l'État, droit international, philosophie du droit mais également droit administratif. Cependant, dans les années 1930, avec l'accès au pouvoir des nazis et la mise en place d'un régime d'exception dérogeant aux dispositions constitutionnelles, les principales têtes pensantes du droit public disparurent de la scène tandis que d'autres se résolurent à couvrir ce régime avec des ouvrages indignes qui semblent aujourd'hui inconcevables. Il se produisit alors ce qui peut être qualifié d'« exil » dans le droit administratif[209] à l'étude duquel d'importants professeurs désabusés, lorsqu'ils n'étaient pas horrifiés par la régression politique du régime, ont consacré leur énergie. Il semblerait ainsi qu'à la fin de la République de Weimar ait été vérifié ce qu'Otto Mayer avait relevé : le droit administratif montre une plus grande stabilité en n'étant pas étroitement lié aux fluctuations, alors très marquées, des conjonctures politiques[210]. C'est ainsi que dans l'Allemagne des fatidiques années 1930, les seules innovations importantes de la doctrine du droit public se produisirent dans le champ du droit administratif, avec des contributions qui perdurent. Cela a été reconnu de manière unanime par l'actuelle doctrine allemande, ainsi Michael Stolleis a pu parler d'une renaissance du droit administratif durant le régime national-socialiste[211] ; un constat corroboré par l'Association des professeurs allemands de droit public lorsqu'elle a traité de cette période[212] .

---

[209] Comme je me suis permis de qualifier cette période en l'étudiant pour désigner le fait de donner la priorité au droit administratif : « La doctrina alemana del Derecho Público durante el régimen nacionalsocialista », *Revista Española de Derecho Constitucional*, n° 67, 2003, p. 171.

[210] Une situation qui rappelle la fameuse affirmation d'Otto Mayer : « Le droit constitutionnel passe, le droit administratif reste ».

[211] Dans les articles « Die Wiederbelebung der Verwaltungslehre im Nationalsozialismus » et « Verwaltungsrechtswissenschaft im Nationalsozialismus », tous les deux publiés dans *Recht im Unrecht: Studien zur Rechtsgeschichte des Nationalsozialismus*, Francfort-sur-le-Main, Suhrkamp, 1994.

[212] Lors de sa session de 2000. Les textes des exposés des professeurs Horst Dreier et Walter Pauly ainsi que le débat qu'ils suscitèrent se trouvent dans la série *Veröffentlichungen der Vereinigung der Deutschen Staatsrechtslehrer*, n° 60, 2001. Je traite du contenu de ce débat et, surtout, de l'environnement dans lequel il eut lieu, dans « La doctrina alemana del Derecho Público durante el régimen nacionalsocialista », *Revista Española de Derecho Constitucional*, n° 67, 2003, pp. 171 et s.

Ernst Forsthoff fut un éminent représentant de cette tendance. À un moment de sa vie, il adopta des positions très proches du parti nazi en élaborant des travaux dans le domaine du droit constitutionnel suivant souvent les orientations de Carl Schmitt auquel il était très lié. À la fin des années 1930, face à la dure réalité qu'offrait le régime national-socialiste, il se distancia de ces positions et s'exila dans l'étude de sujets plus abstraits et méthodologiques (notamment les frontières du droit, *Grenzen des Rechts*, publié 1941), des questions linguistiques (*Recht und Sprache* (Droit et langage) publié en 1940) et, surtout, du droit administratif. En 1938, il publia sur cette matière un livre important, *Die Verwaltung als Leistungsträger* (L'Administration en tant que prestataire) dans lequel il analysa la nouvelle tendance des Administrations publiques en tant que prestataires de services, qui sera fondamentale et caractéristique du modèle d'État social. Dans cet ouvrage, Ernst Forsthoff redimensionna le contenu et corrigea certaines interprétations d'une précédente étude, *Der totale Staat* (L'État total) à laquelle il n'entendait pas donner le sens totalitaire que l'on pouvait déduire de son titre peu judicieux. Son travail culminera douze ans plus tard avec la publication, en 1950, de son *Lehrbuch des Verwaltungsrechts* (Traité de droit administratif) ; un exposé actualisé et moderne du droit administratif qui exercera une influence particulière en Espagne et dans des pays hispanophones à travers notamment sa traduction publiée par l'Institut d'études politiques de 1958[213].

Un autre apport au droit administratif nous a été donné par l'ouvrage qui inaugura le genre — qui s'avérera très fructueux — du droit administratif économique. Tel est le titre de l'ouvrage d'Ernst Rudolf Huber publié en 1932 : *Wirtschaftsverwaltungsrecht* (Droit administratif économique). Cet auteur avait d'abord adopté des positions en totale harmonie avec le national-socialisme mais lorsque la tournure criminelle qu'il prenait devint évidente, dès les années 1930, il commença à s'en distancier en se réfugiant dans ce sujet relevant du droit

[213] On note une excellente traduction française par le professeur Michel Fromont : *Traité de droit administratif allemand* de E. Forsthoff, Bruxelles, Établissements Émile Bruylant, 1969.

administratif. Puis, avec un plus grand investissement, il se consacra à son monumental *Deutsche Verfassungsgeschichte* (Histoire constitutionnelle allemande) composé de plusieurs volumes comprenant d'abondantes informations sur l'histoire du constitutionnalisme et le droit public en Allemagne, en particulier sur les trajectoires personnelles, la formation ainsi que les contributions de centaines de personnes qui y participèrent : professeurs, juges, fonctionnaires, politiciens.

À l'instar d'Ernst Forsthoff, d'autres auteurs ont adopté des positions critiques à l'égard de la République de Weimar, particulièrement son régime parlementaire, et se rapprochèrent du nazisme — au sein duquel ils n'ont cependant pas réussi à se faire un nom en raison de leur jeunesse — avant de s'en distancier ensuite et se consacrer avec succès au droit administratif dans les années 1930 et 1940. L'actuelle doctrine publiciste allemande souligne surtout deux de ces auteurs[214].

Le premier est Hans Peters auquel on doit ce qui est probablement, de mon point de vue, le meilleur exposé du droit administratif allemand en raison de sa judicieuse combinaison de rigueur et clarté. Il a notamment été l'auteur d'un ouvrage publié à Berlin en 1949, où il était professeur, à la *Humboldt-Universität*, qui se distingua, entre autres particularités, par l'étude et l'interprétation d'importants préceptes de la Constitution de Weimar — encore en vigueur après la guerre et peu avant la Loi fondamentale de Bonn —, trente années après sa promulgation durant lesquelles il se produisit beaucoup de bouleversements dans tous les domaines, et même une guerre mondiale[215].

Le second est Arnold Köttgen, également auteur d'un manuel, *Deutsche Verwaltung*, publié en 1936, et d'importants travaux durant la période de l'entre-deux-guerres depuis sa chaire de Göttingen. Aussi bien Hans Peters qu'Arnold Köttgen offraient déjà, à la fin des années 1930 et au début des années 1940, des propositions d'avant-garde sur les tâches de

---

214 Les exposés de Dreier et Pauly coïncident sur ce point, voir : *Veröffentlichungen der Vereinigung der Deutschen Staatsrechtlehrer*, *op. cit.* n° 60, 2001.

215 H. Peters, *Lehrbuch der Verwaltung*, Berlin-Göttigen-Heidelberg, Springer, 1949. Il n'est malheureusement pas facile de se procurer cet ouvrage.

l'Administration et l'élaboration consécutive d'un nouveau droit administratif.

La relance de l'étude du droit administratif qui eut alors lieu ne fut pas seulement caractérisée par une distanciation à l'égard du débat politique comme l'a relevé Otto Mayer ; elle avait une motivation supplémentaire — en réalité la plus importante — de construction d'un nouveau droit administratif avec des différences marquées au regard du modèle libéral qu'Otto Mayer a réussi à exposer avec justesse. L'explosion d'idées qui se produisit sous la République de Weimar, durant la période de l'entre-deux-guerres en Europe, laissa une marque profonde dans le droit administratif : celui qui arriva au début de cette période était celui qui avait été conçu au XIXe siècle et celui qui se profila à la fin de celle-ci répondait à de nouveaux postulats et exigences. C'est là qu'apparut l'Administration de services, l'Administration d'assistance avec de nouvelles références qui impliquaient moins une contrainte du législateur parlementaire que plus directement une nécessaire obéissance à la Constitution, à un ordre de droits fondamentaux et de garanties institutionnelles. La pensée normativiste jusqu'alors dominante s'est ainsi vue en grande partie remplacée par une autre, de nature institutionnelle, qui cherchait une légitimité propre à l'activité de l'Administration et, par conséquent, diminuait ses liens avec le législateur.

Pour leur part, deux professeurs liés au nazisme, Theodor Maunz et E. R. Huber, se sont consacrés à la réalisation de travaux aussi singuliers qu'éloignés de la terrible réalité des affres du régime, surtout après le drame de la bataille de Stalingrad. Theodor Maunz publia en 1944 un livre sur l'empire espagnol, *Das Reich der spanischen Grossmachtzeit*[216], dans lequel il encensa l'époque impériale de la grande puissance espagnole aux XVIe et XVIIe siècles en la comparant à la terrible frustration qu'il sentait à l'égard du Troisième Reich allemand tandis qu'E. R. Huber s'intéressa à Goethe sur lequel il écrivit *Goethe und der Staat*, publié la même année.

---

216 T. Maunz, *Das Reich der spanischen Grossmachtzeit*, Hambourg, Hanseatische Verlagsantalt, 1944.

Quant à Heinrich Triepel, qui a pris ses distances avec le nazisme dès le début, il publia en 1942 *Delegation und Mandat im öffentlichen Recht* qui le conduisit vers une immersion profonde dans le droit romain, avant de finalement se réfugier dans l'esthétique, avec son ouvrage posthume *Vom Stil des Rechst: Beiträge zu einer Ästhetik des Rechts*, publié en 1947.

b) À la recherche d'une nouvelle légitimité du pouvoir public et de l'activité de l'Administration. La théorie du service public

En France, il se produisit le même phénomène d'intérêt croissant pour le droit administratif, au point que les deux auteurs auxquels nous avons prêté la plus grande attention, Léon Duguit et Maurice Hauriou, sont sans doute davantage connus aujourd'hui pour leurs contributions à cette discipline que pour la qualité de leur pensée dans le registre de la philosophie, de la sociologie ou de la théorie politique et constitutionnelle. Ces deux auteurs nous intéressent ici tout particulièrement non seulement en raison de leur envergure intellectuelle incontestable mais également pour leur orientation antiparlementaire commune qui, bien qu'elle ne se soit pas manifestée de manière explicite, est présente dans leurs principaux travaux, ceux qui ont perduré jusqu'à nos jours.

La célébrité actuelle de Maurice Hauriou s'explique, essentiellement, par le fait d'avoir été le grand défenseur des principales institutions du droit administratif, surtout dans ses fameux *Précis*[217], et l'auteur de précieuses et illustratives notes sur des arrêts du Conseil d'État et du Tribunal des conflits[218]. Son travail fut similaire à celui que mena Otto Mayer en Allemagne, également durant la période de transition du XIXe au XXe siècle, ou Vittorio Emanuele Orlando en Italie. Cependant, sa contribution personnelle la plus importante, dont l'influence a été la plus forte, est sa théorie de l'institution bien qu'elle ait été partiellement occultée par le premier emploi qu'en fit la doctrine

---

[217] *Précis de droit administratif*, qui a fait l'objet de douze éditions, entre 1892 et 1943, avec des innovations significatives dans chacune d'elles.

[218] *La jurisprudence administrative de 1892 à 1929*, 3 vols., Paris, Recueil Sirey, 1929.

allemande, dès la République de Weimar mais surtout après la guerre avec une acceptation totale par la jurisprudence du Tribunal constitutionnel. Sa pensée institutionnaliste et les dispositifs qui l'ont matérialisée impliquent une claire réduction du pouvoir de disposition des instances normatives, en particulier du législateur parlementaire, qui doivent nécessairement respecter les contenus qui proviennent de l'institution.

Il en va tout autrement de l'œuvre de Léon Duguit. Ce dernier lança une critique très sévère — exploitable à bien des égards — de l'individualisme libéral, du positivisme et de toute une série de fictions, selon lui, sur lesquelles on avait prétendu fonder le pouvoir public ; toutefois, ses constructions alternatives, comme sa conception objective du système juridique, n'ont pas reçu un grand accueil et n'ont donc pas perduré sur le plan de la philosophie du droit ou du droit constitutionnel. En revanche, sa théorie du service public inscrite dans le cœur même du droit administratif, qu'elle a ainsi renouvelé dans ses aspects fondamentaux, a exercé une influence notable en arrivant jusqu'à nous.

La théorie du service public s'inscrit dans un ordre d'idées et de catégories dans lequel la critique du parlementarisme libéral ainsi que de la notion de démocratie représentative qui la sous-tend est évidente. Léon Duguit rejeta les conceptions dominantes à son époque sur la légitimité du pouvoir étatique s'articulant autour du concept abstrait de souveraineté, qu'elle soit monarchique ou démocratique : « en déclarant que le peuple est souverain vous faites un acte de foi du même type que ceux qui attribuent la souveraineté au roi par droit divin »[219]. En somme, Léon Duguit s'opposait aux conceptions aprioristiques de légitimité du pouvoir public ; selon lui, la légitimité ne doit pas se fonder *a priori* dans le fait d'être né au sein d'une famille, comme l'a toujours postulé la légitimité monarchique. La légitimité démocratique est aussi une légitimité *a priori*, qui est alléguée après avoir gagné des élections permettant d'occuper une majorité de sièges au sein de la chambre représentative. Par contraste, Léon Duguit, concentra son attention sur les obligations des gouvernants et leurs réalisations, à savoir,

---

[219] L. Duguit, *Lecciones de derecho público general*, Marcial Pons, 2011, p. 98.

essentiellement, les services publics. Ils doivent y trouver et consolider la justification de leur légitimité dans leur action ; une légitimité *a posteriori* reposant sur des réalisations effectives qui rend inutile, ou affaiblit, l'habilitation législative et dote le pouvoir administratif d'une légitimation autonome qui se trouve dans une large mesure à la marge de la légitimité que peut fournir le Parlement.

En outre, le régime propre aux services publics est configuré de manière objective, de façon institutionnelle pourrait-on dire, avec une série d'exigences et de principes dont, du moins s'agissant de leurs aspects essentiels, le législateur ne peut disposer. Citons le principe d'égalité d'accès, le principe de continuité, le principe d'universalité, etc.

En Italie aussi on a pu assister à cette époque à une orientation similaire d'une grande partie de la doctrine publiciste. Les auteurs qui nous semblent les plus caractéristiques et remarquables quant à leur critique du parlementarisme ont basculé vers le droit administratif à tel point qu'ils sont peut-être désormais plus connus en tant que « cultivateurs » de cette discipline. C'est le cas de Vittorio Emanuele Orlando, à qui l'on doit la première et complète élaboration technique du droit administratif Italien et le monumental ouvrage collectif intitulé *Primo trattato completo di diritto amministrativo italiano* de 18 volumes publiés entre 1900 et 1935. Un autre des auteurs auxquels nous avons prêté attention s'est aussi finalement tourné vers le droit administratif : Santi Romano. Après diverses études, il publia, au début des années 1930, un ouvrage systématique sur la matière[220]. De cette manière, Santi Romano finit par être inclus et connu parmi les « cultivateurs » du droit administratif (associé surtout à Oreste Ranelletti et Federico Cammeo, tous les trois étant des disciples de Vittorio Emanuele Orlando) et, bien sûr, en tant qu'auteur de l'ouvrage *L'ordinamento giuridico* auquel nous nous sommes déjà référés, essentiellement pour sa contribution à la pensée institutionnaliste. Le parcours, après la guerre, d'un publiciste aussi important que Massimo Severo Gianini fut également très significatif : débutant en tant que professeur de droit constitutionnel aux côtés de Santi Romano, il

---

[220] S. Romano, *Corso di diritto amministrativo italiano*, Padova, Cedam, 1930.

s'orienta ensuite vers le droit administratif en publiant, en 1950, ses *Lezioni di diritto amministrativo* qui ont marqué le point de départ d'un renouveau fructueux de la discipline en Italie[221].

c) Le développement des dispositifs de protection et de garantie du citoyen à l'égard de l'activité de l'Administration publique

Cette ligne de développement du droit administratif s'est surtout manifestée dans des régimes autoritaires qui se sont prolongés dans le temps, consolidés pourrions-nous dire, et qui ainsi se sentaient sûrs parce que dénués de menaces et d'agitations, du moins durant une longue période. Il s'agit des régimes qui ont été installés au cours de la période qui nous occupe, typiquement au Portugal et en Espagne : au Portugal, durant la longue existence, presque un demi-siècle, dudit *Estado Novo* (également appelé Deuxième République portugaise) de 1926 à 1974, marqué par la dictature d'Antonio Salazar ; en Espagne, pendant la dictature franquiste, à partir de 1939 et jusqu'au milieu des années 1970. Rien de cela ne se produisit dans d'autres régimes autoritaires plus brefs, comme la dictature de Primo de Rivera, ou plus agités, tel le régime national-socialiste en Allemagne ou fasciste en Italie qui se terminèrent avec la mort violente de leur dictateur respectif.

Nous avons déjà noté l'absence de pensée antiparlementaire durant les périodes dominées par des systèmes dictatoriaux ou autoritaires. Du moins, la pensée antiparlementaire n'apparaissait alors pas dans sa version critique la plus incisive pour la simple raison qu'il n'y avait rien à critiquer étant donné que ce qui constituait son objet, le modèle parlementaire de nature libérale, avait été déconstruit. Et si l'on pouvait tout de même relever un antiparlementarisme, il s'agissait de critiques de moindre qualité, ce qui offrait finalement une justification et une couverture au régime.

---

[221] M. S. Giannini, *Lezioni di diritto amministrativo*, Milano, Giuffrè, 1950. Son importance est soulignée par Paolo Grossi qui, un demi-siècle plus tard, de ses leçons qu'elles étaient « *un presente che si fa futuro* ». P. Grossi, *Scienza giuridica italiana. Un profilo storico 1860-1950*, Milano, Guiffrè, 2000.

Dans ces régimes dictatoriaux — c'est justement cela qui les caractérisait — les libertés politiques, la représentativité, la libre formation de partis et la participation démocratique étaient limitées ou supprimées. Cependant, si de tels systèmes s'affirmaient et se consolidaient dans le temps, ils pouvaient montrer une singulière capacité à compenser la diminution des droits politiques par la formation d'un cadre complet de garanties et de dispositifs de protection à l'égard de l'action d'une Administration publique de plus en plus présente. Une régulation procédurale et institutionnelle fortement garantiste — tentant d'améliorer à l'égard des citoyens l'image et la capacité d'intégration du régime — fut conçue avec habileté par un groupe de professeurs de droit administratif qui visaient à agir sur la législation et l'action du Gouvernement. Le Portugal et l'Espagne offrirent une expérience très similaire sur ce point.

S'agissant du Portugal, avec le recul nécessaire, le professeur Freitas do Amaral exprima une opinion largement répandue en affirmant que durant l'*Estado Novo*, les garanties et les droits publics des individus, qui avaient connu une forte restriction jusqu'à leur suppression dans de nombreux domaines, s'étaient renforcés et perfectionnés dans d'autres champs, surtout s'agissant des relations avec l'Administration[222]. Le grand bâtisseur de ce droit administratif moderne et garantiste fut Marcelo Caetano[223], professeur à l'Université de Lisbonne, qui joua un grand rôle dans l'élaboration de la Constitution de 1933 et, surtout, du Code administratif de 1936-1940 avant, comme nous l'avons déjà noté, d'assurer la présidence du dernier Gouvernement de l'*Estado Novo*.

En Espagne, l'expérience d'une dictature prolongée fut plus tardive et, par conséquent, l'a aussi été la formation d'un droit administratif articulé autour de garanties et de droits accordés aux citoyens face à l'Administration à travers lesquels il était prétendu compenser, d'une certaine manière, l'absence ou la limitation importante des libertés politiques. Ceci nous conduit aux limites temporelles de ce livre. Nous ne pouvons entrer dans

---

222 D. Freitas do Amaral, *Curso de Direito Administrativo*, vol. I, Coimbra, Almedina, 1988, p. 85.
223 *Ibidem*, p. 173.

les détails de ce sujet ici, cependant relevons que c'est dans les années 1950 que l'on peut situer la construction, ou mieux la fixation, des bases du droit administratif espagnol moderne, avec deux références très significatives durant cette décennie. La première, en matière scientifique et doctrinale, fut la fondation de la *Revista de Administración Pública* qui réunit une génération très importante d'administrativistes, notamment Eduardo García de Enterría, José Luis Villar Palasí ou Fernando Garrido Falla, parmi d'autres noms célèbres. La seconde nous est offerte par le législateur, avec trois lois importantes qui furent votées sous l'inspiration directe de ce groupe : la loi sur l'expropriation forcée de 1954, la loi sur la juridiction contentieuse administrative de 1956 et la loi sur la procédure administrative de 1958. Ces lois fondèrent un modèle de garantisme et de modernité qui les ont maintenues pleinement en vigueur quant à leurs contenus essentiels et les dispositifs qu'elles instituèrent.

Toutefois, nous nous éloignons avec ces références de la période qui retient principalement notre attention. Entrons désormais sur le terrain des réalisations qu'il nous revient de traiter dans le prochain chapitre.

CHAPITRE VI

LA TRANSMISSION DES IDÉES ET LEURS RÉALISATIONS

1. RENAÎTRE APRÈS LE DÉSASTRE

La période de l'entre-deux-guerres en Europe se termina de la manière la plus déplorable et traumatique qu'ait connu l'histoire. En Allemagne, le régime nazi dériva en une machinerie criminelle aussi horrible qu'efficace, un régime qui pouvait compter sur la collaboration du Gouvernement français de Vichy, tandis qu'en Italie le fascisme montrait son visage le plus violent. Par ailleurs, une guerre civile incroyablement sanglante se déclencha en Espagne, puis la Seconde Guerre mondiale éclata en Europe ; la guerre la plus dévastatrice jamais connue concluant une période historique qui a connu la violence et la désolation comme nullement auparavant. Cependant, on a aussi assisté durant ces années à une explosion des idées, de l'art, de la science et des débats sans égale jusqu'alors en si peu de temps.

Il semble cependant que ces conquêtes de l'esprit et la sensibilité humaine ont été détruites avec la guerre, surtout les idées, les contributions ainsi que les propositions — avec la critique et le débat qui les précédèrent — auxquelles nous avons ici prêté attention ; celles qui portent sur le système politique, l'architecture du pouvoir, les droits et libertés des citoyens et qui avaient suscité des discussions de haut niveau et intéressants qui ont cependant pu être associés, au cours de l'histoire, à la régression politique qui termina en régimes autoritaires. La République de Weimar offre à cet égard une expérience paradigmatique : elle a vu se développer un débat académique de haut niveau, avec une production scientifique extraordinaire au regard de son volume en un temps si bref et, surtout, des contributions importantes ; cependant, dans le même temps, la politique glissait vers la barbarie et le crime sans que, ni la Constitution ni ses éminents spécialistes et interprètes puissent contenir le mouvement destructeur auquel plusieurs d'entre eux participèrent même en soutenant le programme du national-socialisme.

Le débat des publicistes sous la République de Weimar fut ainsi, d'une certaine manière, associé — surtout aux yeux des vainqueurs de la guerre — à l'effondrement de la République et à l'instauration du nazisme. À la fin du conflit, ces discussions de professeurs et leurs contributions ne suscitaient aucun intérêt. La preuve en est, sans qu'une déclaration expresse ait été nécessaire, les professeurs de droit public ont de fait été délibérément exclus de la procédure qui marqua le début de la rénovation de leur discipline et du panorama constitutionnel en Europe : l'élaboration et la promulgation de la Loi fondamentale (*Grundgesetz*) de la République fédérale d'Allemagne. Ils ont également été dans un premier temps largement exclus du Tribunal constitutionnel créé par cette Constitution pour sa protection et son interprétation.

La Loi fondamentale allemande est un texte constitutionnel très intéressant à bien des égards, notamment en raison de son influence au-delà de la République fédérale d'Allemagne ; une influence qui sera quelque peu tardive — perceptible surtout à partir des années 1970 — lorsque les précautions et les méfiances exprimées à son égard se seront dissipées et qu'il aura pu être constaté que le régime de droits et de garanties qu'elle établissait, ainsi que l'architecture institutionnelle qu'elle concevait, étaient des réalités solides qui contribuèrent à la stabilité et au progrès (ledit « miracle allemand ») d'un pays qui finit par mener la formation d'une nouvelle Europe unie.

Au regard du fil historique et argumentaire que nous suivons ici, cette Constitution a une signification de premier ordre dans la mesure où elle a récupéré et actualisé, en filtrant et épurant ses aspects les plus incompatibles avec le modèle démocratique, la pensée de Weimar, pour l'appeler ainsi, sachant qu'il ne s'agit pas d'une pensée qui a été entièrement conçue en Allemagne — rappelons, à titre d'exemple, la théorie de l'institution qui l'a inspirée et qui est née en France, comme nous l'avons déjà relevé —. Toutefois, c'est bien dans le cadre de la République de Weimar qu'elle a atteint son niveau de discussion et de proposition le plus élevé.

La précédente affirmation pourrait être complètement contredite si l'on considère le processus d'élaboration de la Loi fondamentale et les circonstances dans lesquelles il se déroula . On a voulu alors marquer une rupture nette avec le précédent régime, celui de la dictature nationale-socialiste qui s'était emparée du pouvoir sous la République de Weimar. Aucun professeur important de cette époque — certains étaient encore en activité — n'a été appelé à élaborer le texte constitutionnel. On a ainsi voulu s'écarter des environnements universitaires qui avaient joué un grand rôle sous la République de Weimar. Aucune participation de professeurs de droit public n'a été proposée alors qu'ils formaient un groupe important comme le met en évidence la reconstitution de l'Association des professeurs allemands de droit public en 1949, la même année que la promulgation de la nouvelle Constitution.

L'élaboration du texte de la Loi fondamentale de Bonn a essentiellement été confiée à des fonctionnaires qui disposaient du soutien des deux grands partis, le parti chrétien-démocrate et le parti social-démocrate, à partir desquels l'on prétendait construire un régime bipartisan en vue de remplacer le multipartisme qui s'était avéré déstabilisant sous la République de Weimar.

Néanmoins, malgré ce « cordon sanitaire » dressé contre les professeurs allemands, leur pensée développée à l'époque du régime de Weimar laissa une empreinte marquée dans la Loi fondamentale, bien que cela ne soit pas très visible à première vue. Cette influence décisive eut plusieurs causes.

2. CONTINUITÉ ET DISCONTINUITÉ GÉNÉRATIONNELLE PARMI LES PROFESSEURS EUROPÉENS DE DROIT PUBLIC

L'une de ces causes est la proximité dans le temps des deux périodes. La pensée de Weimar se prolonge, même si de manière fortement modifiée, jusqu'aux années 1940 ; la décennie durant laquelle la Loi fondamentale de Bonn a été adoptée. Ainsi, à titre d'exemple, on peut relever qu'un ouvrage important ayant exercé une grande influence sous le régime de Bonn, *Delegation und Mandat im öffentlichen Recht* (Délégation et mandat en droit public) d'Heinrich Triepel, a été publié en 1942. Certes, cet auteur avait pris, plusieurs années auparavant, le chemin de « l'exil intérieur » après avoir pris sa retraite en 1935 ; cependant, cet ouvrage est pleinement immergé dans la pensée de Weimar. Il y a donc eu une indéniable continuité chronologique, personnelle et intellectuelle, entre les régimes de Weimar et de Bonn.

Une preuve de cela réside dans le fait qu'il a existé une « génération-pont », un groupe de professeurs qui étaient pleinement actifs durant les deux époques. Dans le domaine du droit public, nous pouvons citer à cet égard, entre autres, Ernst Forsthoff, Theodor Maunz, Rudolf Smend, Richard Thoma, Gerhard Leibholz, Erich Kaufmann, ou encore Carl Schmitt. Ce dernier fut dépouillé pour toujours de sa chaire après avoir été jugé à Nuremberg mais il resta actif et influent à travers d'autres voies que nous analyserons plus avant. Nous aurions certainement pu ajouter à cette liste Hermann Heller, s'il n'était pas décédé à Madrid, où il enseignait en tant que professeur invité, en 1933, à seulement quarante-deux ans.

De fait, peu de temps après l'adoption de la Loi fondamentale et sans même avoir participé à sa rédaction, la communauté universitaire s'est emparée de son interprétation et de l'élaboration dogmatique de ses concepts ; non seulement sur un plan doctrinal mais également à travers la jurisprudence du Tribunal constitutionnel fédéral qu'ils commencèrent peu à peu à intégrer en tant que juges après y avoir été écartés de manière évidente. Cette exclusion originelle est une illustration de plus de la précaution qui existait à l'endroit des professeurs de droit public au regard de l'agitation qu'ils avaient pu provoquer sous le régime de Weimar. L'unique professeur présent dans le premier Tribunal constitutionnel, on l'a noté, était Gerhard Leibholz qui fut rappelé de son exil à Oxford, nous verrons dans quelles circonstances, parce qu'il n'appartenait pas à proprement parler à la communauté universitaire allemande, bien qu'il lui ait ensuite été proposé une chaire à l'Université de Göttingen, qu'il accepta. Le fait est qu'en raison de sa formation académique, Gerhard Leibholz a eu un grand ascendant au sein du Tribunal constitutionnel dont la jurisprudence porte des conceptions et des idées qu'il avait déjà exprimées sous la République de Weimar et d'autres qui ont été présentées et discutées ensuite. Plus tard, des professeurs intégrèrent le Tribunal constitutionnel et ils y sont même devenus en peu de temps majoritaires, jusqu'à quasi monopoliser l'institution ces dernières décennies.

Cette génération de professeurs joua un rôle remarquable en matière de transmission, actualisation et réalisation effective des idées et des doctrines de la génération antérieure, celle de Weimar. Par conséquent, nous pouvons relever en Allemagne l'existence de deux générations consécutives, sans discontinuité, avec un lien renforcé par ce groupe intermédiaire ou « génération-pont » à laquelle il a été fait allusion et que nous étudierons en détail plus avant.

Cette proximité, temporelle et personnelle, a permis une transmission fluide d'idées, qui n'a pas été possible dans d'autres États, comme le montre le cas de l'Espagne, particulièrement significatif au regard de son lien avec l'Université allemande, justement durant la période de Weimar comme nous avons pu le constater dans le chapitre II. De nombreux professeurs espagnols de droit public passèrent, en effet, par celle-ci, la majorité étant des constitutionnalistes : parmi les trois qui ont accédé au titre de professeur de droit politique durant la Deuxième République, deux d'entre eux, Francisco Ayala et Eduardo L. Llorens, ont été formés dans des universités allemandes[224].

Francisco Ayala se rendit à l'Université de Berlin dans l'objectif de bénéficier des enseignements d'Heinrich Triepel dont les cours lui parurent cependant extrêmement ennuyeux, au contraire de ceux d'un jeune professeur qu'il découvrit alors : Hermann Heller[225]. Francisco Ayala lui-même réalisa les démarches nécessaires pour inviter Hermann Heller en tant que professeur invité à l'Université Centrale de Madrid lorsque l'ascension des nazis au pouvoir mit sa vie en grave danger en

---

224 Voir à ce sujet le livre documenté *El Derecho Político de la Segunda República. Francisco Ayala. Eduardo L. Llorens. Nicolás Pérez Serrano*, étude préliminaire et notes de Sebastián Martín, Madrid, Universidad Carlos III de Madrid, 2011.

225 Comme l'a relaté Francisco Ayala lui-même dans son livre de nature autobiographique *Recuerdos y olvidos*, Madrid, Alianza, 1993.

raison de son origine juive et de son engagement de socialiste militant.

Le lien d'Eduardo L. Llorens avec la pensée de Weimar fut plus profond et intense que celui d'un simple boursier. Il intégra pleinement l'activité universitaire en publiant plusieurs études dans des revues allemandes. En Espagne, il publia aussi, en 1935, un excellent livre, *La igualdad ante la ley* (L'égalité devant la loi), dans lequel il rendit compte, en introduisant quelques développements personnels, de la discussion qui avait lieu sur le sujet en Allemagne — à partir surtout de l'ouvrage de Gerhard Leibholz sur la même question, inspiré directement d'Heinrich Triepel —. Cet ouvrage exercera une grande influence, comme nous le verrons, sur l'interprétation de la Loi fondamentale de Bonn.

Manuel García Pelayo fit également partie de ce groupe. Il fut, en effet, boursier de la *Junta de Ampliación de Estudios* entre 1934 et 1936, ce qui lui permit d'étudier dans les Universités de Vienne et de Berlin où il connut Carl Schmitt comme il le relata dans l'introduction de l'édition espagnole de la *Verfassungslehre* (Théorie de la Constitution), traduite par Francisco Ayala.

Il convient aussi de mentionner Javier Conde, boursier à Berlin durant l'année universitaire 1933-1934, qui établit également avec Carl Schmitt une relation personnelle qui se prolongea en Espagne durant les décennies suivantes. Citons, par ailleurs, Luis Recaséns Siches qui était à Berlin à la fin des années 1920 avec Rudolf Smend et Hermann Heller, avant d'aller étudier à Vienne pour bénéficier des enseignements d'Hans Kelsen qui l'influença profondément et dont il contribua à diffuser les travaux. Il fit ce voyage en dépit de l'opposition d'Hermann Heller qui n'avait pas une bonne appréciation d'Hans Kelsen et de son œuvre.

Toutefois, cette génération ne put bénéficier de la continuité d'une autre qui lui aurait succédé en développant ses lignes de pensée et ses contributions. Il ne se forma pas non plus un « groupe-pont » qui aurait assemblé, telle une charnière, deux générations. La première génération n'a pu consolider sa position parce que nombre de ses membres s'exilèrent. Parmi eux : Francisco Ayala en Argentine ; Manuel García Pelayo, constatant que les voies de sa promotion universitaire étaient fermées, d'abord en Argentine, puis au Venezuela ; Luis Recaséns Siches au Mexique où il effectuera un travail important à l'Universidad Nacional Autónoma ; Javier Conde, qui obtint une chaire en pleine entente avec le régime, puis abandonna un cadre universitaire peu stimulant pour se consacrer à une carrière diplomatique en exerçant en tant qu'ambassadeur dans divers pays, le dernier étant précisément l'Allemagne. Cette génération intermédiaire n'ayant pu se former, il n'a pas non plus été possible de tirer profit du potentiel de la précédente à laquelle nous nous sommes référés. Parmi ses principaux représentants, fréquemment cités dans ces pages, figurent Adolfo Posada Herrera, qui connut une marginalisation durant la Seconde République et mourut dans l'oubli à quatre-vingt ans à Madrid, en pleine période d'après-guerre, en 1944, ou encore Fernando de los Ríos, qui mourut en exil à New-York, en 1949. Ils se retrouvèrent, comme tant d'autres, sans disciples qui auraient pu reprendre leurs réflexions et poursuivre leur œuvre.

Dès lors, la reconstruction du droit public a été initiée dans les années 1950 par les administrativistes dont nous avons déjà fait mention et elle atteindra à proprement parler le droit constitutionnel dans les années 1970 ; sans aucun lien personnel, académique ni doctrinal manifeste avec les auteurs que nous pouvons rattacher à la période de l'entre-deux-guerres.

En France également il manque un lien générationnel entre cette période et celle qui s'ouvrit à la fin de la Seconde Guerre mondiale. Vingt-ans ont passés depuis la mort, respectivement en 1928 et 1929, des deux grands auteurs auxquels nous avons prêté attention, Léon Duguit et Maurice Hauriou. Par ailleurs, le second grand conflit armé en Europe a également rompu le flux d'idées entre la France et l'Allemagne qui circulaient auparavant normalement, comme nous avons pu le constater ; lorsque des publicistes allemands tels que Carl Friedrich von Gerber, Georg Jellinek ou Paul Laband étaient invoqués par Maurice Hauriou ou Léon Duguit, ou bien lorsque ces derniers l'étaient par des professeurs enseignant durant la République de Weimar. Après la guerre, ces circuits se sont complètement fermés et les études qui avaient une provenance allemande cessèrent de circuler en France, surtout celles visant à réduire ou recomposer le rôle et la position du législateur parlementaire, comme peuvent l'être la conception objective et institutionnelle des droits fondamentaux ou l'idée de législateur lié. Cette orientation ne fut pas suivie en France, qui maintint son légicentrisme — pourtant critiqué, comme nous l'avons vu, par d'importants auteurs français — sans la correction permise par l'instauration d'un Tribunal constitutionnel, qui a été établi relativement tardivement dans ce pays avec la mise en place du Conseil constitutionnel avec la Constitution de 1959.

3. LA « GÉNÉRATION-PONT » EN ALLEMAGNE ET LES DISCRETS CERCLES PARA-UNIVERSITAIRES À TRAVERS LESQUELS SON INFLUENCE S'EST DIFFUSÉE

À la différence d'autres pays européens, il y eut en Allemagne une continuité manifeste entre Weimar et Bonn en raison de la proximité temporelle de ces deux époques. C'est ainsi que nous trouvons avant et après la guerre plusieurs professeurs prolifiques et célèbres agissant comme une charnière entre deux générations. Ceux qui ont pu être actifs à l'époque de Weimar et sous le régime de Bonn eurent l'expérience de deux vies, dans des environnements très distincts[226]. La position et la trajectoire de ces professeurs durant cette « seconde vie » ont été décisivement marquées par leur situation lors de la première. Plus ils avaient été proches du régime nazi, plus leur marginalisation après la guerre a été forte ; une règle que, comme cela est habituel, les plus opportunistes réussirent à esquiver.

Pour connaître cet environnement, dans lequel la pensée antiparlementaire conçue sous Weimar commença à se concrétiser dans l'ordre juridique et constitutionnel, nous pouvons nous arrêter très brièvement sur la trajectoire de certains professeurs qui ont composé cette « génération-pont », en nombre réduit mais avec une influence considérable. Citons notamment Carl Schmitt, Theodor Maunz, Ernst Forsthoff, Rudolf Smend et Gerhard Leibholz, ou encore Richard Thoma qui avait alors un âge très avancé d'où une présence à peine perceptible — limitée à un poste honorifique — à la fin de la

---

[226] Voir notamment : « Las dos vidas de Carl Schmitt », *Revista Española de Derecho Constitucional*, n°, 46, 1996, pp. 305 et s.

guerre. On peut en dire de même d'Erich Kaufmann, qui a pris sa retraite en 1950.

Quant à Carl Schmitt, il s'agit d'un cas aussi triste que surprenant. Doté d'un esprit puissant capable aussi bien de la plus sévère critique que de l'argumentation la plus pertinente, auteur d'une œuvre admirée par de perspicaces lecteurs de toutes origines et qui conserve une vitalité intacte, il est tombé dans l'opportunisme le plus déplorable en se rapprochant de manière intéressée du pouvoir émergent, celui du parti national-socialiste qu'il rejoint comme militant en justifiant même certaines de ses actions criminelles[227]. Jugé à Nuremberg, Carl Schmitt fut démis de sa chaire et n'a pas été réadmis à l'Association des professeurs allemands de droit public lorsque celle-ci a été refondée en 1949, à la différence d'autres auteurs comme Reinhard Höhn et Otto Koellreuter, des opportunistes de grande envergure qui avaient occupé des positions effectives de pouvoir au sein du régime nazi — Carl Schmitt était un arriviste qu'ils ont coulé sans pitié lorsqu'ils ont vu en lui, en raison de son génie et de la reconnaissance intellectuelle dont il bénéficiait, un concurrent redoutable —. Paradoxalement, la communauté universitaire accueillait ceux qui avaient eu un plus grand rôle et du pouvoir au sein de ce régime — Otto Koellreutter avait prétendu mettre l'Association des professeurs allemands de droit public au service du parti national-socialiste — alors que leurs écrits étaient de moindre envergure académique et scientifique — ce qui n'est pas surprenant étant donné les fondements idéologiques primaires et aberrants du nazisme —. Finalement, elle rejetait celui qui disposait du plus fort potentiel intellectuel et n'avait joué qu'un rôle marginal dans l'appareil nazi. Il est

[227] Notamment à l'été 1934, après ladite « nuit des longs couteaux » durant laquelle des dizaines de personnes ont été assassinées sur ordre direct d'Hitler en réaction au supposé *putsch* de Rohm. Cette action a servi à éliminer des rivaux dans leurs propres rangs et à régler les comptes du passé. Dans un silence lourd et surprenant, à Berlin, Hitler fit un discours qui a immédiatement été commenté par Schmitt dans article du *Deutsche Juristen-Zeitung* (une revue de juristes nazis) paru le 1er août 1934 avec le titre « Der Führer schtützt das Recht » (« Le Führer protège le droit ») dans lequel il affirmait que « le vrai Führer est aussi toujours juge suprême » et qu'il lui revient de « différencier entre ami et ennemi ».

cependant vrai que Carl Schmitt avait eu un comportement déloyal en manœuvrant contre certains de ses collègues comme Hans Kelsen, Heinrich Triepel ou Walter Jellinek.

Néanmoins, le rayonnement de la pensée schmittienne se maintint et s'intensifia même durant les quarante années que dura sa « seconde vie » après la guerre. Sa maison modeste à Plettenberg, le village où il était né et où il retourna après sa mise au banc à Nuremberg, se convertit en une véritable université à distance à travers la correspondance épistolaire considérable que depuis ce lieu il maintint avec d'anciens collègues ainsi que de nouveaux disciples et lecteurs de diverses nationalités[228].

Le débat a aussi perduré à Plettenberg, où Carl Schmitt recevait de nombreuses visites. Il fréquenta aussi discrètement, en tant qu'auditeur actif et conférencier, des forums dans lesquels se rassemblait un groupe, de plus en plus important, d'universitaires et d'intellectuels ; des philosophes, sociologues, théologiens mais également, notamment, des juristes. L'un de ces forums était le *Collegium Philosophicum* de Münster ; un séminaire qui, dans la plus pure tradition du *privatissimum et gratis*, regroupait à partir de l'année universitaire 1947-1948 un groupe réduit et sélectif — un peu plus d'une douzaine — d'étudiants et de doctorants de différentes disciplines sous la direction du professeur de philosophie Joachim Ritter. Parmi les jeunes participants, les frères Böckenförde[229], Martin Kriele et le philosophe Robert Spaemann étaient assidus. La participation de Carl Schmitt à ce séminaire, à peu de kilomètres de chez lui, était très fréquente.

Elle le fut aussi dans un autre de ces forums discrets : le *Ebracher Seminare* qui était célébré chaque année à Ebrach, une

---

[228] Il allait récupérer tous les jours au bureau de poste de Plettenberg de la correspondance ainsi que des livres et envoyait ses lettres.

[229] Ernst-Wolfgang et Werner. Le premier, qui fut professeur de droit public à l'Université de Fribourg et magistrat du Tribunal constitutionnel fédéral, est bien connu pour la qualité de ses travaux dont certains ont été traduits en espagnol. Son frère Werner, moins connu, mena une carrière universitaire dans le domaine de la théologie. En tant que prêtre catholique, il était auprès de Carl Schmitt dans les moments qui ont précédé sa mort au printemps 1985, en lui administrant les sacrements.

petite et tranquille localité située dans la Forêt noire, durant deux semaines au mois de juillet. Son promoteur et directeur était Ernst Forsthoff, disciple de Carl Schmitt avant la guerre qui, après diverses vicissitudes, avait finalement réussi à se stabiliser en acceptant une chaire à Heidelberg. Les participants à ce séminaire se répartissaient en deux groupes. L'un était celui des plus âgés et bien établis : Arnold Gehlen, Werner Conze, Franz Wieacker, Joachim Ritter, Hans Barion et Carl Schmitt lui-même, entre autres. L'autre catégorie d'intervenants était celle des « jeunes pousses » parmi lesquels figuraient Reinhart Koselleck, Hans-Joachim Arndt, Marianne Kesting, Helmut Quaritsch mais également ceux du groupe du séminaire de Münster, à savoir les frères Böckenförde, Robert Spaemann, Martin Kriele et Hermann Lübbe. Parmi les plus jeunes, alors encore doctorants, citons Bernhard Schlink, Rolf Grawert, Dieter Conrad, entre beaucoup d'autres. Parmi les invités qui finalement ne purent y participer figurait le jeune Jürgen Habermas. Les invitations et la publicité autour de ce séminaire se réalisaient par transmission orale. Celui-ci ne disposait pas de financement public et les exposants ne recevaient aucune rétribution. Ernst Forsthoff lui-même, dont la situation économique n'était pas très florissante, dut personnellement assumer certaines dépenses.

L'activité et l'influence de Carl Schmitt durant sa « seconde vie », après son expulsion irrévocable de l'Université, sont parfaitement décrits dans le livre de Dirk van Laak, *Gespräche in der Sicherheit des Schweigens* (Conversations dans la sécurité du silence) dont le sous-titre est : « Carl Schmitt dans l'histoire politique et intellectuelle des débuts de la République fédérale d'Allemagne ». Le silence mentionné dans l'intitulé de cet ouvrage désigne l'état auquel il a été condamné à Nuremberg, avec l'obligation de se maintenir en dehors de l'espace public et éditorial (*Publikationsverbot*) ; une obligation qui a aussi été imposée à deux autres personnalités mentionnées dans le livre de Dirk van Laak : le philosophe Martin Heidegger et l'écrivain Ernst Junger avec lequel Carl Schmitt a entretenu une importante correspondance permise par leur longévité, Carl Schmitt a atteint presque cent ans, dépassant ainsi Ernst Jünger.

La présence de Carl Schmitt et de son œuvre parmi la génération de publicistes — et dans un environnement intellectuel plus large — de la nouvelle République fédérale a par conséquent été forte et ses idées — celles qui étaient compatibles avec l'ordre démocratique qui s'instaurait — ont bénéficié de relais qualifiés. Pour ne citer qu'un exemple parmi ceux-ci, mentionnons Ernst Wolfgang Böckenförde qui, en 1959, publia une importante étude dérivée de sa thèse doctorale dans laquelle il reconnut et remercia expressément la position enrichissante de Carl Schmitt : *Gesetz y gesetzgebende Gewalt* (Loi et pouvoir législatif). Cette étude sur l'histoire de la pensée du droit public européen révèle les fondements de la caractérisation du pouvoir législatif parlementaire en tant que pouvoir limité. Il obtint aussi un doctorat en philosophie et avec cette solide formation, il lui a été offert une chaire à l'Université de Fribourg. Puis, à la fin des années 1980, il a été nommé magistrat du Tribunal constitutionnel. Ses études, toujours bien construites et de caractère philosophique, sont essentielles pour la compréhension des institutions fondamentales de l'actuel droit public[230].

---

[230] Dans une recension détaillée de la première édition de cet ouvrage (publiée dans la *Revista de Derecho Constitucional Europeo*, n° 31, 2019) par le professeur Miguel Azpitarte, que je remercie très sincèrement, notamment pour son appréciation positive, celui-ci met en question la pertinence de l'idée de « génération-pont » de professeurs allemands actifs aussi bien sous le régime de Weimar que durant l'application de la Loi fondamentale de Bonn. Ce que j'ai tout d'abord essayé de souligner est la singularité du cas allemand caractérisé par une continuité, pour des raisons fondamentalement chronologiques, qui n'ont pas eu lieu dans les autres pays ici étudiés. Il suffit de penser à la génération de Fernando de los Ríos (pour mentionner un nom très proche, sur le plan territorial, du professeur Miguel Azpitarte) qui n'a eu aucun disciple reconnu comme tel, en raison notamment de la longue période de la guerre civile et de la dictature franquiste. Par ailleurs, je ne peux que partager ses appréciations sur le fait que cette « génération-pont » était un groupe réduit, avec une présence relative après l'approbation de la Loi fondamentale de Bonn et, bien sûr, je ne veux pas dire que cette « génération-pont » a opéré comme une voie de transmission de l'idéologie nazie, en insistant sur le fait que la pensée antiparlementaire n'a pas nécessairement connu cette dérive, qui fut minoritaire. Cependant, je pense que l'on ne peut pas occulter la fécondité de la pensée et du débat d'une période phare comme le fut celle de l'entre-deux-guerres. Ainsi, par exemple, l'influence d'Hauriou sur l'œuvre de Peter Häberle (un auteur également évoqué, cher au professeur Miguel Azpitarte, sur le contenu essentiel des droits fondamentaux et sa conception institutionnaliste qui opère comme une limite et encadrement du législateur parlementaire) est incontestable. Par ailleurs, la posture actuelle d'une certaine partie de la

Nous nous sommes attardés, peut-être excessivement, sur la trajectoire de Carl Schmitt parce qu'elle illustre bien le cadre de l'Allemagne d'après-guerre dans lequel certains professeurs de droit public de l'époque de Weimar vécurent une nouvelle étape de leur vie.

Un autre auteur de ce groupe fut Theodor Maunz, quinze ans plus jeune que Carl Schmitt, dont la proximité avec le régime nazi a pour cela été plus tardive et moins notoire ; il n'y occupa pas de postes importants. Il accéda à la chaire de l'Université de Fribourg en 1937, en pleine exaltation du nazisme qui contrôlait déjà tous les ressorts du pouvoir, également bien sûr à l'Université. Son entrée dans les rangs du parti national-socialiste n'était ainsi pas surprenante. Mais plus que cela, le fait qui le marqua particulièrement est sa participation en tant qu'intervenant au grotesque Congrès sur les juifs et le droit qui eut lieu en 1936, sous les auspices de Carl Schmitt lui-même. Peut-être a-t-il vu cette participation comme un « péage » lui permettant d'accéder à une chaire, ce qui se produisit l'année

---

doctrine allemande qui prétend s'éloigner ou occulter l'influence de professeurs liés au nazisme est parfaitement explicable, cependant cela ne doit pas éluder les contributions, peu de grand intérêt, qui ont inspiré certains auteurs. À cet égard, le professeur Miguel Azpitarte rend opportunément compte d'un article récent du professeur Rainer Wahl, publié dans la prestigieuse revue *Der Staat* qui a été fondée par E. W. Böckenförde, professeur ayant un haut niveau éthique et humain (décédé l'année dernière) auquel on ne peut imputer aucun lien, même lointain, avec le nazisme bien que l'on puisse reconnaître une influence scientifique de Carl Schmitt avec lequel il a eu des rapports fréquents. Konrad Hesse, à qui le professeur Miguel Azpitarte attribue avec raison un rôle très remarquable dans le processus de démocratisation du droit public de la RFA, était un disciple de Rudolf Smend, membre de cette « génération-pont », déjà actif sous Weimar et alors ouvertement opposé à l'idéologie et à l'appareil nazis. Cependant, quel que soit le bien-fondé de la ligne relativiste qui est actuellement adoptée en Allemagne, il existe des « paradoxes », pour les appeler ainsi, qui sont notables. Entre autres, le fait qu'un professeur membre du parti nazi, avec des écrits et des actes clairement dans cette ligne à l'époque de Weimar, apparut ensuite comme directeur et fondateur du commentaire classique et de référence (en plusieurs tomes et écrit par de nombreux professeurs participants) de la Loi fondamentale de Bonn, le fameux *Grundgesetz Kommentar*. Bien sûr, cela ne veut pas du tout dire que ce commentaire, par ailleurs excellent, contienne le moindre élément lié au nazisme, ni que les disciples de Maunz — l'un d'entre eux a été président de la République fédérale — participèrent le moins du monde à ces idées.

suivante. Cependant, nombre de ses collègues, surtout ceux d'origine juive — comme l'était Hans Nawiansky avec lequel Theodor Maunz il a obtenu son doctorat — ne l'oublieront jamais.

Parce qu'il avait un bas profil en raison de sa jeunesse, Theodor Maunz n'a pas été jugé par le Tribunal de Nuremberg et cinq ans après la fin de la guerre, il obtint de nouveau une chaire, cette fois à Munich, dans sa Bavière natale. Avec la division de l'Allemagne après la guerre, la partition de Berlin en quatre zones et une nouvelle capitale désormais installée dans la petite ville de Bonn, notamment pour des raisons de commodité du chancelier Adenauer, la ville de Munich, refuge de la bohème, se convertit en un centre économique, culturel et politique de premier rang. De grandes entreprises de l'autrefois puissante Prusse industrielle y relancèrent leur production ; elles s'y réinventèrent à la fin du conflit en délaissant leurs installations obsolètes situées en Allemagne de l'Est. Un cas significatif à cet égard est celui de l'entreprise Siemens : son siège central se trouvait à Berlin et ses installations les plus importantes, au Nord et à l'Est de l'Allemagne, étaient surtout dédiées à l'industrie lourde et à la sidérurgie ; après la guerre, elle se « délocalisa » et s'installa à Munich en établissant son siège social dans un bâtiment coquet situé dans un quartier discret et huppé. L'entreprise recommença à partir de là une activité qui ne sera plus industrielle, lourde et polluante mais tournée vers les nouvelles technologies et attentive aux sensibilités environnementales qui se développaient au sein de la société européenne, particulièrement dans la société allemande, qui a connu la prospérité dans les années 1970.

La force acquise par Munich durant ces années ne l'a pas seulement été en matière économique ; elle a surtout concerné les domaines culturel et universitaire. La ville attira un nombre important de boursiers étrangers et se plaça comme la deuxième ville du monde en nombre de maisons d'édition, seulement dépassée par New-York. L'entreprise Siemens contribua à ce développement culturel, surtout à travers une importante fondation, la *Siemens Stiftung,* située dans les dépendances du palais de Nyphemburg ; un cadre élégant pour organiser des conférences et des débats dans lesquels la présence de professeurs de droit public était très fréquente, notamment celle de Theodor Maunz et de ses disciples.

Avec cet élan économique et culturel, il n'est pas étonnant que la ville ait aussi acquis une grande importance dans les milieux politiques au point d'obtenir l'officieux et reconnu titre de capitale secrète de l'Allemagne. Telles sont les dynamiques qui ont impulsé Theodor Maunz qui se convertit en directeur du commentaire officiel, et le plus classique pourrait-on dire, de la nouvelle Constitution, la Loi fondamentale de Bonn : le fameux commentaire sur la Constitution (*Grundgesetz Kommentar*), initialement de Maunz/Dürig, puis de Maunz/Dürig/Herzog/Scholz, publié par la maison d'édition Beck (un autre des symboles culturels de Munich avec une importante ligne éditoriale de livres et de revues juridiques) en quatre volumes avec des feuillets interchangeables permettant l'introduction continuelle de nouveautés, surtout issues de la jurisprudence du Tribunal constitutionnel mais aussi des réformes constitutionnelles qui se sont succédées.

D'autres professeurs se sont révélés à la même époque tel Peter Lerche — qui publia alors l'ouvrage *Übermaß und Verfassungsrecht*, qui a exercé une grande influence sur la théorie du législateur lié — ou Roman Herzog, qui sera président du Tribunal constitutionnel mais aussi de la République fédérale d'Allemagne[231].

La principale activité et production scientifique d'Ernst Forsthoff portait sur la période de l'après-guerre bien qu'à l'époque de Weimar il ait publié certains travaux ayant un réel intérêt, en particulier sur le sujet des garanties institutionnelles, comme nous l'avons déjà constaté, et son livre *Der totale Staat*

[231] Ce qui, en raison des rebondissements arbitraires de la politique, aura un effet néfaste sur Maunz. Le fait est qu'un puissant entrepreneur d'extrême droite — il a été dit d'orientation néonazie — Gerhard Frey, propriétaires de divers moyens de communication avec cette orientation, surtout le *Deutsche National-Zeitung*, tenta de faire pression sur Herzog pour des intérêts politiques ou économiques obscurs. Il semblerait que n'arrivant pas à atteindre ses objectifs, comme moyen de pression ou de vengeance, Frey révéla que Theodor Maunz, décédé quelques années plus tôt, avait régulièrement et de manière anonyme collaboré à ses médias. L'incident, qui eut lieu à l'automne 1993, provoqua un scandale qui déborda le milieu universitaire.

qui, avec un tel titre aux résonances totalitaires très perceptibles, lui causa de nombreux problèmes après l'établissement de la démocratie et du libre marché à la fin de la guerre. Il souffrit alors d'une certaine marginalisation en raison de son action, de fait guère significative, durant la période nazie et, surtout, de son lien avec Carl Schmitt.

Tout cela lui causa de sérieuses difficultés économiques jusqu'à ce qu'il parvienne finalement à stabiliser sa situation en obtenant une chaire à Heidelberg. Bien qu'il ait repris contact avec la pensée schmittienne de l'après-guerre — notamment en tant qu'organisateur des séminaires d'Ebrach comme nous l'avons vu —, sa qualité scientifique incontestable (de nouveau accréditée durant cette période avec des ouvrages comme son *Traité de droit administratif*) le racheta complètement aux yeux de la communauté universitaire, qui le chargea de présenter un exposé à l'occasion de la session de l'Association des professeurs allemands de droit public organisée en 1958 pour traiter l'un des grands sujets relatifs à la mise en œuvre de la Loi fondamentale : la compatibilité de l'État social avec les droits et garanties propres à l'État libéral de droit. Lors de cette mémorable session, l'autre exposé sur le sujet a été assigné à un autre « poids lourd », comme s'il s'agissait d'un combat : le professeur Otto Bachof. Ernst Forsthoff reprit ici, en la développant et l'actualisant, sa notion d' « administration prestataire » (*Leistungsverwaltung*) qu'il avait élaborée en se prévalant de la pensée existentialiste, surtout de la philosophie de Karl Jaspers. On peut ainsi conclure qu'en dépit de ses travaux d'orientation autoritaire publiés dans les années 1930 et de son lien personnel avec Carl Schmitt, Ernst Forsthoff est un auteur qui a activement participé à la deuxième génération ; celle des réalisations effectives qui ont perduré dans l'ordre juridique en vigueur. Une grande partie des réflexions exposées dans son *Traité de droit administratif* ont ainsi connu une certaine longévité.

Les deux autres professeurs importants de ce groupe intermédiaire, Rudolf Smend et Gerhard Leibholz, ne se sont pas alignés avec le régime national-socialiste durant la phase finale, destructrice de la République de Weimar et ils en ont payé le prix.

Rudolf Smend était déjà dans les années 1920 professeur à l'Université de Berlin, un tremplin important et disputé pour entrer dans les cercles les plus élevés du pouvoir politique. Toutefois, en raison du mal-être personnel que lui produisait cet environnement qui se dégradait avec l'ascension des nazis, Rudolf Smend abandonna en 1935 sa chaire à Berlin pour prendre possession d'une autre à Göttingen. Il y conclura sa carrière universitaire au début des années 1970, en formant autour de lui un groupe de professeurs de la génération d'après-guerre qui joueront un rôle remarquable dans la construction du système instauré par la nouvelle Constitution. Parmi eux figuraient Konrad Hesse et Peter Badura.

Nous avons déjà mentionné le parcours de Gerhard Leibholz avant la Seconde guerre mondiale : l'hostilité envers lui, en raison de son origine juive, de la part des étudiants — et de certains professeurs — de l'Université de Gottingen où il obtint rapidement une chaire, puis son départ d'Allemagne lorsque sa vie fut sérieusement menacée. Nous assisterons ensuite, à la fin de la guerre, à son retour, sollicité avec insistance par des responsables politiques et certains collègues afin qu'il intègre le Tribunal constitutionnel récemment créé.

Les professeurs de droit public de cette « génération-pont » ont donc traversé deux époques, l'avant et l'après Seconde Guerre mondiale, en renforçant ainsi la connexion de deux générations : une première — celle de Weimar — se manifestant sur le plan des idées ; une seconde — de l'après-guerre — accueillant leurs concrétisations dans l'ordre constitutionnel et le droit positif. Parmi les quatre auteurs de la « génération-pont » auxquels nous venons de nous référer, il est intéressant de relever que leurs principales contributions et idées se trouvaient déjà présentes avant la guerre, à l'exception d'Ernst Forsthoff dont la production scientifique la plus importante date de l'après-guerre. Le cas de Gerhard Leibholz est quant à lui singulier : sa principale œuvre date de l'époque de Weimar, cependant son influence et sa réception effective se produiront après la Seconde Guerre mondiale.

4. LA PREMIÈRE RÉCEPTION CONSTITUTIONNELLE DE LA PENSÉE DE L'ENTRE-DEUX-GUERRES. LA LOI FONDAMENTALE DE BONN

La Loi fondamentale de Bonn, la Constitution de la République fédérale d'Allemagne, promulguée en 1949, a une importance décisive quant au sujet qui nous occupe. Alors que la Constitution précédente était en vigueur, celle de Weimar promulguée en 1919, on a pu assister à une profonde crise de l'institution parlementaire qui a connu deux phases : la première, durant les années 1920, marquée par une multiplication des partis et une absence de majorité stable ; la seconde, caractérisée par l'avancée du parti national-socialiste qui tira profit de la structure parlementaire elle-même pour miner cette institution et avec elle la République. Ce n'est pas seulement la crise mais également la critique du parlementarisme développée par un groupe éminent de professeurs qui généra une situation très présente à l'esprit de ceux qui participèrent au processus d'élaboration de la Loi fondamentale de Bonn. Cette dernière a effectivement pris en compte l'expérience de Weimar — bien que cela n'ait pas été mis en évidence, aucune référence doctrinale explicite n'ayant été fait à ce sujet —. La Constitution de 1919 était certainement très avancée et disposait d'un solide appui doctrinal et universitaire, cependant plusieurs de ses caractéristiques se sont révélées très dysfonctionnelles dans la pratique. De manière très pragmatique, la Loi fondamentale retint cette expérience. On ne prétendait alors pas créer un nouveau modèle, comme s'était voulu être sans aucun doute la Constitution de Weimar. La participation de professeurs a été réduite au minimum afin d'éviter leurs élans créatifs. Ce fut donc un texte qui a surtout été élaboré par de hauts fonctionnaires sous la supervision directe des deux grands partis qui, après avoir mis fin au multipartisme de Weimar, ont mené très efficacement la reconstruction allemande : le parti social-démocrate et le parti démocrate-chrétien[232]. Les deux

[232] Le texte de la Loi fondamentale a été débattu et approuvé dans le dénommé Conseil parlementaire (*Parlamentarischer Rat*), une assemblée constituée à cet effet et composée de 65 membres, représentants des Parlements des États ou *Länder* en fonction de la population de chacun. Parmi ces 65 membres, 27 appartenaient au parti démocrate-chrétien (CDU,CSU) et 27 autres étaient du

s'entendirent pour instaurer un modèle d'État social de droit qui s'est fermement maintenu jusqu'à aujourd'hui. Ils sont, en effet, parvenus à un plein accord sur la nouvelle Constitution, la Loi fondamentale de Bonn, notamment ses mécanismes de protection et d'interprétation qui, dans une large mesure, ont été mis entre les mains du Tribunal constitutionnel fédéral récemment créé, siégeant à Karlsruhe.

Deux personnes ont joué un rôle central, mais délibérément discret, dans l'élaboration du projet de Loi fondamentale. La première fut une exception à l'exclusion généralisée des universitaires, puisqu'il s'agit d'un professeur de droit public de l'Université de Tubingue qui a cependant eu une production scientifique rare et guère remarquable : Carlo Schmid. À l'époque de Weimar, il s'affilia — par pure inertie, pourrait-on dire, commune chez la majorité des jeunes avocats d'alors — à l'association des juristes nazis. À la fin de la guerre, il rejoignit le parti social-démocrate au sein duquel il développa de surprenantes habiletés politiques. C'est donc davantage sa condition d'homme de parti, plus que sa position universitaire, qui explique que d'importantes responsabilités lui ont été attribuées durant la rédaction du texte constitutionnel. La seconde personne qui a joué un rôle important dans l'élaboration du nouveau texte constitutionnel allemand présentait un profil encore plus discret. Il s'agit d'Adolf Süsterhenn, un haut fonctionnaire bavarois qui agissait en suivant les indications du parti démocrate-chrétien. Les deux hommes s'entendirent parfaitement dès le début, surtout en ce qui concerne la place et le contenu à accorder aux droits fondamentaux.

Il semblerait que l'on doive à Carlo Schmid — en tout cas Adolf Süsterhenn l'a soutenu — l'initiative de deux importantes orientations qui différencient le traitement des droits fondamentaux dans la Loi fondamentale de celui qu'ils reçurent dans la Constitution de Weimar[233] : la première est que ces droits

parti social-démocrate (SPD). Les experts désignés par ces partis, particulièrement les deux auxquels nous nous sommes référés, ont participé de manière décisive à l'élaboration du texte constitutionnel.

[233] Les détails de cette participation nous sont relatés par R. Mussgung, « Zustandekommen des Grundgesetz und Entstehung der Bundesrepublik Deutschland », in J. Isensee et P. Kirchhof (Hrsg.), *Handbuch des Staatsrechts,*

ne sont plus de simples déclarations programmatiques mais sont devenus pleinement exigibles devant les tribunaux ; la seconde est que les droits fondamentaux doivent limiter et obliger le législateur (« *der Gesetzgeber begrenzen und verpflichten* ») comme a eu l'occasion de l'affirmer le Tribunal constitutionnel dès ses premières décisions.

Naturellement, ces idées avaient déjà été exposées à l'époque de Weimar, notamment dans le cadre de la critique que développa un groupe de professeurs — que Carlo Schmid connaissait parfaitement — contre ce qu'ils qualifiaient d'absolutisme parlementaire et auquel ils souhaitaient poser des limites en soumettant l'action du législateur à un contrôle de constitutionnalité. Cependant, la discrétion et le pragmatisme qui ont caractérisé l'élaboration de la Loi fondamentale exclurent tout type d'initiative ou de virtuosité doctrinale. En tout état de cause, ces deux références ou repères qui s'imposent au traitement constitutionnel des droits fondamentaux sont issus de deux lignes de pensée différentes. L'une a été exposée dans le cadre du débat sur la juridiction constitutionnelle qui s'est tenu à la fin de la République de Weimar ; l'autre est la pensée institutionnaliste sur laquelle nous allons nous attarder à présent au regard de son influence quant à l'appréhension des droits fondamentaux.

La Loi fondamentale de Bonn a, en effet, manifestement introduit un composant institutionnaliste dans la conception des droits fondamentaux qui sera développée et précisée par le Tribunal constitutionnel fédéral. Il nous intéresse ici de souligner l'essence de cette conception qui la rend particulièrement idoine pour élaborer un système de protection face au législateur dont les principaux mécanismes sont les suivants : la notion de « contenu essentiel du droit fondamental » (qui ne peut être régulé par le législateur) figurant à l'article 19.2 de la Loi fondamentale ; la dimension objective, institutionnelle, des droits fondamentaux jusqu'alors conçus comme relevant de l'autonomie subjective, individuelle ; les garanties institutionnelles telles que les conçoit le Tribunal constitutionnel

---

vol. I, *Grundlagen von Staat und Verfassung*, Heidelberg, C. F. Müller Juristicher Verlag, 1987, pp. 219 et s.

en reprenant dans une large mesure la caractérisation schmittienne que nous connaissons lui incorporant, précisément, cette notion novatrice de « contenu essentiel des droits fondamentaux » ; l'idée de mandat au législateur — clairement inspirée d'Heinrich Triepel[234] — dérivé des exigences que les droits fondamentaux imposent pour leur pleine effectivité (les droits fondamentaux obligent, *verplichten*, le législateur). Ce sont des éléments sur lesquels un autre dispositif s'est fondé : celui du contrôle judiciaire du législateur en vue de vérifier l'adéquation des lois aux exigences dérivant des droits fondamentaux, confié au Tribunal constitutionnel.

La dogmatique du contrôle du pouvoir étatique a été reprise et renforcée dans la Loi fondamentale de Bonn qui a consacré des instruments dont la conception est en grande partie due à la pensée politique et constitutionnelle de la période de l'entre-deux-guerres, pas seulement en Allemagne. Aux limites classiques du libéralisme qui s'imposent à l'Administration publique et, plus largement, au pouvoir exécutif s'ajoutent désormais celles posées à l'égard du législateur parlementaire. Il convient, à cet égard, de prêter attention à la réflexion doctrinale développée après l'entrée en vigueur de la Loi fondamentale allemande afin de discerner si l'on peut relever une certaine continuité avec la pensée de l'entre-deux-guerres.

5. LES PREMIERS DÉVELOPPEMENTS ET LES ACTUALISATIONS DOCTRINALES DE LA PENSÉE DE L'ENTRE-DEUX-GUERRES SUR L'ENCADREMENT ET LE CONTRÔLE DU LÉGISLATEUR

Discrètement, sans que cela soit jamais proclamé, la pensée de Weimar — notamment celle qui visait le contrôle et l'encadrement du législateur — est venue influencer la Loi fondamentale de Bonn, non seulement dans sa conception initiale, comme nous l'avons vu, mais surtout, et avec une plus grande portée encore, dans son développement doctrinal impulsé par une nouvelle génération de professeurs, disciples directs de

234 Surtout dans son ouvrage *Delegation und Mandat im öffentlichen Recht*, *op. cit.*, publié en 1942.

celle qui se montra active et brillante à cette époque violemment interrompue par le régime nazi et la guerre. Les premières contributions pertinentes de cette nouvelle génération ont été produites à la fin des années 1950 et au début des années 1960 ; on peut y ajouter certaines qui proviennent de la génération intermédiaire, charnière, qui a aussi été active durant la République de Weimar.

Il s'agit de contributions qui, au début, n'ont pas eu un grand impact — elles venaient de jeunes professeurs qui n'étaient pas encore établis dans une communauté universitaire par ailleurs alors réduite — et ont pu être occultées par l'énorme production doctrinale qui a eu lieu depuis lors. Cependant, elles ont marqué de manière décisive l'orientation de la doctrine et sa réception jurisprudentielle. Elles constituèrent ainsi des maillons de la transmission et de l'adaptation actualisée de la pensée de l'entre-deux-guerres. Nous concentrerons notre étude sur certaines de ces propositions.

A. La conception institutionnelle des droits fondamentaux et des garanties institutionnelles. Un législateur lié par certains contenus donnés

En 1958, dans un addendum à sa compilation d'articles sur la thématique constitutionnelle à laquelle nous avons déjà fait référence[235], Carl Schmitt constata qu'il n'existait jusqu'alors aucune étude approfondie et systématique sur le sujet des garanties institutionnelles. Cette lacune peut être considérée comme ayant été comblée quatre ans plus tard, lorsqu'a été publiée l'étude de Peter Häberle, initialement sa thèse doctorale, intitulée *Die Wesensgehaltgarantie des Artikel 19 Abs. 2 Grundgesetz: zugleich ein Beitrag zum institutionellen Verständnis der Grundrechte und zur Lehre vom Gesetzesvorbehalt* (La garantie du contenu essentiel de l'art. 19.2 de la Loi fondamentale. Une contribution à la compréhension institutionnelle des droits fondamentaux et à la doctrine de la

[235] C. Schmitt, *Verfassungsrechtliche Aufsätze,* Berlin, Dunker & Humblot, 1958.

réserve de loi)[236]. Il s'agit d'un ouvrage sur la conception institutionnaliste du droit qui reçoit et systématise, avec déjà un peu de recul, cette pensée développée durant la période de l'entre-deux-guerres. De manière significative, les auteurs les plus cités dans cette étude sont de cette époque : Maurice Hauriou, à qui est attribuée la théorie de l'institution, et ses disciples les plus proches qui ont développé sa pensée, surtout Georges Renard en France ainsi qu'Erich Kaufmann et Carl Schmitt en Allemagne qui la rendirent opérationnelle.

Il convient de préciser que ces deux auteurs allemands ne faisaient absolument pas partie d'une même école ou courant de pensée. Carl Schmitt, plus versatile, était toujours attentif aux nouvelles théories et conceptions, pas uniquement juridiques, pour s'emparer agilement de celles qui pouvaient lui être utiles. C'est ainsi que, fréquemment, il adaptait et reformulait certaines d'entre elles. L'une de ces théories est celle de l'institution qui lui servit pour élaborer la catégorie des garanties institutionnelles. Sa relation avec la pensée institutionnaliste peut ainsi être qualifié d'épisodique et instrumentale, cependant cela n'enlève en rien le mérite ni la valeur ajoutée de sa contribution, qui a notamment permis de doter la catégorie des garanties institutionnelles d'une pleine opérativité juridique et constitutionnelle. Aussi bien sur le plan académique, avec son périple à travers diverses universités, que sur le plan politique, il plaisait à Carl Schmitt de « papillonner de fleur en fleur ».

Erich Kaufmann, avec une claire prédilection pour la philosophie du droit, fit preuve d'un plus grand engagement dans son adhésion à la pensée institutionnaliste qu'il a accordée avec ses convictions personnelles. Par ailleurs, la relation personnelle de Carl Schmitt et Erich Kaufmann n'aurait pu être pire. Tout d'abord, Erich Kaufmann était juif, bien qu'il adoptât des positions chrétiennes. Puis, des étincelles ont surgi lorsqu'ils se sont retrouvés à l'Université de Berlin ; une aversion qui s'est ensuite transmise à leurs disciples respectifs[237].

---

236 P. Häberle, *Die Wesensgehaltgarantie des Artikel 19 Abs. 2 Grundgesetz: zugleich ein Beitrag zum institutionellen Verständnis der Grundrechte und zur Lehre vom Gesetzesvorbehalt*, Karlsruhe, 1962.
237 Avec des échanges de lettres ouvertement très agressives.

Par ailleurs, Peter Häberle place un troisième universitaire au même niveau d'autorité sur la matière que ces deux professeurs : Rudolf Smend, qui fit également partie du « groupe-pont » entre deux générations. Déjà à l'époque de Weimar, il constata et développa la dimension objective des droits fondamentaux, puis il resta actif jusque dans les années 1960 à l'Université de Göttingen.

L'œuvre de Peter Häberle est ainsi celle de la continuité de la pensée institutionnaliste, fondamentalement celle de Maurice Hauriou qu'il a pleinement reprise — en la défendant y compris contre ses détracteurs — tout en la projetant vers le futur. Il fonda son approche essentiellement sur l'article 19.2 de la Loi fondamentale qui constitua l'objet central de sa thèse ; une disposition aux termes de laquelle : « Il ne doit en aucun cas être porté atteinte au contenu essentiel d'un droit fondamental »[238]. La conception objective des droits fondamentaux et les garanties institutionnelles sont envisagées comme limitant et orientant le législateur. La continuité avec la pensée critique à l'égard de l'absolutisme parlementaire est aussi perceptible ; Peter Häberle ne l'occulte absolument pas. Il affirma ainsi sans ambages que « *le législateur a été maintes fois reconnu, tout au long de l'histoire des droits fondamentaux en Allemagne, comme l'ennemi de la liberté du citoyen* ». Ainsi, il souligna comment l'article 19.2 de la Loi fondamentale de Bonn « a exercé un incontestable effet positif en ce qu'il a lancé dans ses éléments essentiels le débat sur les limites matérielles de la législation dans le domaine des droits fondamentaux ».

Les années 1960 ont été marquées par un important changement de mentalité dans la société occidentale, surtout parmi la jeunesse qui paraissait se libérer des rigueurs et des contraintes de l'après-guerre. S'agissant de la doctrine et de la pensée juridique, il s'agit d'une décennie qui aurait pu être perçue comme quelque peu anodine puisqu'elle paraissait oublier la période agitée qui l'avait précédée, en n'entrant pas en

---

238 « *In keinem Falle darf ein Grundrecht in seinem Wesensgehalt angetastet werden* ». La traduction du terme allemand « *Wesensgehalt* » par « substance » dans la version française de la Loi fondamentale du Deutscher Bundestag ne nous paraît pas pertinente. Ce terme, sans aucun doute, doit être traduit par « contenu essentiel » (note de la traductrice et de l'auteur).

dialogue avec les doctrines qui avaient alors été formulées. Cette impression ne correspond toutefois en rien à la réalité puisque c'est précisément durant les années 1960, certainement de manière discrète et sans remuer un passé traumatique, que la riche pensée de la période de l'entre-deux-guerres a été passée au crible en vue d'accepter et d'insérer dans le nouvel ordre constitutionnel certaines de ses élaborations les plus importantes. L'ouvrage de Peter Häberle, paru en 1962, s'inscrit pleinement dans cet effort de reconstruction et d'adaptation doctrinale, en l'espèce de la pensée institutionnaliste. Il est aussi une illustration de cette attitude envers le passé touchée par l'amnésie : le législateur est considéré comme le principal assaillant à l'encontre des droits fondamentaux, cependant aucune référence n'est faite à un passé encore très proche et traumatique, ni précisément à l'atteinte des droits fondamentaux alors réalisée par le législateur parlementaire.

Peu de temps après, en 1965, a été publiée une autre étude d'un jeune chercheur qui exercera jusqu'à la fin du XXe siècle une influence notable sur l'interprétation sociologique du droit. Il s'agit de Niklas Luhmann et de l'un de ses premiers livres : *Grundrechte als Institution: ein Beitrag zur politischen Soziologie*[239]. Par ailleurs, en 1958, procédant à une actualisation bibliographique sur le sujet des garanties institutionnelles, Carl Schmitt eut l'occasion de constater que l'institutionnalisme était très répandu en sociologie, citant les noms d'Arnold Gehlen et Helmut Schelsky en Allemagne, ou encore Zbigniew Brzeziński aux États-Unis. Cependant, Carl Schmitt précisa que le traitement sociologique de l'institution n'était pas entré en contact avec les catégories juridiques. Le mérite de Niklas Luhmann réside justement dans le fait d'analyser ces relations. Pour cela, Niklas Luhmann a été captivé par la théorie de l'institution de Maurice Hauriou dès lors qu'elle opérait efficacement en tant que catégorie de contact entre les constructions juridiques et la réalité sociale. Niklas Luhmann

239 N. Luhmann, *Grundrechte als Institution: ein Beitrag zur politischen Soziologie*, Berlin, Duncker & Humblodt, 1983. Il existe une traduction française récente de cet ouvrage par Lukas K. Sosoe : *Droits de l'Homme et différenciation sociale. Une contribution à la sociologie politique*, Paris, Hermann, 2022.

prêta aussi attention aux développements postérieurs de la pensée institutionnaliste, surtout de la part de Georges Renard, Santi Romano et, plus récemment et au regard de la Loi fondamentale, Peter Häberle. Il se référa également à ce qu'il considéra être une regrettable polémique entre Léon Duguit et Maurice Hauriou qui avait eu lieu parce qu'ils offraient différents concepts et explications quant à la source ultime de la production du droit : pour le premier, il s'agissait de la règle sociale ; pour le second, de l'institution[240].

Niklas Luhmann développa son analyse sociologique à partir d'une approche institutionnaliste des droits fondamentaux qu'il perçut comme l'élément central du nouvel ordre constitutionnel. Pour la sociologie, il existe une relation essentielle, aussi relevée par d'éminents publicistes, qui à certains moments a été oubliée ; il s'agit de celle qui s'établit entre l'État et la société[241]. Cette relation fut de séparation (*Trennung*) stricte dans l'État libéral mais se transforma dans l'État social en une relation interactive sachant que les droits fondamentaux ont également une fonction de formation de la réalité sociale. Par conséquent, les droits fondamentaux dérivent — est ici introduit un élément antiparlementaire — de modèles sociaux qui doivent être acceptés et respectés par le législateur. Ainsi, Niklas Luhmann exposa et caractérisa les principaux modèles suivants : l'individualisation de l'idée que l'on a de soi : dignité et liberté ; l'articulation sur le plan civil des relations et échange de valeurs dépassant le plan individuel de l'autodétermination : libertés de communication ; la monétarisation du marché et la couverture de la demande : le droit de propriété et d'exercice d'une activité professionnelle ; la démocratisation du pouvoir : les droits électoraux et de participation politique ; la justification du système de décisions du pouvoir public, judiciaire et administratif : l'égalité devant la loi.

Toutefois, l'expansion des doctrines institutionnalistes à travers l'Europe ne s'est initialement pas réalisée par la voie

---

240 *Ibid.*, pp. 12 et s.

241 Sur le sujet, je me permets de renvoyer à mon ouvrage : *La nueva relación entre Estado y sociedad. Aproximación al transfondo de la crisis*, Madrid-Barcelona-Buenos Aires-Sao Paulo, Marcial Pons, 2013.

doctrinale — les ouvrages de Peter Häberle, Niklas Luhmann et d'autres ont eu, au moins au début, un impact faible, voire nul, au-delà de la sphère allemande — mais par la voie constitutionnelle, au moyen de la Loi fondamentale de Bonn qui a été reprise en tant que modèle, surtout en matière de droits fondamentaux, dans les Constitutions européennes des années 1970 ; lorsque s'éloignèrent les fantômes du nazisme, de la guerre mondiale et que la République fédérale d'Allemagne a pu se montrer comme une démocratie consolidée pouvant se targuer de la construction d'un État social modèle.

Durant la seconde moitié des années 1970, les nouvelles Constitutions de deux États du Sud de l'Europe ont été approuvées, confirmant leur sortie définitive d'une période dictatoriale dans laquelle ceux-ci avaient été immergés durant quatre décennies : la Constitution portugaise en 1976 et la Constitution espagnole en 1978. Les deux textes reprirent la conception et le traitement des droits fondamentaux proposés par la Loi fondamentale de Bonn, en particulier la protection à l'égard du législateur issue de son article 19.2 précédemment cité.

Nous trouvons, en effet, un énoncé très similaire à l'article 18.3 de la Constitution portugaise de 1976 aux termes duquel : « Les lois qui restreignent les droits, les libertés et les garanties doivent revêtir un caractère général et abstrait. Elles ne peuvent avoir d'effets rétroactifs, ni restreindre l'étendue et la portée du contenu essentiel des préceptes constitutionnels » ; mais également à l'article 53.1 de la Constitution espagnole de 1978 qui dispose que : « Les droits et les libertés reconnus au chapitre deux du présent titre lient tous les pouvoirs publics. C'est seulement par la loi, qui dans tous les cas doit en respecter le contenu essentiel, que l'on peut réglementer l'exercice de ces droits et libertés (…) ». Il s'agit d'un article très connu, au cœur de la conception même de la Constitution, surtout de sa partie dogmatique qui consacre des droits fondamentaux.

B. Le contrôle de l'abus de pouvoir et de l'arbitraire du législateur

En instaurant un Tribunal constitutionnel compétent en matière de contrôle de constitutionnalité des lois, il était nécessaire de disposer de critères matériels pour réaliser une telle opération, à savoir vérifier l'adéquation des lois à la Constitution. Or, il s'agissait de références matérielles sur lesquelles on ne disposait que de peu de connaissances et, bien sûr, d'aucune expérience pratique[242].

Par conséquent, ici aussi, les premières contributions — qui précisément se sont révélées décisives — vinrent de Weimar. Concrètement d'Heinrich Triepel qui, en 1924, avait publié un avis, « *Goldbilanzen-Verordnung und Vorzugsaktien* », dans lequel il affirmait que le législateur ne peut établir des règles différentes de manière arbitraire, ou dit autrement, qu'il ne peut imposer des traitements distincts sans fondement raisonnable ou s'il ne s'agit pas de différences qui trouvent leur racine dans la nature propre des choses. L'année suivante, en 1925, a été publié un livre trouvant son origine dans la thèse doctorale de Gerhard Leibholz, *Die Gleichheit vor dem Gesetz* (L'égalité devant la loi), réalisée sous la direction d'Heinrich Triepel lui-même et dans laquelle sa pensée se laissait déjà deviner. Mais ce qui fut finalement décisif est la position de Gerhard Leibholz qui appartenait à cette « génération-pont » de professeurs formés sous Weimar et transmetteurs d'idées après la promulgation de la Loi fondamentale de Bonn.

Il importe donc de revenir sur la trajectoire de Gerhard Leibholz que nous avions laissée en mentionnant sa fuite *in extremis* d'Allemagne où plusieurs membres de sa famille — parmi eux son beau-frère, l'éminent théologien anti-nazi Dietrich Bonhoeffer — furent assassinés par les nazis en raison de leur opposition au régime. Après un exil difficile en France — il y fut interné en tant qu'« étranger ennemi » — il put s'établir en Angleterre où il obtint un poste discret d'enseignant à Oxford. Il

---

242 C'est ce qu'affirme Peter Lerche au début de l'introduction de son livre intitulé *Übermass und Verfassungsrecht* auquel nous nous réfèrerons en détail ultérieurement.

n'avait aucune intention de retourner en Allemagne où il avait vécu des expériences traumatiques, jusqu'à ce qu'il soit convaincu de le faire en 1951 par Rudof Smend et les principales forces politiques, la démocratie chrétienne et la social-démocratie. Il retourna à l'Université de Gottingen et a été nommé, nous l'avons déjà relevé, membre de la première formation du Tribunal constitutionnel fédéral dont on avait pourtant voulu exclure, sans le manifester explicitement, le milieu universitaire en raison de ses positions lors de l'époque troublée de Weimar. Gerhard Leibholz fut ainsi l'unique universitaire appelé à occuper cette fonction, parce qu'il disposait d'une pensée bien structurée, théoriquement et conceptuellement, fondée sur une solide formation académique, juridique mais aussi philosophique. Cela lui octroya un ascendant particulier sur ses collègues magistrats qui se manifesta lorsque lui a été confiée l'élaboration d'un avis visant à clarifier la position, le statut et les facultés du Tribunal constitutionnel fédéral[243], qui n'avait aucun précédent dans l'histoire allemande. Surtout, son appartenance au Tribunal constitutionnel permit à Gerhard Leibholz d'influencer de manière déterminante la première et décisive jurisprudence de ce dernier. Dans l'une de ses premières décisions (dans l'affaire « *Südweststaat* »), il fit adopter sa doctrine sur le principe d'égalité susceptible de fonder la déclaration d'inconstitutionnalité d'une loi si celle-ci détermine des règles différentes de celles qui existent sans le justifier par un fondement raisonnable ou par la nature des choses. Le Tribunal constitutionnel interpréta ainsi l'article 3 de la Loi fondamentale de Bonn de la même manière que Gerhard Leibholz l'avait fait, dès 1925, dans son livre (qui connut une seconde édition en 1958) au regard de l'article 109 de la Constitution de Weimar. Cette doctrine, que le Tribunal constitutionnel allemand a depuis lors maintenue[244], sera reprise par les tribunaux de différents États

---

[243] G. Leibholz, « Bericht des Berichterstatters an das Plenum des Bundesverfassungsgerichts zur "Status"-Frage », publié dans *Jahrbuch des öffentlichen Rechts der Gegenwart*, 1957.

[244] Comme le reconnaît, entre autres auteurs, K. Hesse dans « Der allgemeine Gleichheitssatz in der neueren Rechtsprechung des Bundesverfassungsgerichts zur Rechtsetzungsgleichheit », in P. Badura et R. Scholz (eds.), *Wege und*

européens[245] qui adoptèrent le principe d'égalité devant la loi conçue comme une prohibition de l'arbitraire et des abus du législateur.

L'encadrement du législateur et le contrôle judiciaire de l'adéquation des lois à la Constitution a reçu un nouvel élan doctrinal avec un ouvrage écrit par un membre de la nouvelle génération de publicistes allemands qui publia ses travaux après l'entrée en vigueur de la Loi fondamentale de Bonn. Il s'agit du livre — originairement son travail d'habilitation pour l'accès à une chaire sous la direction de Theodor Maunz — du professeur Peter Lerche : *Übermaß und Verfassungsrecht: zur Bindung des Gesetzgebers an die Grundsätze der Verhältnismäßigkeit und der Erforderlichkeit*[246] (Excès et droit constitutionnel. Sur l'obligation du législateur de respecter les principes de proportionnalité et raisonnabilité)[247] publié au début des années 1970. Au même moment, d'autres ouvrages importants parurent, comme ceux de Peter Häberle et Ernst-Wolfgang Bockenförde auxquels nous nous sommes déjà référés, qui convoquent des éléments du débat et des idées développés à l'époque de Weimar pour les adapter au nouvel ordre constitutionnel surgi après la Seconde Guerre mondiale. Ainsi, Peter Lerche utilisa amplement les théories d'Heinrich Triepel, un auteur pour lequel il montra une claire préférence, en vue d'approfondir les idées sur le législateur obligé de respecter les droits fondamentaux et le contrôle de l'abus de pouvoir de ce dernier. Ici émergea pour la

---

Verfahren des Verfassungslebens. Festschrift für Peter Lerche, München, Beck Verlag, 1993.

245 « De là elle est passée — affirma Rubio Llorente—, non sans résistance, à la Cour constitutionnelle italienne et plus tard, et sans aucune résistance, à notre Tribunal constitutionnel », F. Rubio Llorente, « La igualdad en la jurisprudencia del Tribunal Constitucional », *Revista Española de Derecho Constitucional*, n° 11, 1991, pp. 29 et 30. Sur la réception de cette doctrine par la Cour constitutionnelle italienne, voir G. Agró, « Contributo ad uno studio sui limiti della funzione legislativa in base alla giurisprudenza sul principio costituzionale de eguaglianza », *Giurisprudenza Constituzionale*, 1967.

246 P. Lerche, *Übermaß und Verfassungsrecht: zur Bindung des Gesetzgebers an die Grundsätze der Verhältnismäßigkeit und der Erforderlichkeit*, Köln-Berlin-Bonn-München, Carl Heymann, 1961.

247 Bien que la traduction littérale du principe de *Erforderlichkeit* serait le principe de nécessité, il ressort de cet ouvrage qu'il s'agit du principe de raisonnabilité : ce qui est nécessaire dans le sens de raisonnable.

première fois une notion appelée à avoir un grand développement, tout d'abord en droit allemand puis en droit européen : le principe de proportionnalité, conçu pour éviter ou corriger les excès de pouvoir et l'arbitraire, aussi bien de l'Administration que du législateur[248].

À cet égard, Peter Lerche partit de concepts et de techniques qui avaient déjà été utilisés dans la sphère du droit administratif, comme le caractère discrétionnaire, l'excès de pouvoir ou la pondération, puis il les remodela en profondeur afin de les appliquer au législateur lié par les dispositions et les valeurs constitutionnelles. Il ne s'agit pas seulement d'un encadrement négatif du législateur, de limites qui ne peuvent être dépassées, mais aussi de quelque chose de positif, d'actif, avec l'indication d'objectifs et de directives d'action ; Peter Lerche forgeant en ce sens la notion de « Constitution dirigeante ». Un développement approfondi de ces idées à partir des thèses de Peter Lerche, avec un caractère philosophique évident, se trouve dans l'excellent ouvrage du professeur José Joaquim Gomes Canotilho, *Constituição dirigente e vinculação do legislador*, qui confirme l'influence au Portugal de la notion de législateur lié, surtout après le rétablissement du régime parlementaire avec la Constitution portugaise de 1976. En général, dans tous les pays que nous analysons ici, dès la seconde moitié du XXe siècle, la conception du législateur pleinement libre dans ses décisions a été abandonnée. En effet, il lui a été reconnu une obligation de respecter aussi bien des valeurs matérielles que des manières de produire les lois.

---

248 Oliver Lepsius débute ainsi un ouvrage collectif sur la proportionnalité qu'il a co-dirigé en citant le livre de Peter Lerche, *Übermaß und Verfassungsrecht* et rendant compte de la « découverte » de ce principe de proportionnalité, après la Seconde Guerre mondiale, dans lequel se combinent la force contraignante des droits fondamentaux et le contrôle de l'excès de pouvoir qui sont deux apports de la pensée de Weimar résolument orientés vers l'encadrement du législateur. Voir « Die Chancen und Grenzen der Grundsatz der Verhältnismäßigkeit », in M. Jestaedt et O. Lepsius (eds.), *Verhältnismäßigkeit*, Tübingen, Mohr Siebeck, 2015, p. 4.

6. LES CONTRIBUTIONS CONTROVERSÉES

Comme on a pu le constater tout au long de cet ouvrage, la pensée antiparlementaire a fini par exercer une influence indéniable sur la formation du droit public actuel ; toutefois, il convient de noter que certaines de ses contributions et propositions n'ont pas toujours bénéficié d'une pleine acceptation. Bien qu'elles se soient montrées à plusieurs reprises opérationnelles, elles continuent de faire l'objet de controverses. L'une de ces contributions, que nous pouvons considérer comme une référence illustrant ces débats, est la catégorie des relations spéciales de sujétion que nous avons déjà mentionnée en nous arrêtant surtout sur le développement qu'en donna Otto Mayer à l'aube de la République de Weimar. À travers cette notion, il a été reconnu des domaines relevant exclusivement du pouvoir de réglementation de l'Administration et, par conséquent, fermés à la régulation du législateur parlementaire.

Il nous revient à présent d'analyser le sort de cette théorie après la Seconde Guerre mondiale. Il est certain qu'elle suscita un grand intérêt parmi la génération des publicistes qui se formaient alors, comme le montre notamment son traitement dans l'une des sessions annuelles de l'Association des professeurs allemands de droit public.

En 1956, l'un des sujets traités lors de sa session annuelle fut précisément celui de la relation spéciale de pouvoir (*Das besondere Gewaltverhältnis*)[249]. C'est à cette occasion qu'a été essentiellement revue la nature de ce type de relation auquel il est aujourd'hui reconnu une pleine substance juridique, à la différence des conceptions initiales qui la situaient en dehors de la sphère du droit et même, comme l'a souligné Herbert Krüger dans son exposé lors de cette session, dans le cadre pratiquement féodal où Paul Laband plaçait les fonctionnaires. Les droits fondamentaux s'imposaient désormais et a été reconnue l'existence d'un contrôle et d'une protection judiciaires à l'égard des décisions que peut adopter l'Administration dans ce

---

[249] Avec des exposés d'Herbert Krüger et de Carl H. Ule. Voir : Walter de Gruter, *Veröffentlichungen der Vereinigung der Deutschen Staatsrechtslehrer,* Berlin, 1968.

domaine, comme avait déjà commencé à l'accepter le Tribunal fédéral allemand statuant en matière de contentieux administratif[250]. La principale conclusion à laquelle on aboutit dans les années 1950 et 1960 fut que la relation spéciale de pouvoir ne pouvait être considérée comme une catégorie constitutionnelle. Elle manquait de force pour établir des exemptions ou particularités quant au régime constitutionnel commun à tous les citoyens en matière de droits et de garanties. Néanmoins, la catégorie relevait de la sphère administrative où elle permettait de reconnaître des pouvoirs de commandement et de direction à l'Administration dans le champ de ses compétences au service des fins spécifiques qui lui sont confiées. Celle-ci devait toutefois respecter les droits fondamentaux tout en sachant que le caractère juridique de ce type de relation la rend susceptible, le cas échéant, de faire l'objet d'un contrôle judiciaire complet conformément au droit. L'Association des professeurs allemands de droit public comprit ainsi que le sujet des relations spéciales de pouvoir était étroitement lié à celui du pouvoir d'auto-organisation de l'Administration auquel, de manière très cohérente, elle dédiera sa session annuelle suivante, en 1957[251].

Dans les années 1950, la théorie des relations spéciales et générales de sujétion reçut un nouvel élan avec la publication du *Traité de droit administratif* (*Lehrbuch des Verwaltungsrechts*) d'Ernst Forsthoff dont la traduction en espagnol, publiée par l'Institut d'études politiques en 1958, exerça une grande influence dans les pays hispanophones. L'auteur y reconnut pleinement la catégorie « desdites relations spéciales de pouvoir » dont la caractérisation est obtenue par opposition aux relations générales de pouvoir. Selon lui, la différence, très importante, entre les deux réside dans le fait que l'exigence de loi se réfère seulement à la relation générale de pouvoir et non à la relation spéciale de pouvoir, ou relation spéciale de sujétion. En conséquence, « dans le champ des

---

[250] Une jurisprudence dont rend compte H. Krüger qui s'appuie dessus pour réaliser son analyse.

[251] Avec des exposés d'Arnold Kottgen et de Felix Ermacora qui avaient déjà traité du sujet des relations spéciales de pouvoir en droit autrichien.

relations spéciales de pouvoir (ou de sujétion) l'Administration dispose d'un large espace de pouvoir de production juridique »[252].

Pour Ernst Fortshoff, la justification traditionnelle des limitations propres à la relation spéciale de pouvoir se trouve dans l'acceptation de ceux qui y sont soumis : « *volenti non fit injuria*, l'individu renonce volontairement au "statut" de liberté générale, en se soumettant aux devoirs et limitations de la relation spéciale de pouvoir »[253]. Cependant, il observa aussi que le champ des relations spéciales de pouvoir s'était élargi parallèlement à l'expansion des missions de l'Administration et que cette justification traditionnelle n'était plus valide dans tous les cas. L'extension de la catégorie avait déjà été proposée par Otto Mayer, dans la troisième édition du livre dont nous avons rendu compte et à laquelle Ernst Forsthoff se référa aussi de manière explicite. En effet, Otto Mayer avait étendu les relations spéciales de pouvoir au contrôle fiscal qui concernaient ainsi n'importe quel citoyen — potentiel contribuable — sans nécessité de son acceptation personnelle. Il les étendit aussi aux usagers des établissements publics, ce qui avait une signification spéciale pour Ernst Forsthoff en raison de l'importance de ces entités administratives, des écoles aux centres de santé, dans un État « prestataire » alors en pleine expansion et qu'il suivait avec un intérêt particulier.

Néanmoins, au regard de la croissance de l'appareil administratif et de la multiplication de ses relations avec les citoyens, les règles émanant de l'Administration avaient considérablement augmenté ; un phénomène qui ne pouvait déjà plus être formulé et expliqué au regard des relations spéciales de pouvoir. Cette remarquable augmentation de ce qu'Ernst Fortshoff qualifiait de « formes bureaucratiques de création du droit » lui semblait trouver deux types d'explications, certaines ayant un caractère historique. Il s'agissait, selon lui — il convient d'y insister — de « tous les phénomènes qui sont souvent regroupés sous la dénomination de *crise du parlementarisme* »[254]

---

252 E. Forsthoff, *Tratado de Derecho Administrativo*, Madrid, 1958, p. 186.
253 *Ibidem*, p. 186.
254 *Ibid.*, p. 190 (l'italique est de nous).

parmi lesquels il souligna la fragmentation partisane ainsi que l'antagonisme entre la démagogie et le dévouement objectif à ce qui est nécessaire. Tout cela aurait conduit, d'une manière ou d'une autre, à un certain degré de paralysation du système. Dans les années 1950, alors que la Loi fondamentale de Bonn était déjà en vigueur, Ernst Forsthoff maintint la même attitude, préventive et critique, envers le parlementarisme que celle qu'il adopta durant la période de l'entre-deux-guerres à laquelle n'était absolument pas étrangère la position de son maître, Carl Schmitt.

L'autre principale explication de cette évolution lui paraissait se trouver dans la complexité technique et sociale croissante des sociétés industrielles qui rendait nécessaire un type de régulation difficilement obtenu par la loi issue du Parlement, qui a vu « perdre son sens de norme universellement accessible, en faveur d'une prédominance des détails techniques seulement appréciables par le spécialiste »[255]. À partir de ce constat, Ernst Forsthoff se plongea dans l'étude des règles administratives dont l'expansion pouvait trouver une explication, à nouveau, dans la pensée critique antiparlementaire de l'époque de Weimar à laquelle lui-même participa en tant que jeune professeur de droit public.

La doctrine des relations spéciales de sujétion, ou relations spéciales de pouvoir, selon le point de vue que l'on adopte, fit l'objet d'une claire acceptation, particulièrement en Espagne à partir de la traduction du *Traité* d'Ernst Forsthoff en 1958 et des analyses doctrinales dont il fit l'objet[256]. Toutefois, vingt ans plus tard, avec l'approbation de la Constitution de 1978, la catégorie s'est trouvée questionnée à partir de nouveaux paramètres constitutionnels mais elle a tout de même été maintenue, surtout dans la jurisprudence. Une preuve de la vitalité de cette théorie est que durant les années 1990, trois professeurs de droit administratif lui dédièrent deux études, très sérieuses mais avec un ton remarquablement critique[257]. En dépit des fortes

---

[255] *Ibid.*, p. 191.

[256] Voir A. Gallego Anabitarte, « Las relaciones especiales de sujeción y el principio de legalidad de la Administración », *Revista de Administración Pública*, n° 34, 1961.

[257] Voir : R. García Macho, *Las relaciones especiales de sujeción en la Constitución española,* Tecnos (1992) ; I. Lasagabaster, *Las relaciones*

objections constitutionnelles qui lui ont été opposées, il est certain que la catégorie est toujours d'actualité[258]. Elle est utilisée de manière récurrente dans la jurisprudence pour expliquer et justifier une limitation de l'action de législateur ou la réduction de l'intensité de ses interventions dans certains domaines[259].

7. LES PROPOSITIONS QUI N'ONT PAS PROSPÉRÉ. LA PENSÉE CORPORATISTE ET LA DÉMOCRATIE DIRECTE EN TANT QU'ALTERNATIVES AU PARLEMENTARISME

Certains courants relevant de la pensée antiparlementaire se sont montrés très vigoureux, au point de générer des expressions constitutionnelles et institutionnelles intéressantes. Cependant, celles-ci n'ont pas passé l'épreuve de l'histoire puisqu'elles n'ont été reprises dans aucun système ou ordre juridique européen actuellement en vigueur. Sans aucun doute, le courant le plus important fut celui qui impulsa ce que l'on appelle communément le corporatisme. Il semble approprié de lui accorder à présent une attention spécifique avec le recul que nous a permis de prendre les développements exposés dans les deux précédents chapitres.

En effet, la pensée corporatiste se développa de manière critique

— mais également comme une alternative — à l'encontre de deux principes étroitement liés à la pensée des Lumières : l'individualisme et le parlementarisme libéral. La première orientation du corporatisme tendait clairement à dépasser l'individualisme tandis que l'autre s'alimentait des idées des Lumières pour les conduire vers une autre direction qui

---

especiales de sujeción, Civitas (1994) ; M. López Benítez, *Naturaleza y presupuestos constitucionales de las relaciones especiales de sujeción*, Civitas (1994).

258 T. Prieto Àlvarez, « La encrucijada actual de las relaciones especiales de sujeción », *Revista de Administración Pública,* n° 178, 2009.

259 Comme la régulation de secteurs économiques d'intérêt général, dans lesquels l'intervention intense à laquelle sont exposés les opérateurs qui y interviennent a été expliquée par le fait qu'ils se trouvent dans une situation de sujétion spéciale selon une ligne jurisprudentielle.

prétendait désactiver le modèle parlementaire libéral. On peut relever une chronologie entre ces deux mouvements critiques : apparaît tout d'abord celui qui questionne l'individualisme, puis, lorsque le corporatisme acquiert une claire dimension politique, se développe une critique du parlementarisme.

Le corporatisme était déjà présent au XIXe siècle comme une réaction à l'individualisme caractéristique de la pensée des Lumières, tout d'abord celle de Rousseau mais aussi celle de Kant qui l'a suivi sur ce point. Il s'agit donc de la première philosophie critique des Lumières à avoir posé les bases sur lesquelles se développeront les conceptions corporatistes et sociales qui prétendent dépasser un individualisme critiqué en tant que pure abstraction.

La philosophie d'Hegel influa de manière décisive sur l'ouvrage d'Otto von Gierke et sa doctrine de la *Genossenschaft* relative aux structures sociales de caractère associatif, corporatif, voire tribal selon la tradition germanique, en opposition à la fiction qui ne discerne que l'individu et l'État. L'un de ses disciples, très en avance sur son temps, était Hugo Preuss dont la thèse d'habilitation pour accéder au poste de professeur universitaire consistait en une tentative de construire le droit public allemand en se fondant sur une structure corporatiste ; un projet qu'il précisera dans son livre *Gemeinde, Staat, Reich als Gebietskörperschaften* (*Communautés, État et Empire-Fédération en tant que corporations territoriales*). Ces idées développées par Hugo Preuss, reprises par un courant doctrinal dynamique, laisseront une empreinte visible dans la Constitution de Weimar dont l'avant-projet avait été rédigé par Hugo Preuss lui-même. Celui-ci dépassa délibérément la fiction de l'individu conçu en tant qu'être parfaitement autonome et déconnecté de la société qui avait prévalu dans le constitutionnalisme du XIXe siècle, surtout celui d'inspiration française. La Constitution de Weimar dédia divers chapitres à une série de réalités méconnues par le constitutionnalisme libéral de caractère individualiste telles que « la vie en communauté » (*Das Gemeinschaftsleben*), « la vie ou l'activité économique » (*Das Wirtschaftsleben*), « l'éducation et l'école » (*Bildung und Schule*), ou encore « la religion et les associations religieuses » (*Religion und Religionsgesellschaften*).

Un autre philosophe allemand peu connu dans son pays, notamment dans ses universités, Karl Ch. F. Krause, adopta une posture manifestement organiciste de la société conçue comme une supra-organisation ou fédération d'associations et de corporations. La pensée krausiste, qui deviendra hégémonique dans des environnements intellectuels espagnols renommés, aura aussi, surtout à partir de Francisco Giner de los Ríos, une forte orientation corporatiste dépassant l'individualisme rousseauiste. Ce corporatisme impulsé par le krausisme influença aussi bien des penseurs socialistes, Julián Besteiro ou Fernando de los Rios, que la droite la plus innovante, menée surtout par Antonio Maura qui fit des propositions législatives durant la première décennie du XXe siècle prétendant protéger la personne individuelle des abus du caciquisme et des pouvoirs oligarchiques en l'intégrant dans un cadre corporatiste.

En France, où l'élimination des corps intermédiaires avait été la plus forte, du fait de la Révolution, le corporatisme n'eut pas de grand impact. Certes, la sociologie d'Émile Durkheim souligna l'importance des liens sociaux et des groupes dans lesquels s'intègrent les individus, en accordant une attention particulière à ceux qui avaient été encouragés par le processus d'industrialisation. On peut aussi mentionner certains mouvements traditionalistes, comme celui dirigé par l'écrivain Maurice Barrès, qui revendiquaient un système d'assemblées populaires de type cantonal. Cependant, le corporatisme ne reçut pas un accueil particulier chez les publicistes. Léon Duguit se rapprocha un peu de lui à un moment, surtout dans son analyse des syndicats qu'il visait à renforcer. Quant à Maurice Hauriou, tout en reconnaissant les contributions de la sociologie, il parut clairement se distancier du corporatisme en lui préférant un système de décentralisation institutionnelle (à travers lesdits *établissements publics*), ni corporatiste ni cantonal[260].

Pour sa part, la doctrine allemande, qui avait offert une importante réflexion philosophique critique à l'égard de la pensée des Lumières dans laquelle les idées corporatistes avaient trouvé un solide appui, a envisagé des mécanismes fondés sur

---

260 M. Hauriou, « La décentralisation par les établissements publics », *Revue politique et parlementaire*, vol. IV, 1895, pp. 56 et s.

celles-ci sur le plan de l'organisation administrative et de la typologie des entités publiques mais elle ne les a pas retenues au regard du système politique représentatif.

C'est dans les pays du Sud de l'Europe que le corporatisme, où il fonctionnait comme une alternative critique de l'individualisme, développa une autre dimension en se présentant comme une alternative au parlementarisme libéral qu'il critiquait sévèrement. Cette option corporatiste dans des pays aux racines catholiques manifestes s'expliquait, entre autres, par la posture qu'avait adoptée le pape Léon XIII dans une encyclique importante qui connut un grand retentissement sur la question sociale, la *Rerum Novarum*. Ce document prit pour base le document élaboré par un groupe de sociologues, philosophes et juristes renommés qui se réunirent à Fribourg à l'initiative du pape lui-même. Ayant des précédents dans la tradition chrétienne, à commencer par les lettres de Saint Paul, le corporatisme y fut reconnu surtout comme un système d'organisation politique et sociale susceptible de neutraliser ou minorer les tensions sociales qui prenaient alors forme ; notamment les conflits entre classes sociales que l'organisation corporatiste contrôlait d'une manière ou d'une autre en visant à intégrer les personnes en fonction de leur communauté d'intérêts professionnels ou de fonctions sociales. Le corporatisme envisagé dans l'encyclique *Rerum Novarum* se présentait ainsi comme une solution possible aux tensions sociales et aux problèmes d'articulation sociale, en faisant le choix résolu de la solidarité ainsi que diverses analyses ont pu le souligner[261]. Cependant, il ne s'agissait pas d'une solution officielle, de l'unique solution de l'Église catholique à la complexe question sociale. De fait, d'éminents penseurs d'orientation chrétienne, en parfaite harmonie doctrinale avec l'Église, manifestèrent clairement leur opposition aux propositions corporatistes, comme le fit Luigi Sturzo.

---

261 Telle une étude de Sabino Cassese qui a souligné que la « dottrine social del cattolicesimo, con una netta impronta solidaristica », in « Il corporativismo come fenómeno mondiale », dans son livre compilation intitulé *Lo Stato fascista*, Bologna, Il Mulino, 2010, p. 94.

Cependant, il est vrai que ces propositions ont été adoptées par certains penseurs et leaders politiques significatifs de la pensée catholique. Le plus remarquable fut sans aucun doute Antonio Salazar qui incorpora d'importants éléments relevant de cette pensée dans la Constitution portugaise de 1933 ; notamment, une Chambre corporatiste. Comme nous l'avons déjà relevé, il s'agit d'un texte qui lui est pratiquement propre et dont il a prolongé l'application durant plus de quarante ans. Bien que cette Constitution ait pu être vue comme la première intégrant une composante corporatiste, la doctrine portugaise elle-même est venue corriger cette appréciation en soulignant que la Constitution autrichienne de 1934, également inspirée de la doctrine sociale catholique, s'articulait déjà autour d'une structure corporatiste[262]. Toutefois, à la différence de la Constitution portugaise dont elle s'est inspirée, la Constitution autrichienne eut une vie éphémère qui s'est de fait terminée avec l'assassinat par les nazis du chancelier Dolfuss, auquel on devait cette initiative constitutionnelle. Peu de temps après, Hitler annexa l'Autriche au Troisième Reich.

Quant au fascisme italien, il fit du corporatisme la colonne vertébrale de son organisation politique. Ainsi, pour donner quelques éléments illustratifs, relevons qu'en 1929 a été créé un ministère des Corporations, en 1930 a été institué un Conseil national des corporations et en 1939 a été mise en place une Chambre des faisceaux et des corporations. Benito Mussolini ne partageait certainement pas les mêmes solides convictions religieuses qu'Antonio Salazar, cependant il tira profit des indications de l'Église catholique, qui avait un ascendant notoire dans son pays, pour développer et imposer une organisation politique corporatiste visant à supplanter complètement le régime parlementaire libéral qu'il rejetait. Ainsi s'explique le fait que la critique du corporatisme en Italie par des penseurs se rattachant clairement au catholicisme a en grande partie fait l'objet d'une utilisation intéressée par le régime de Benito Mussolini ; une situation notamment relevée par Luigi Sturzo, un auteur antifasciste.

---

262 J. Miranda, *Manual de Direito Constitucional*, Tome I, Coimbra Editora, 2014, pp. 292 et s.

En Espagne, ce n'est pas seulement l'influence de l'Église catholique qui a encouragé le corporatisme ; la pensée laïque, fortement influencée par le krausisme, s'orientait aussi dans cette direction. Ainsi s'explique, comme l'a souligné Francisco José Laporta, « la proposition réitérée d'une chambre d'aspect corporatiste organiciste. Presque tous les intellectuels de l'époque ont fait cette proposition »[263] et l'auteur de citer parmi eux Julián Besteiro, Adolfo Posada et Fernando de los Ríos. Ce courant commença dès les débuts du krausisme, en plein XIXe siècle, avec Julián Sanz del Río et Francisco Giner de los Ríos, et se présentait comme une théorie organiciste de la société inspirée de la pensée de Krause mais aussi, en partie, d'Hegel et de son idée de personne morale ; des approches ouvertement opposées à l'individualisme caractéristique des Lumières[264]. La pensée corporatiste, ou organiciste, espagnole s'est ainsi développée de manière critique à l'égard des deux principaux postulats du modèle libéral qu'elle prétendait dépasser : premièrement, dès le XIXe siècle, contre l'individualisme, puis contre le parlementarisme libéral — totalement discrédité avec la crise de la Restauration — avec des propositions alternatives de chambre corporatiste, comme ce fut le cas de l'Assemblée nationale durant la dictature de Primo de Rivera qui disposait, comme nous l'avons vu, du soutien d'intellectuels, y compris de la gauche, mais qui n'a pas réussi à se consolider.

La conclusion à laquelle on aboutit est que la pensée corporatiste n'a pas réussi à se concrétiser dans un régime politique effectif et stable, à se configurer comme une véritable alternative à la démocratie parlementaire représentative. Ses premières tentatives et réalisations n'ont pu s'émanciper de l'autoritarisme qui les a soutenues et nourries. Il s'agit d'une pensée qui est donc restée associée aux régimes fascistes et dictatoriaux de la période de l'entre-deux-guerres (puis, à la dictature franquiste) en n'ayant aucune importance ou expression aujourd'hui.

---

263 F. J. Laporta, *Adolfo Posada: Política y sociología en la crisis del liberalismo español*, *op. cit.*, p. 171.

264 Voir E. Díaz, *La filosofía social del krausismo español*, Madrid, Cuadernos para el diálogo, 1973, en particulier son exposé sur la « Théorie organiciste de la société », pp. 226 et s.

Cependant, notre conclusion est circonscrite au modèle politique d'État et aux organes constitutionnels de haut rang, en particulier le Parlement ou les entités qui canalisent la représentation politique. Sur le plan administratif, concrètement dans le cadre local, la pensée corporatiste a laissé une forte marque qui est aujourd'hui encore perceptible, notamment dans le régime local espagnol en vigueur dont l'origine moderne reconnue se trouve dans le Statut Municipal de Calvo Sotelo, approuvé à travers le Décret royal le 8 mars 1924 complété par le Statut Provincial du 20 mars 1925. Avec l'adoption de ce Statut Municipal s'est matérialisée une conception de la commune et de l'ordre local qui avait déjà été exprimée dans un projet de loi d'Antonio Maura de 1907. Ce dernier, politicien conservateur enclin aux réformes et partisan de la pensée krausiste, prétendait en finir avec le caciquisme au niveau local en développant la pensée organiciste ou corporatiste, à laquelle il avait beaucoup participé, sur certains aspects tels que la caractérisation même de la commune, conçue comme une « association naturelle » antérieure à la loi, ou la présence d'un tiers des conseillers en tant que représentants des corporations. Le projet d'Antonio Maura réaffirma une conception corporatiste, organiciste, orientée vers la protection des individus, surtout face au caciquisme. Cependant, en 1924, sous le directoire militaire de Primo de Rivera, le corporatisme du Statut Municipal de Calvo Sotelo acquit une connotation clairement antiparlementaire, caractéristique du régime politique dans lequel il avait été approuvé. Cela était manifeste dans son préambule indiquant que « la commune n'est pas fille du législateur ; c'est un fait de cohabitation antérieur à l'État et en outre supérieur à la loi ».

Le régime local espagnol garde depuis lors cette empreinte corporatiste, notamment visible dans la qualification des entités territoriales de « corporations locales ». De plus, bien que la cellule locale basique, la commune, se fonde sur la représentation directe des citoyens, d'autres entités intermédiaires, comme la province, sont configurées en tant que corporations de communes. Par ailleurs, il a été maintenu une position de distance et d'autonomie à l'égard du législateur depuis la Constitution de 1978. Cela est envisagé comme une garantie institutionnelle, une formule non ambigüe de défense face aux règles législatives qui a été inspirée et conçue, comme nous le savons, par la pensée antiparlementaire européenne de la période de l'entre-deux-guerres.

Il ne reste rien non plus des propositions alternatives à la démocratie parlementaire représentative, qui ont été expérimentées avec le système de Conseils d'inspiration soviétique mis en place en Allemagne en 1918, durant l'épisode révolutionnaire qui s'ouvrit après sa défaite lors de la Première Guerre mondiale. Ce fut toutefois une expérience éphémère et malheureuse. En réalité, il s'agissait d'une proposition politique et institutionnelle qui ne s'est concrétisée que dans l'État de Bavière. En effet, soutenu par des conseils populaires, Kurt Eisner s'y était emparé du pouvoir à l'automne 1918 dans le cadre d'un processus révolutionnaire qui prit fin avec la monarchie bavaroise. Après avoir convoqué des élections en proposant l'instauration d'un régime de conseils, Kurt Eisner obtint seulement 2,5 % des votes exprimés, ce qui donna à sa coalition trois députés sur 180. Le 21 janvier 1919, sur le chemin du Parlement où il se rendait pour présenter sa démission, Kurt Eisner fut assassiné par un officier de l'armée.

Sur le plan strictement doctrinal, Carl Schmitt adopta une attitude ambivalente à l'égard de la démocratie directe, en mettant en évidence l'imprécision de cette idée. Surtout, dans son étude *Légalité et légitimité*, il exposa l'opposition entre législateur parlementaire et législateur plébiscitaire, en étudiant les dispositions de la Constitution de Weimar qui prévoyaient la possibilité de prendre des décisions à travers un plébiscite. Selon Carl Schmitt, ces deux législateurs ne pouvaient cohabiter, car si la voie plébiscitaire était utilisée de manière fréquente, le législateur parlementaire se trouverait délégitimé. Selon lui, il ne pouvait exister qu'un unique législateur ordinaire qui, dans les Constitutions d'alors, notamment celle de Weimar, était celui situé dans le Parlement. Le plébiscite était prévu pour des cas particuliers et le Président, selon Carl Schmitt, ne pouvait à proprement parler dicter de lois mais seulement adopter des mesures qui, le cas échéant, pouvaient déroger à ce qui était établi dans des normes légales. Néanmoins, au-delà du champ de la Constitution de Weimar, Carl Schmitt envisageait la démocratie directe comme une acclamation accordant une légitimité au pouvoir du *Führer*, une approche qui s'orientait vers de supposés modèles alternatifs de démocratie de masse qui ont été totalement disqualifiés au vu de la trajectoire de ces propositions lorsqu'elles devinrent réalité, en s'incarnant dans le cadre de régimes dictatoriaux qui ne tardèrent pas à montrer leur visage criminel. Aucune proposition doctrinale en ce sens n'a donc été depuis lors exposée.

Il y a cependant eu une proposition en France impulsée à partir d'un autre front, le traditionalisme romantique, qui dans un cadre historique totalement idéalisé soutenait un retour à un système d'assemblées locales. Au-delà de la production littéraire de certains écrivains, Maurice Barrès étant le plus notable à cet égard, la proposition n'a toutefois eu aucun succès.

En Italie, il convient de relever l'étude de Giuseppe Capograssi intitulée « La nuova democrazia diretta »[265] publiée en 1922 dans laquelle l'auteur traita surtout des phénomènes de décentralisation politique comme ceux qui se produisent autour des syndicats et des entités locales en permettant une plus grande proximité des citoyens avec la prise de décisions. Il s'agit d'une compréhension de la démocratie en tant que participation qui fera l'objet d'un développement essentiellement au regard des administrations publiques et non en tant que réelle alternative à la démocratie parlementaire représentative.

Enfin, notons qu'une étude critique récente, à partir de la première édition de ce livre, des expériences et des perspectives alternatives au parlementarisme a été réalisée par le professeur Francisco Sosa Wagner[266]. Après les avoir analysées, en se référant surtout au régime des Conseils en Allemagne, qui « heureusement ne fut que fleur d'un jour », l'auteur regarde vers l'avenir en soulignant que « la germination désastreuse de la démocratie directe, des référendums, etc., qui forment un

---

265 Dans *Opere*, Vol. I, Milán, Giuffrè, 1959.

266 F. Sosa Wagner, « Contra el parlamento », *Revista de libros*, n° 205, 2020. L'auteur y propose une recension de la première édition en espagnol de ce livre.

paysage plein d'énigmes pour l'avenir du parlementarisme, reste à étudier ».

BIBLIOGRAPHIE

AGAMBEN, G., *État d'exception,* Paris, Seuil, 2003.

ALBANESE, G., *Dittature mediterranee. Sovversioni fasciste e colpi di Stato in Italia, Spagna e Portogallo*, Roma-Bari, Laterza, 2016.

ALBELTARO, M., *Mussolini e il fascismo,* Milano, Solferino, 2018.

ALCALÁ-ZAMORA, CASTILLO, N., *Significado y funciones del Tribunal de Garantías Constitucionales*, Madrid, 1933.

ALMEIDA, M. J. de., *Historia do Direito Portugués*, 3ª ed., Coimbra, 2000.

ANDERSON, P., « The Intransigent Right: Michael Oakeshott, Leo Strauss, Carl Schmitt, Friedrich von Hayek », *Sepctrum Verso,* London, 2007.

ANSCHÜTZ, G., *Drei Leitgedanken der Weimarer Reichsverfassung*, Tübingen, Mohr, 1923.

- *Aus meinen Leben*, édition et introduction de Walter PAULY, Frankfurt am Main, Vittorio Klostermann, 1993.

ARAGÓN REYES, M., GARRORENA MORALES, A., *Representación política y Constitución democrática (Hacia una revisión crítica de la teoría de la representación)*, Madrid, Civitas, 1991.

AUBY, J.-B., *La globalisation, le droit et l'État*, Paris, LGDJ, 2020.

AUDREN, F., HALPERIN, J.-L., *La culture juridique française XIXᵉ-XXᵉ siècles*, Paris, CNRS Éditions, 2022.

AZAÑA, M. (1926), *La responsabilidad de las multitudes* (Estudio preliminar de G. MORENO GONZÁLEZ), Madrid, Athenaica, 2018.

BALUTET, N., *La montée du militarisme en Espagne. D'une dictature à l'autre (1923-1939)*, Paris, L'Harmattan, 2004.

BARUCCI, P., BINI P., CONIGLIELLO, L. (dir.), *Economia e Diritto in Italia durante il Fascismo*, Firenze, Florence University Press, 2017.

BARRÈS, M., *Les déracinés. Le roman de l'énergie nationale* (1897), Paris, Gallimard, 1988.

BAUME, S., « Destin de l'antilibéralisme schmittien : penser l'équilibre des pouvoirs après 1945 », *Raisons politiques,* 2004/4 (n° 16), *L'antilibéralisme*, Presses de Sciences Po.

BAYÓN CHACÓN, G., « El régimen parlamentario de las democracias modernas », *Revista de Derecho Público*, II (1933), pp. 115 et s.

BENDERSKY, J. W., *Carl Schmitt. Theorist for the Reich*, Princeton, Princeton University Press, 1983.

BERGSON, H., *L'évolution créatrice* (1907), Paris, Shs Éditions, 2024.

BERNSTEIN, S., *La France des années 30,* Paris, Armand Colin, 5e éd., 2011.

BERTHÉLEMY, H., « Les limites du pouvoir législatif », *Revue politique et parlementaire*, vol. CXXV, 1925.

BLANQUER, J.-M., MILLET, M., *L' invention de l'État. Léon Duguit, Maurice Hauriou et la naissance du droit public moderne*, Paris, Odile Jacob, 2015.

BÖCKENFÖRDE, E. W., *Gesetz und gesetzgebende Gewalt*, 2e éd., Berlin, Duncker & Humblot, 1981.

- *Le droit, l'État et la constitution démocratique. Essais de théorie juridique, politique et constitutionnelle*, Paris-Bruxelles, LGDJ, 2000.

BOTTI, A. (ed.), *Luigi Sturzo e gli amici spagnoli Carteggi (1924-1951)*, Modena, Rubbettino Editore, 2012.

BRAGA DA CRUZ, M., *O partido e o Estado no Salazarismo*, Lisboa, Presença, 1988.

BRENAN, G., *The Spanish Labyrinth. The social and political background of the Spanish Civil War* (1943), Cambridge, Cambridge University Press, 2003.

CANALS, D., ORMAZÁBAL, G., TARRÉS, M., « Crónica del Seminario "La República de Weimar y la evolución de la Ciencia del Derecho" », *Revista Española de Derecho Constitucional*, n° 49, 1997.

CANETTI, E., *Masse et puissance,* Paris, Gallimard, 1986.

CAPOGRASSI, G., « La nuova democracia diretta », in *Opere I*, Milano, Giuffrè, 1959.

CARRÉ DE MALBERG, R., « La constitutionalité des lois dans la Constitution de 1875 », *Revue politique et parlementaire*, 1927, pp. 244 et s.

- *Contribution à la théorie générale de l'État (1922)*, Paris, Dalloz, 2003.

- *Contribution à la théorie générale de l'État*, Paris, Sirey, Vol II, 1922 (réimp. 1962).

CASCAJO DE CASTRO, J. L., « Kelsen y la Constitución española de 1931 », *Revista de Estudios Políticos*, n° 1, 1978, pp. 243 et s.

CASSESE, S., *Lo Stato fascista*, Bologna, il Mulino, 2010.

CASUCCI, C., *Il fascismo. Antologia di scritti critici*, Bologna, il Mulino 1982.

CERRONI, U. (ed.), *Il pensiero político dalle origini ai nostri giorni*, Roma, Editori Riuniti, 1966.

COMPAGNON, A., *Les antimodernes : de Joseph de Maistre à Roland Barthes,* Paris, Folio, 2016.

COMTE, A. *Système de politique positive* (1854), Paris, Hermann, 2022.

CONDE, F. J., *Introducción al Derecho político actual* (1942), Granada, Comares, 2006.

CORSALE, M., « La rappresentanza politica nella democrazia di massa », in SILVESTRI, M. (ed.), *Giacomo Perticone. Stato parlamentare e regime di massa nella cultura europea del Novecento*, Cassino, Edizioni dell'Uiversità degli Studi di Cassino, 1999.

CORSO, G., « Antiparlamentarismo e democrazia. Riflessioni introduttive », étude préliminaire à J. ESTEVE PARDO, *Antiparlamentarismo e democrazia,* Bologna, Il Mulino, 2021.

COSTA, P., *Lo Stato immaginario. Metafore e paradigma nella cultura giuridica italiana fra Otto e Novecento*, Milano, Giuffrè, 1986.

CRUZ VILLALÓN, P., *La formación del sistema europeo de control de constitucionalidad (1918-1939)*, Madrid, Centro de Estudios Constitucionales, 1987.

CHARLE, C., *La République des universitaires (1870-1940)*, Paris, Le Seuil, 1995.

- *Les intellectuels en Europe au XIXE siècle*, Paris, Le Seuil, 2001.

CHEVALLIER, J.-J., *Histoire des institutions et des régimes politiques de la France de 1789 à 1958*, 10e éd., Paris, Dalloz, 2009.

DELACAMPAGNE, C., *Historia de la filosofía en el siglo XX*, Barcelona, Península, 1999.

DELEUZE, G., *Le bergsonisme,* 5E éd., Paris, PUF, 2014.

DÍAZ, E., *La filosofía social del krausismo español*, Madrid, Cuadernos para el diálogo, 1973.

DÍEZ ESPINOSA, J. R., « La democracia parlamentaria en la República de Weimar: entre el mito y la realidad », *Investigaciones históricas,* n° 18, 1998, pp. 287 et s.

DOMINGO, R. (ed.), *Juristas universales (vol. III, Juristas del siglo XIX* y *vol. IV, Juristas del siglo XX)*, Madrid-Barcelona, Marcial Pons, 2004.

DUEZ, P., « Le contrôle juridictionnel de la constitutionnalité des lois en France. Comment il convient de poser la question », in *Mélanges Maurice Hauriou*, Paris, Sirey, 1929, pp. 213 et s.

DUGUIT, L., *L'État, le droit objectif et la loi positive* (1901), Paris, Hachette, 2016.

- *Les transformations du droit public*, (1913), Paris, Hachette, 2014.

- *Traité de droit constitutionnel*, 3e éd., Paris, De Boccard, 1923.

- *Lecciones de Derecho público general impartidas en la Facultad de Derecho de la Universidad egipcia en 1926* (traduction et étude préliminaire de J. García Fernández), Madrid, Marcial Pons, 2011.

DURKHEIM, É., *Leçons de sociologie* (1902), Paris, PUF, 2015.

- « La sociología e il suo domino scientifico », *Rivista Italiana di Sociologia*, n° 4, 1900.

- *Montesquieu et Rousseau. Précurseurs de la sociologie.* Paris, Éditions Le Mono, 2021.

EISENMANN, C., *La justice constitutionnelle et la Haute Cour constitutionnelle d'Autriche*, avec une préface d'Hans Kelsen (1928), Presses Universitaires d'Aix-Marseille, 1986.

ESTEVE PARDO, J., « Subjektive und objektive Dimension der Grundrechte zwischen europäischer Integration und nationale Rechtskulturen », in Ch. TOMUSCHAT, H. KÖTZ, B. VON MAYDELL (eds.), *Europäische Integration und nationale Rechtskulturen*, Köln-Berlin-Bonn-München, Carl Heymans Verlag, 1995.

- « Las dos vidas de Carl Schmitt », *Revista española de derecho constitucional*, n° 46, 1996.

- « De la Universidad al poder. Un camino errado », *Revista española de derecho constitucional*, n° 57, 1999.

- « La doctrina alemana del Derecho público durante el régimen nacional socialista. Crónica de un debate tardío », *Revista española de derecho constitucional,* n° 67, 2003, pp. 171 et s.

- « Il pensiero antiparlamentare in Europa: l'origine nel periodo tra le due guerre mondiali e la successiva influenza », *Studi parlamentari e di politica costituzionale*, n° 204, 2019.

- « Antiparliamentary thought and crisis of confidence in legislation. A historical approach », in AAVV, *The crisis of confidence in legislation*, London/Baden-Baden, Nomos-Hart Publishing, 2020.

ESTÉVEZ ARAUJO, J. A., *La crisis del Estado de Derecho liberal. Schmitt en Weimar*, Ariel, Barcelona, 1989.

FIJALKOWSKI, J., *Los componentes ideológicos en la filosofía política de Carl Schmitt*, préface de José Esteve Pardo, Madrid, Tecnos, 2023.

FORSTHOFF, E., *Die öffentliche Körperschaft im Bundesstaat (Eine Untersuchung über die Bedeutung der institutionellen*

Garantie in den Artikeln 127 und 137 der Weimarer Verfassung), Tübingen, Mohr Siebeck, 1931.
- *Der totale Staat*, 2e éd., Hamburg, 1934.
- *Die Verwaltung als Leistungsträger*, München, Kohlhammer, 1938.
- *Traité de Droit administratif allemand* (traduit de l'allemand par Michel Fromont), Bruxelles, Établissements Émile Bruylant, 1969.
- *Deutsche Verfassungsgeschichte der Neuzeit*, 4e éd., Kohlhammer, Stuttgart, 1972.

FOTIA, M., *Il liberalismo incompiuto. Mosca, Orlando, Romano tra pensiero europeo e cultura meriodionale*, Milano, Guerini e Associati, 2001.

FREITAS DO AMARAL, D., « Corporativismo, fascismos e Constituição », in ROSAS, F., GARRIDO, A. (coords.), *Corporativismo, fascismos, Estado Novo*, Lisboa, Almedina, 2012.

FREUD, S., *Le malaise dans la culture (1930), Paris, Flammarion, 2010.*
- *Psychologie des masses et analyse du moi* (1923), Paris, PUF, 2019.

FROMONT, M., *Justice constitutionnelle comparée*, Paris, Dalloz, 2013.

FROMONT, M., PERROUD, T., *Grands systèmes de droit étrangers,* Paris, Dalloz, 2023.

GAUCHET, M., *L'avènement de la démocratie III. À l'épreuve des totalitarismes 1914-1974*, Paris, Folio, 2017.

GAGLIARDI, A., *Il corporativismo fascista*, Roma-Bari, Laterza, 2010.

GALLI, C., *Lo sguardo di Giano. Saggi su Carl Schmitt*, Bologna, il Mulino, 2008.

GALLI, C., GREBLO, E., MEZZADRA, S, (dir.), *Il pensiero politico contemporaneo. Il Novecento e l'età globale.* Bologna, il Mulino, 2011.

GARCÍA DE ENTERRÍA, E., *La Constitución como norma y el Tribunal Constitucional*, Madrid, Civitas, 2006.

GARRIGUES, J., *Tres conferencias en Italia sobre el Fuero del Trabajo*, Madrid, Ediciones FE, 1939.

GERWARTH, R., *The vanquished: why the First Worl War failed to end, 1917-1923*, Londres, Penguin Book, 2017.

GIL CREMADES, J. J., *El reformismo español: krausismo, escuela histórica, neotomismo*, Barcelona, Ariel, 1969.

GINER, S., *Historia del pensamiento social*, Barcelona, Ariel, 1967.

GODO, E., *Maurice Barrès. Le grand inconnu*, Paris, Tallandier, 2023.

GOMES CANOTILHO, J. J., *Constituição dirigente e vinculação do legislador*, Coimbra, Coimbra Editora, 1982.

GÓMEZ, B., PALACIOS, D., *Una historia política de Portugal*, Madrid, Siglo XXI, 2006.

GÓMEZ ORFANEL, G., *Excepcionalidad y normalidad en el pensamiento de Carl Schmitt*, Madrid, Centro de Estudios Constitucionales, 1986.

GOYET, B., *Charles Maurras,* Paris, Presses de Sciences Po, 2000.

GROSSI, P., *Scienza giuridica italiana. Un profilo storico*, Milano, Giuffré, 2000.

GONZÁLEZ CALLEJA, E., *La España de Primo de Rivera. La modernización autoritaria 1923-1930*, Madrid, Alianza, 2005.

GUILLÉN KALLE, G., *Carl Schmitt en la Segunda República Española*, Madrid, Reus, 2018.

GURVITCH, G., *Éléments de sociologie juridique* (1940), préface de F. Terré, Paris, Dalloz, 2012.

HÄBERLE, P., *Die Wesensgehaltsgarantie des Art. 19 Abs. 2 Grundgesetz: zugleich ein Beitrag zum institutionellen Verständis der Grundrechte und zur Lehre von Gestzvorbehalt*, Karlsruhe, Müller, 1962.
- *L'État constitutionnel*, Paris, Economica, 2004.

HARTWIG, W., *Utopie und politische Herrschaft im Europa der Zwischenkriegszeit,* München, 2003.

HAURIOU, M., *La science sociale traditionnelle*, Paris, L. Larose, 1896.
- « L'État, le droit objectif et la loi positive par León Duguit », *Revue de droit public et de la science politique*, vol. XVII, 1902, pp. 346-366.
- *Principes de droit public* (1910), Paris, Dalloz, 2010.
- *Précis de droit administratif et de droit public (1933)*, Paris, Dalloz, 2002.
- *Écrits sociologiques*, Paris, Dalloz, 2008.

HAYEK, F. A., *Droit, législation et liberté*, Paris, PUF, 2013.

HELLER, H., « Der Begriff des Gesetzes in der Reichsverfassung » (1928), in *Veröffentlichungen der Vereinigung der Deutsche Staatsrechtslehre*, Berlin, Walter de Gruter, 1928.
- *Gesammelte Schriften*, Leiden, A. W. Sijthoff, 1971

- *Gesammelte Schriften,* 3 vols., 2e éd., Tubinga, Mohr Siebeck, 1992.
- *Crise de la théorie de l'État*, préface d'Olivier Jouanjan, Paris, Dalloz, 2012.

HERRERA, C. M., *Le droit, le politique. Autour de Max Weber, Hans Kelsen, Carl Schmitt,(Coloque Nanterre)*, Paris, L'Harmattan, 2000.

HERRERO LÓPEZ, M., *El « nomos » y lo político: la filosofía política de Carl Schmitt*, 2a ed., Pamplona, EUNSA, 2007.

JELLINEK, G., *Gesetz und Verordnung* (1887), Tübingen, Mohr Siebeck, 1964.
- *L'État moderne et son droit* (1911), Paris, Hachette, 2023.

JIMÉNEZ SEGADO, C., *Contrarrevolución o resistencia. La teoría política de Carl Schmitt*, Madrid, Tecnos, 2000.

JOUANJAN, O., *Une histoire de la pensée juridique en Allemagne (1800-1918)*, Paris, PUF, 2005.
- *Le principe d'égalité devant la loi en droit allemand,* préface de Michel Fromont, Paris, Economica, 1999.

- *Justifier l'injustifiable. L'ordre du discours juridique nazi*, Paris, PUF, 2017.

KARL, M., *Die Münchener Räterepublik. Porträts einer Revolution*, Düsseldorf, Patmos, 2008.

KELSEN, H., *Der soziologische und der juristische Staatsbegriff: kritische Untersuchung des Verhältnisses von Staat und Recht*, 1922.
- *La démocratie. Sa nature, sa valeur*, préface de Philippe Raynaud, Paris, Dalloz, 2e éd., 2004.
- *Théorie pure du droit*, traduction de Charles Eisenmann, Paris, Dalloz, 2e éd., 1962.

- *Théorie générale du droit et de l'État*, Paris, LGDJ, 1997.
- *Wer soll der Hüter der Verfassung sein?* (1931), Tubinga, Mohr Siebeck, 2e éd., 2019.

KENNEDY, E., *Constitutional Failure: Carl Schmitt in Weimar*. Durham, Duke University Press, 2004.

KERSHAW, I., *L'Europe en enfer (1914-1949)*, Paris, Le Seuil, 2016.

KIRCHHEIMER, O., *Von der Weimarer Republik zum Faschismus: Die Auflösung der demokratischen Rechtsordnung*, Frankfurt am Main, Suhrkamp, 1976.
- « Bedeutungswandel des Parlamentarismus », in *Von der Weimarer Republik zum Faschismus: Die Auflösung der demokratischen Rechtsordnung,* Frankfort, Suhrkamp, 1976.

KORNHAUSER, W., *The Politics of Mass Society*, Illinois, The Free Press of Glencoe, 1939.

KÜHNE, J.-D., « Zur Entstehung der Weimarer Reichsverfassung », *Die öffentliche Verwaltung*, n° 12, 2019.

LAAK, D. VAN, *Gespräche in der Sicherheit des Schweigens (Carl Schmitt in der politischen Geistesgeschichte der frühen Bundesrepublik)*, Berlin, Akademie Verlag, 1993.

LAMBSDORFF, H. G., *Die Weimarer Republik*, Frankfurt am Main, Lang, 1990.

LAPORTA, F. J., *Adolfo Posada: Política y sociología en la crisis del liberalismo español*, Madrid, Cuadernos para el diálogo, 1974.

LE BON, G., *Psychologie des foules* (1895), Paris, PUF, 2013.

LECA, A., « Les grandes étapes du contrôle de constitutionnalité des lois dans la pensée politique européenne d'Aristote à Kelsen », *Revue de la recherche juridique*, n° 3, 1987.

LEHNERT, D., MÜLLER, C. (eds.), *Hugo Preuss. Gesammelte Schriften* (5 vols.), Tübingen, Mohr Siebeck, 2007-2015.

LEIBHOLZ, G., *Die Gleichheit vor dem Gesetz: eine Studie auf rechtsvergleichender und rechtsphilosophischer Grundlage* (1925), 2e éd., München-Berlin, Liebmann, 1959.

- *Das Wesen des Representation unter besonder Berücksichtigung der Repräsentativsystems*, Berlin-Leipzig, Walter de Gruyter, 1929.

LEPENIES, W., *The Seduction of Culture in German History,* New Jersey, Princeton University Press, 2009.

LEPSIUS, O., « Die Chancen und Grenzen des Grundsatzes der Verhältnismässigkeit », in M. JESTAEDT, O. LEPSIUS (eds.), *Verhältnismäßigkeit*, Tübingen, Mohr Siebeck, 2015.

LUCAS VERDÚ, P., *La lucha contra el positivismo jurídico en la República de Weimar. La teoría constitucional de Rudolf Smend*, Madrid, Tecnos, 1987.

LUHMANN, N., *Droits de l'Homme et différenciation sociale. Une contribution à la sociologie politique, Paris, Hermann, 2022.*

LLORENS, E. L., *La igualdad ante la ley*, Murcia, Instituto de Estudios Políticos de la Universidad de Murcia, 1934.

MACHELON, J.-P., *La République contre les libertés ?*, Paris, Presses de Sciences Po, 1976.

- « Parlementarisme absolu, État de droit relatif. À propos du contrôle de la constitutionnalité des lois en France sous la Troisième République. Position et controverses », in SILVESTRI, M. (ed.), *Giacomo Perticone. Stato parlamentare e regime di massa nella cultura europea del Novecento*, Cassino, Edizioni dell'Uiversità degli Studi di Cassino, 1999.

MANIN, B., *Principes du gouvernement représentatif*, Paris, Flammarion, 2019.

MARCUSE, H., « Der Kampf gegen den Liberalismus in der totalitären Staatsauffassung », in *Zeitschrift für Sozialforschung*, n° 3, Paris, 1934.

MARTÍN, S., *Entre Weimar y Franco. Eduardo L. Llorens (1886-1943) y el debate jurídico de la Europa de entreguerras*, Granada, Comares, 2018.

- étude préliminaire, édition et notes de *El Derecho Político de la Segunda República. Francisco Ayala. Eduardo L. Llorens. Nicolás Pérez Serrano*, Madrid, Universidad Carlos III de Madrid, 2011.

MARTÍN-RETORTILLO, S., « La doctrina del ordenamiento jurídico de Santi Romano y algunas de sus aplicaciones en el campo del Derecho Administrativo », *Revista de Administración Pública*, n° 39, 1962.

MARTINHO, F. (dir.), *Os intelectuais do antiliberalismo: projetos e políticas para outras modernidades*, Lisboa, Civilizaçao, 2010.

MAURRAS, C., *L'avenir de l'intelligence. Un essai philosophique et politique* (1902), Paris, Cultures, 2022.

MAYER, O., *Le droit administratif allemand*, préface d'H. Berthélemy, Paris, V. Girard & E. Brière. Libraires-Éditeurs, 4 vol., 1903-1906.

MAULIN, E., *La théorie de l'Etat de Carré de Malberg*, Paris, PUF, 2003.

MELIN-SOUCRAMANIEN, F., *Les Constitutions de la France de la Révolution à la IVe République*, Paris, Dalloz, 2017.

MIGUEL BÁRCENA, J. de, TAJADURA TEJADA, J., *Kelsen versus Schmitt. Política y derecho en la crisis del constitucionalismo*, Madrid, Guillermo Escolar Editor, 2018.

MINEUR, D., *Carré de Malberg. Le positivisme impossible*, Paris, Michalon, 2010.

MOHLER, A., *Die konservative Revolution in Deutschland 1918-1932. Grundriss ihrer Weltanschauungen*, Stuttgart, Kohlhammer, 1959.

MOMMSEN, H., *Aufstieg und Untergang der Republik von Weimar,* Berlin, Ullstein, 2009.

MOSCA, G., *La clase política,* préface de Norberto Bobbio, 2e éd., Ciudad de México, Fondo de Cultura Económica, .2004

\- *Sulla teorica dei governi e sul governo parlamentare,* Torino, 1884.

MOSCHELLA, G., *Rappresentanza politica e costituzionalismo. Teoria e giurisprudenza costituzionale: un'analisi comparatistica*, Rimini, Maggioli, 1999.

NEMO, P. H., *Histoire des idées politiques aux temps modernes et contemporains,* Paris, PUF, 2013.

NOACK, P., *Carl Schmitt. Eine Biographie*, Frankfurt an Main, Propyläen, 1993.

ORTEGA Y GASSET, J., *La révolte des masses* (1923), Paris, Les Belles Lettres, 2010.

ORY, P., SIRINELLI, J.-F., *Les intellectuels en France. De l'affaire Dreyfus à nos jours*, Paris, Perrin, 2004.

ORLANDO, V. E., « La decadenza del regime parlamentare », *Rassegna di scienze sociale e politiche*, vol. II, août 1884.

- « Del fondamento giuridico della rappresentanza politica » (1895), in *Diritto pubblico generale. Scritti vari (1881-1940)*, Milano, Giuffre, 1954.

PASCAL, T., *Le parlement et les armées*, préface d'O. Gohin, Paris, L'Harmattan, 2023.

PEREIRA COUTINHO, L. P., *Teoria dos regimes políticos*, Lisboa, Alameda da Universidade, 2013.

PERTICONE, G., « Parlamentarismo e antiparlamentarismo nell'esperienza costituzionale italiana », in *Nuove questioni di storia del Risorgimento e dell'Unità d'Italia*, Milano, Marzorati, 1961, pp. 621 et s.

PETERS, H., *Lehrbuch der Verwaltung*, Berlin-Göttingen-Heidelberg, Springer, 1949.

POSADA HERRERA, A., *Estudios sobre el Régimen Parlamentario en España* (1891), Bilbao, Junta General del Principado de Asturias, 1996 (étude préliminaire de F. RUBIO LLORENTE).

- « Estudio preliminar » à Léon DUGUIT, *Las transformaciones del Derecho público*, Madrid, Francisco Beltrán. Librería española y extranjera, 1915.

- *La crisis del constitucionalismo*, Madrid, Librería de Victoriano Suárez, 1925.

- *La crisis del Estado y el Derecho político*, Madrid, C. Bermejo Impresor, 1934.

PUPPO, A., « Gaetano Mosca et la théorie de la classe politique », *Revue française d'histoire des idées politiques*, n° 22, 2005.

RECASÉNS SICHES, L., *Panorama del pensamiento jurídico en el siglo XX* (2 vol.), Ciudad de Mexico, Porrúa, 1963.

REDOR, M.-J., *De l'État légal à l'État de droit (L'évolution des conceptions de la doctrine publiciste française, 1879-1914),*

Aix-en-Provence, Economica/Presses Universitaires d'Aix-Marseille, 1992.

RENARD, G., *Les théories de l'institution. Essai d'ontologie juridique* (1930), Paris, Hachette, 2023.
- « La filosofia politica di Maurice Hauriou », in *Studi di diritto pubblico in onore di Oreste Ranelletti,* Padua, Ledram, 1931.

RIDOLFI, A., « L'antiparlamentarismo e i romanzi di Federico De Roberto (A propósito del dialogo del giurista con la letteratura) », in *Teoria del diritto e dello Stato*, n° 1,2,3, 2006, pp. 199 et s.

RINGER, F. K., *The Decline of the German Mandarins. The German Academic Community 1890-1933*, Middletown (Connecticut), Wesleyan University Press, 1990.

ROA LLAMAZARES, C., *La República de Weimar. Manual para destruir una democracia*, Madrid, Catarata, 2010.

ROMANO, S., « Osservazioni preliminari per una teoría sui limiti della funzione legislativa nel diritto Italiano », in *Archivo del Diritto Pubblico e dell'Amministrazione Italiana*, vol. I, Fas. IV, 1902.
- « Sui decreti-legge e lo stato di assedio in occasione dei terremoto di Messina e Reggio Calabria » (1909), in *Scritti minori*, vol. I, Milano, Giuffré, 1990.
- *L'ordre juridique (1917), Paris, Dalloz, 2002.*
- *Fragmentos de un diccionario jurídico* (1947), Buenos Aires, Ediciones Jurídicas Europa-América, 1964.

ROSAS, F., GARRIDO, A. (coords.), *Corporativismo, fascismos, Estado Novo*, Lisboa, Almedina, 2012.

RUIZ-GIMÉNEZ, J., *La concepción institucional del Derecho*, Madrid, Instituto de Estudios Políticos, 1944.

SABBATUCCI, G., *La crisi dello Stato liberale*, in V. VIDOTTO (ed.), *Storia d'Italia 4. Guerre e fascismo (1914-1943*), Roma-Bari, Laterza, 1998.

SAMPAY, A. E., *La crisis del Estado de Derecho liberal-burgués*, Buenos Aires, Losada, 1942.

SARALEGUI, M., *Carl Schmitt pensador español*, Madrid, Trotta, 2016.

SCHAMBECK, H. (ed.), *Österreichs Parlamentarismus: Werden und System*, Berlin-Munich, 1986.

SCHIAVONE, A. (ed.), *Stato e cultura giuridica in Italia dall'Unità alla Repubblica*, Bari, Laterza, 1990.

SCHMITT, Carl, *Théologie politique* (1922), Paris, Gallimard, 1988.
- *La dictature* (1923), Paris, Points, 2015
- *Parlementarisme et démocratie* (1923), Paris, Seuil, 1988.
- *Théorie de la Constitution* (1928), Paris, PUF, 2013.
- *Le Tribunal du Reich comme gardien de la Constitution* (1931), Paris, Dalloz, 2017.
- *Légalité et légitimité* (1932), Maison des Sciences
- *Les trois types de pensée juridique* (1934), Paris, PUF, 2015.
- « Freiheitsrechte und institutionelle Garantien der Reichsverfassung » (1931), in *Verfassungsrechtliche Aufsätze*, Berlin, Duncker&Humblot, 1985.

SCHMITT, C., HELLER, H., *Du libéralisme autoritaire,* Paris, Zones, 2020.

SCHMITZ, J., *La théorie de l'institution du doyen Maurice Hauriou*, préface de J.-A. Mazères, avant-propos de Lucien Sfez, Paris, L'Harmattan, 2013.

SCHORN, H., *Die Gesetzgebung des Nationalsozialismus als Mittel der Machtpolitik*, Frankfurt, 1963.

SERRANO, C., SALAÜN, S. (eds.), *Los felices años veinte. España, crisis y modernidad*, Madrid, Marcial Pons, 2006.

SFORZA, W. C., *Il corporativismo come esperienza giuridica*, Milano, Giuffrè, 1942.

SILVESTRI, M. (ed.), *Giacomo Perticone. Stato parlamentare e regime di massa nella cultura europea del Novecento* (Livre hommage), Cassino, Edizioni dell'Uiversità degli Studi di Cassino, 1999.

SIMARD, A., *Le droit et son autre. Otto Kirchheimer et la critique de l'État de droit,* Montréal, Presses de l'Université de Montréal, 2023.

SIRINELLI, J.-F., *La France de 1914 à nos jours*, Paris, PUF, 1993.

SLOTERDIJK, P., *Die Verachtung der Massen: Versuch über Kulturkämpfe in der modernen Gesellschaft*, Frankfurt am Main, Suhrkamp, 2000.

SONTHEIMER, K, *Antidemokratisches Denken in der Weimarer Republik*, Berlin, dtv Wissenschaft, 1978.

SOMBART, W., *Le socialisme et le mouvement social au XIXe siècle*, Paris, Éditions le Mono, 2017.

SOSA WAGNER, F., *Maestros alemanes de Derecho Público*, 2ª ed., Madrid-Barcelona, Marcial Pons, 2005.

- *Carl Schmitt y Ernest Forsthoff: coincidencias y confidencias*, Madrid-Barcelona, Marcial Pons, 2008.
- *Juristas en la Segunda República. 1. Los iuspublicistas*, Madrid-Barcelona, Marcial Pons, 2009.

- *Juristas y enseñanzas alemanas (I), 1945-1975: con lecciones para la España actual*, Madrid-Barcelona, Marcial Pons, 2013.
- « Contra el parlamento », *Revista de libros*, n° 205, 2020.

STERNHELL, Z., *Les anti-Lumières. Une tradition du XVIIIE siècle à la Guerre froide*, Paris, Fayard, 2010.

STOLLEIS, M., *Histoire du droit public en Allemagne 1800-1914*, Paris, Dalloz, 2014.
- *Le droit à l'ombre de la croix gammée. Études sur l'histoire du droit du national-socialisme*, Paris, INRP, 2016.

STOLZI, I., *L'ordine corporativo. Poteri organizzati e organizzazione del potere nella rflessione giuridica dell'Italia fascista*, Milano, Giuffrè, 2007.

STONE, N., *Europe Transformed*, Blackwell, 2nd ed., Oxford, 1999.

STURZO, L., *Popolarismo e fascismo* (1924), Publicazioni Instituto Luigi Sturzo, Bologna, Zarichelli, 1956.

TESSITORE, F., *Crisi e trasformazioni dello Stato. Ricerche sul pensiero giuspubblicistico italiano tra Otto e Novecento*, Milano, Giuffre, 1988.

THOMA, R., « Zur Ideologie des Parlamentarismus », *Archiv für die Sozialwissenschaften*, n° 53, 1924.

TRÉMOLET DE VILLERS, V. (dir.), *Une histoire de la pensée politique*, Paris, Tallandier, 2023.

TRIEPEL, H., *Goldbilanzenverdordnung und Vorzugsaktien...*(1924), Berlin, Walter De Gruyter, 2012.
- *Staatsrecht und Politik: Rede beim Antritte des Rektorats (1927)*, Berlin, Walter De Gruyter, 2012.

- *Die Staatsverfassung und die politischen Parteien* (1927), Humboldt-Universität zu Berlin, 2017.
- « Wesen und Entwicklung der Staatsgerichtsbarkeit », *Veröffentlichungen der Vereinigung der Deutschen Staatsrechtslehrer*, vol. 5, 1928, pp. 2-29.
- *Delegation und Mandat im öffentlichen Recht*, Stuttgart, Kohlhammer, 1942.
- *Vom Stil des Rechts: Beiträge zu einer Ästhetik des Rechts*, Heidelberg, Schneider, 1947.

TRUFFELLI, M., *L'ombra della politica. Saggio sulla storia del pensiero antipolitico*, Modena, Rubbetino, 2008.

TUÑON DE LARA, M., *Medio siglo de cultura española (1885-1936)*, (1973), Pamplona, Urgoiti Editores, 2018.

ULLRICH, V., *Die Revolution von 1918/1919*, Munich, C. H. Beck, 2009.

UNGARI, P., *Alfredo Rocco e l'ideologia giuridica del fascismo*, Brescia, Morecelliana, 1963.

VALENTINI, F., *Il pensiero politico contemporaneo*, Roma-Bari, Laterza, 1985.

VICENS VIVES, J., *España contemporánea (1814-1953)*, (1953) Barcelona, Acantilado, 2012.
- *La crisis del siglo XX (1919-1945)*, Barcelona, Acantilado, 2013.

VILLA GARCÍA, R., *1923. El golpe de Estado que cambió la Historia de España*, Madrid, Espasa, 2023.

VILLACORTA BAÑOS, F., *Profesionales y burócratas. Estado y poder corporativo en la España del siglo XX (1890-1923)*, Madrid, Siglo XXI, 1989.

WARDA, H. J., *Corporatism and Comparative Politics*, London, Sharpe, 1996.

WEBER, M., *Le savant et le politique.* (1919), Paris, La Découverte, 2003.
- *Œuvres politiques*, Paris, Albin Michel, 2004.

YETOHOU, T. S., *Aux origines des systèmes juridiques modernes*, Paris, L'Harmattan, 2022.

ZANGARA, V., *La rappresentanza istituzionale*, 2ª ed., Padova, Cedam, 1952.

ZWEIG, S., *Le monde d'hier. Souvenirs d'un européen* (1942), Paris, Les Belles Lettres, 2013.

Structures éditoriales du groupe L'Harmattan

L'Harmattan Italie
Via degli Artisti, 15
10124 Torino
harmattan.italia@gmail.com

L'Harmattan Hongrie
Kossuth l. u. 14-16.
1053 Budapest
harmattan@harmattan.hu

L'Harmattan Sénégal
10 VDN SICAP AMITIE 3
BP 45034 Dakar-Fann
direction@senharmattan.com

L'Harmattan Cameroun
Tsinga/Derrière polyclinique FECAFOOT
BP 11486 Yaoundé
Jacques.koukam@harmattan.fr

L'Harmattan Burkina Faso
Villa 281, secteur 23 623, rue 14.32
Ouagadougou
zagbie@outlook.fr

L'Harmattan Guinée
Almamya, rue KA 028 OKB Agency
BP 3470 Conakry
harmattanguinee@yahoo.fr

L'Harmattan RDC
185, avenue Nyangwe
Commune de Lingwala - Kinshasa
matangilamusadila@yahoo.fr

L'Harmattan Congo
219, avenue Nelson Mandela
BP 2874 Brazzaville
deunovmikhael@gmail.com

L'Harmattan Mali
Immeuble Mgr Jean Marie Cissé
Aci Hamadallaye
BP 145 Bamako
syllaka@yahoo.fr

L'Harmattan Togo
Djidjole - Maison Amela
face EPP BATOME
02 BP 20680 Lomé
didieramela11@gmail.com

L'Harmattan Côte d'Ivoire
Résidence Karl - Cité des Arts
Abidjan-Cocody
03 BP 1588 Abidjan
harmattan.ivoire@gmail.com

L'Harmattan Bénin
Rue 604, (Immeuble à l'entrée
de la rue UCAO- Cite de Saint-Jean)
Cotonou
stepcorpus@gmail.com

Nos librairies en France

Librairie internationale
16, rue des Écoles
75005 Paris
librairie.internationale@harmattan.fr
01 40 46 79 11
www.librairieharmattan.com

Librairie des savoirs
21, rue des Écoles
75005 Paris
librairie.sh@harmattan.fr
01 46 34 13 71
www.librairieharmattansh.com

www.ingramcontent.com/pod-product-compliance
Lightning Source LLC
LaVergne TN
LVHW011255061026
849535LV00005B/1268
9782336520483